自游日本

史诗 著

南海出版公司

写在前面的话

在按下了 3 年的暂停键后，承蒙大家的厚爱，《自游日本》迎来了全新升级。

2014 年末，当《自游日本》的第 1 版交付印厂时，我并没有抱任何期待，只觉得能把印出来的卖出去就心满意足了。然而直到 2020 年之前，这本书竟然一直在卖。5 版，17 次印刷，督促着我一次又一次前往日本取材，寻找新的目的地。

2019 年，前往日本的中国游客数量逼近 1 千万人次。尽管在随后的 3 年，一切都因突如其来的巨大变故停滞不前，但是随着 2023 年的重启，游客们的脚步重新迈出国门。这意味着接下来的每一次取材，既要巩固热门景点，又要避开渐渐恢复的人潮，去探索鲜有人拜访的地方。

亲身探访，是《自游日本》的基本原则。这也使得我经常收到关于目的地的询问：为什么没有这里？为什么没有那里？其中最常见的问题，就是为什么没有冲绳。我每次都会回答：不好意思，我还没有去过冲绳，所以没有冲绳的内容。日本的 47 个都道府县，至今我已经拜访了 46 个。唯一剩下的冲绳，希望能在下一版《自游日本》中呈现给大家。但是目前，我只能对期待冲绳的朋友说声抱歉。

《自游日本》里介绍的每一个景点、每一条路线，乃至每一家餐厅和酒店，都是我亲身参观、体验过的。没有对所谓网红的追逐，更没有广告。尤其是"私房推荐"的内容，都是真正让我感到美好、愉快、有价值的地方。我始终觉得，只有"真"的东西，才能打动人心。

即使不断取材，不断更新书中的推荐，我依然不希望读者都来复制我的行程。这句话由一本旅行指南的作者说出口，或许有些奇怪，但是从当初与编辑一起策划本书开始，愿望就只有一个：不是分享旅行的目的地，而是分享寻找目的地的过程。

从第 1 版至今，《自游日本》始终是一本试图讲述"方法"的书。授人以鱼，不如授人以渔。没有任何旅行指南能够穷尽一个目的地的全部看点，但学会了寻找看点的方法，任何人都能为自己的旅行指引方向。在《自游日本》中，最重要的是如何找到这些看点、如何打开旅行的思路。人各有异，旅行也应各有不同。从第 1 版开始，我就希望每一位读者最终能跳出这本书，找到自己的旅行风格。

在日本旅行，有很多独特的地方，比如纷繁复杂的轨道交通系统，比如各地旅游局制作精良的官方网站。如果因眼花缭乱的线路图而放弃，因所谓的语言障碍而退却，那么最终收获的日本旅行，很可能只是走马观花的"表层赏析"，模仿了别人的精彩，却失去了自己的思考。而《自游日本》的初衷，正是想帮助更多旅行者找到自己的思考：只要熟悉了书中提示的方法与思路，就一定能将旅行的主动权掌握在自己手中。

这一版的《自游日本》在第 5 版的基础上做了升级和调整：整体结构没变，但书中更新了门票、网站等各种基础信息，添加了全新的《搭岚山电车，发现京都的另一面》旅行手册。我希望书中的文字是理性而又感性的——理性是指对旅行信息的介绍，感性则是指那些源自旅途的感悟。在大家都热衷于用手机查阅免费旅行指南的时代，我发自内心地感谢拿起这本纸质书的读者，是你们给了我信心，让我坚定地相信：不必当网红，也不必去拍短视频。按照自己的方式踏踏实实地旅行，认认真真地写字，用朴素的方式帮助其他旅行者，分享旅行的快乐，就是最美好的。

和诸位读者一样，在过去的 3 年，我失去了拜访日本的机会。但是也正因为 3 年的等待，让我有时间去进行更多的阅读、积累、思考。旅行依旧是，也将永远是生活中不可缺少的一部分。从现在起，当我们再次踏上远方的土地，再次将脚步付诸旅途时，每个人应该会有更加独特的感受，会更加认真地对待眼前的风景。

不能忘记旅行，因为我们生活在世界中。

史诗
2023 年春 于京都

Contents

新经典文化股份有限公司
www.readinglife.com
出　品

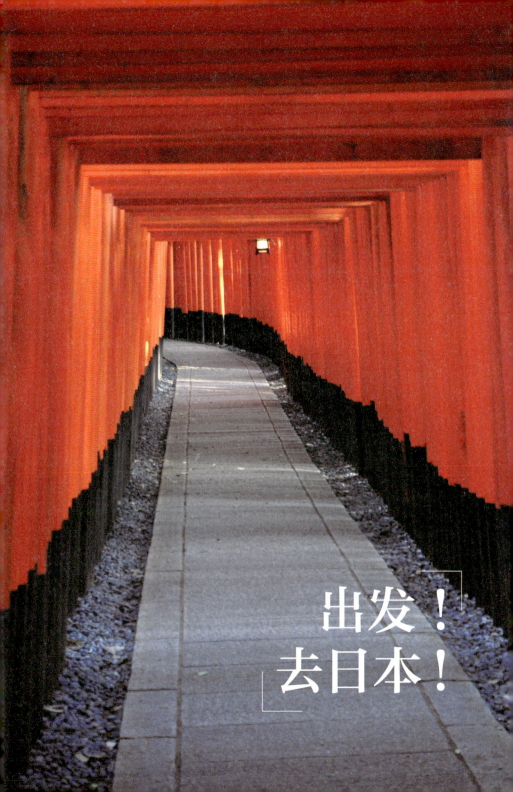

出发！
去日本！

如何策划你的日本旅行

　　第一次去日本，或是第一次出国自由行，很多人都会手忙脚乱，不知道该如何下手做攻略、查信息。花了不少时间到处看别人的游记，到头来还是一头雾水，这是不少人都经历过的困惑。

　　那么，究竟怎样才能最有效率地策划出属于自己的旅行呢?

STEP 01　阅读基础材料，熟悉日本地图

STEP 02　查阅条目式指南，确定心仪目的地

STEP 03　查询大交通，确定旅行时长

STEP 04　选择合适的网站，预订心仪的住宿

STEP 05　细化行程，确认景点与小交通信息

STEP 06　计算交通费用，选择优惠券

STEP 07　了解日本美食，搜寻合适的餐厅

STEP 08　阅读游记，查漏补缺

STEP 09　估算费用，做好出行准备

接下来，就让我们按照这 9 步，来规划一次只属于自己的独家日本旅行。

➡ 认识日本的地理

日本由本州岛、九州岛、四国岛、北海道和若干岛屿组成，共"1都1道2府43县"：

北海道；

东北地区：青森县、岩手县、秋田县、山形县、宫城县、福岛县；

关东地区：东京都、千叶县、神奈川县、群马县、埼玉县、茨城县、栃木县；

中部地区：爱知县、山梨县、岐阜县、长野县、福井县、富山县、石川县、新潟县、静冈县；

近畿地区：京都府、大阪府、奈良县、兵库县、滋贺县、三重县、和歌山县；

中国地区：冈山县、广岛县、鸟取县、岛根县、山口县；

四国地区：香川县、德岛县、爱媛县、高知县；

九州地区：福冈县、大分县、佐贺县、熊本县、宫崎县、长崎县、鹿儿岛县、冲绳县

在日本旅行时，还会看到其他划分方式。比如"北陆"指富山县、福井县和石川县，"甲信越"指山梨县、长野县和新潟县；"东海"指爱知县、岐阜县、静冈县和三重县，"山阴"指中国地区临日本海的一侧；"山阳"指中国地区临濑户内海的一侧；"关西"指近畿地区除三重县以外的其他2府4县。

➡ 什么季节去日本

日本一年四季都适合旅行，不同季节可以欣赏到不同风景。

春天：每年的"樱花前线"大致为2月伊豆半岛河津樱、3月下旬九州、4月上旬到中旬本州西部至东部、4月下旬到5月上旬本州东北至北海道。

夏天：气候相对复杂多变，各地活动丰富，热闹非凡。

Tip1：5月下旬到7月上旬，日本从九州到本州东北会陆续经历梅雨季节。

Tip2：许多热闹的祭典、烟花大会和舞蹈大会都在夏季，8月中旬的盂兰盆节是日本仅次于新年的重要节日。

秋天：每年"红叶前线"大致为10月北海道、11月本州东北至西南、12月九州。

冬天：本州中部、东北和北海道降雪量丰沛，但气温并非极寒，适宜观赏雪景或滑雪。

Tip1：有些道路或景点会因积雪而封闭，要提前查询信息。

Tip2：新年是日本最重要的节日，但12月底到1月初很多景点和餐厅会休假。

日本全图

　　日本是一个狭长的国家，交通耗时比多数游客想象的更长，不可能短时间游遍好几个地区。先熟悉各大城市和地区的位置，才能做出合理安排。

冲绳

那霸

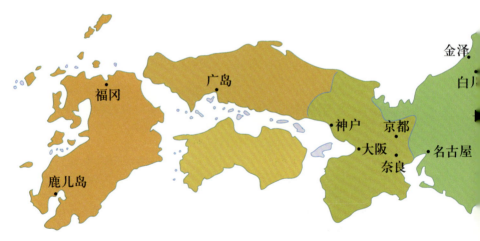

金泽

白川

福冈

广岛

神户　京都

大阪　　名古屋

奈良

鹿儿岛

札幌

函馆

青森

仙台

新潟

富士山 东京

轨道交通最快用时：

札幌-新青森：4小时41分钟

新青森-东京：3小时12分钟

东京-新大阪：2小时30分钟

新大阪-博多：2小时24分钟

博多-鹿儿岛中央：1小时16分钟

STEP 02 查阅条目式指南，确定心仪目的地

　　"条目式指南"，既可以是书、电子书，也可以是各种官网。先利用这类指南了解各目的地的景点，能比较客观地选择自己感兴趣的地方，不受他人干扰。

　　日本的旅游业非常发达，而且是极其"内向"的，也就是特别重视对日本本国游客的服务，因此观光信息事无巨细。主要可以利用的服务有两种。

①旅游杂志和书籍

　　日本有许多著名的系列旅行书，如"るるぶ""まっぷる""ことりっぷ"等，JTB 编纂的各种主题 MOOK 也很有参考价值。这些系列往往都有若干分册，或按行政区划分，或按旅行主题划分，每个系列都有上百本，且每年更新一次，涵盖了日本所有地方的旅行信息。

　　目前国内也翻译引进了其中一部分，但由于翻译和编辑需要花费一定时间，出版时有些信息已经滞后。在日本，可以在便利店和书店购买这些杂志和书籍的最新版，且各家官网也能查询到很多旅行信息：

るるぶ：www.rurubu.com
まっぷる：www.mapple.net
ことりっぷ：co-trip.jp

尽管是日文杂志，但五彩斑斓的照片，准确详尽的地图和时时映入眼帘的汉字仍然能够帮你解决问题，为你提供灵感。

②官网

　　日本各地旅游局、景点、交通机构的官网非常完备，这是日本观光业的重要特点。无论是指南还是游记，都会随着时间上的推移出现信息滞后的现象，但官网的信息一般都是最新且准确的。

　　A 用常见的搜索引擎，输入"地名＋观光"等关键词，如"东京观光"，即可找到东京观光的官网。

B 点击进入首页，即可选择语言。有的官网是像东京这样设置专门的选择页面，更多官网则是在页面上方或右上角设置语言栏。

东京等大城市的中文官网比较完备，但城崎温泉之类的小热门往往只有日文。

C 即使是日文官网，同样可以连蒙带猜看懂很多内容。特别是部分官网日文内容比外语内容丰富得多，可以对照着看。

在这些官网上，旅行者可以尽情熟悉城市、景点和交通情况，下载相关地图和手册。

STEP 03 查询大交通，确定旅行时长

确定了心仪的目的地后，接下来要做的就是查询城市和地区之间的大交通，确定自己的假期内是否能够安排得下全部计划。

①日本轨道交通

在日本，人们习惯将所有轨道交通都称为"电车"。

电车=JR+私铁+市营地铁/有轨电车

A JR

JR，即 Japanese Railway 的缩写，日文发音"ジェーアール"，类似"杰阿鲁"。包括东日本、东海、西日本、北海道、九州和四国六大公司。

各 JR 分公司的官网如下，可以查到路线信息，包括时刻表、票价和优惠票的发售情况。

JR 东日本（含中文）：www.jreast.co.jp

JR 东海（含中文）：jr-central.co.jp

JR 西日本（含中文）：www.westjr.co.jp

JR 北海道（含中文）：www.jrhokkaido.co.jp

JR 九州（含中文）：www.jrkyushu.co.jp

JR 四国（含中文）：www.jr-shikoku.co.jp

JR 东日本包括关东地区和东北地区，JR 东海是指中部地区，JR 西日本则包括近畿地区和中国地区。

JR 是"火车"，但日本环境特殊，铁路铺设得很密集，JR 既是城市里的通勤工具，也是城市间的移动手段，上班族和旅行者都会乘坐。

1、列车与车票

如果按照速度划分，JR 从慢到快依次为普通列车、快速列车、特急列车和新干线，购买的车票也不尽相同。

列车种类	普通列车	快速列车	特急列车	新干线
需购车票	乗车券	乗车券	乗车券 + 特急券	乗车券 + 新干线特急券

普通列车、特急列车和新干线共同组成了 JR 的运营网。

其中，无论是特急列车还是新干线，特急券都分为指定席和自由席两种。指定席即对号入座，价格更贵。自由席为先到先得，如果在主要节假日或热门线路上选择自由席，则要尽量提前到达站台候车，否则则可能全程无座。

普通列车上也可能会设置指定席，使用时需要购买乗车券 + 指定席券。另外，部分列车还设有更加高级的软座（グリーン席），价格比指定席更高。

以下是与车票有关的常用词：

切符 / きっぷ	车票	一日乗車券	一日券
往復	往返	乗り放題	乘坐次数不限
片道	单程	回数券	次数票
割引	折扣	定期券	月票
フリーパス	PASS	入場券	站台票

2、购票

如果使用自动售票机，一般步骤为先在机器上方的路线图上确定目的地的票价，然后在机器上选择价位、张数并投入相应金额，即会出票并找零。

对于初来乍到的外国游客来说，如果需要购买特急券或特殊席位，还是人工柜台更加保险。可以把目的地、列车种类和座位要求用汉字写在纸上给售票员看。另外，一般还有两种票需要到人工柜台购买：一是优惠票，例如往返折扣票或各种 PASS ；二是远距离车票，即目的地在自动售票机上方显示的路线图范围外。

自动售票机、时刻表和路线图。奈良县的 JR 长柄站拥有一座无人小站的标准配置。

3、进站
买好票，就要去找检票口进站。日文中称为"改札口"。

注意检票口上方的电子显示屏，可以看到接下来一段时间内发车的列车车次、目的地、发车时间、停靠站台等信息，确认后即可前往相应站台。

JR 博多站内的换乘通道。电子显示屏和地面的指示很清晰。

如果手持乘车券＋特急券，通过检票机时只插入乘车券然后取回即可，特急券会在车上由列车员检查。

利用站台上方的电子显示屏或时刻表再次确认所乘车次和时间。

JR 鸟栖站站台地面上的停车位置标志。

注意地面标志或站台上方悬挂的牌子，确认停车时的车厢位置，按标志排队。

列车进站后，可在车门旁边看到车厢编号和座位类型。

JR 三岛站新干线站台上方的显示屏。

4、JR 车站

日本各地的大中城市里，JR 车站往往是城市的繁华核心，多为高楼大厦，周边挤满了大型百货、优质住宿和餐饮设施。而小城和乡村的 JR 车站，或是简易的无人站，或充满当地特色，甚至成为历史文物，受到游客和铁道迷的追捧。

JR 车站可以如东京站般优雅气派，也可以仅仅是个水泥洞口，或是像由布院那样建成艺术空间。

5、无人站与"ONE MAN 列车"

在日本旅行，尤其是在人口不太密集的地方，旅行者可能会遇到从无人站上车、乘坐"ONE MAN 列车"、又在无人站下车的情况。"ONE MAN 列车"日文写作"ワンマン"，全车只有一名司机、没有其他列车员，一般有 1～2 节车厢。

如果乘车站设有自动售票机还算方便。如果只能两手空空进站，那么如何在车上买票呢？方法和在日本乘坐分段计价的公交车一样：

上车后，先从车门边的机器上取下整理券，看清上面的数字。下车前，注意车内前方的显示屏，整理券上的数字对应的票价。下车时将票款和整理券一起投入司机后方的钱箱即可。钱箱一般都带有换零钱的功能，下车前可以先换好零钱。

ONE MAN 列车虽然多运行在客流稀疏的地区，但依然可以充满个性。

6、常用 PASS（铁道周游券）

（1）JR 全日本 PASS

全称"JAPAN RAIL PASS"，是专门针对外国旅行者的 JR 全日本通票，需要在赴日前购买兑换券，到达日本后在 JR 车站的绿色窗口换票。

官网（含中文）：www.japanrailpass.net

除新干线的"のぞみ"号（NOZOMI）和"みずほ"号（MIZUHO）外，使用该 PASS 可以在规定时间内无限次乘坐绝大部分 JR 列车。此外还可以乘坐以下交通工具的指定区间：

a. JR 西日本宫岛渡轮

b. 东京单轨电车全线

c. 青森铁道青森站到八户站间，中途除野边地站外不可下车

d. IR 石川铁道金泽站到津幡站间，不可中途下车

e. 爱之风富山铁道富山站到高冈站间，不可中途下车

最便宜的 JR 全日本 PASS 为 7 日的非软座 PASS，售价 29650 日元，7 日软座 PASS 售价 39600 日元。另有 14 日和 21 日的版本。要注意的是，即使购买了软座 PASS，在乘坐卧铺列车或个别特殊座位列车时也需要补票。乘坐与私铁、地铁等在某一区段使用同一路线的 JR，也需补上非 JR 区段的票价。例如从东京开往下田的"伊豆舞女"号特急列车，因在伊东到下田之间运行伊豆急行铁道，凭 JR 的 PASS 乘坐时要补上该段票价。JR 全日本 PASS 价格预计将在 2023 年 10 月大幅度上涨，使用规则也会调整，请留意官网。

（2）JR 各公司 PASS

JR 各公司的官网（见第 8 页）都有详细信息，请在购买前仔细阅读。一些 PASS 虽然在日本境内外都可购买，但提前在境外购买可享受优惠价。

现有主要 PASS 概况如下：

PASS 种类	时间	价格
北海道铁路周游券	连续 5 天 / 7 天	19000 日元 / 25000 日元
东日本铁路周游券	连续 5 天	东北地区 20000 日元，长野、新潟地区 18000 日元
北陆拱形铁路周游券	连续 7 天	25500 日元
高山、北陆区域周游券	连续 5 天	14260 日元
关西地区铁路周游券	连续 1 ~ 4 天	2400 日元 ~ 6800 日元
关西广域铁路周游券	连续 5 天	10000 日元
关西 & 北陆地区铁路周游券	连续 7 天	17000 日元
山阳 & 山阴地区铁路周游券	连续 7 天	20000 日元
四国铁路周游券	连续 3 天 /4 天 /5 天 /7 天	12000 日元 ~ 20000 日元
九州铁路周游券	全九州连续 3 天 /5 天 /7 天，北九州连续 3 天 /5 天，南九州连续 3 天	全九州 17000 日元 ~ 20000 日元，北九州 10000 日元 ~ 140000 日元，南九州 8000 日元

为了吸引外国游客，JR 各公司近年来都在不断推陈出新，优惠券的种类和价格也可能随时发生变化，出发前务必在各公司官网进行核实。

(3) 廉价 PASS

PASS 名称	JR 东日本 + 北海道 PASS	青春 18
使用日期 （以 2019 年为例）	3 月 1 日~ 4 月 22 日、 7 月 1 日~ 9 月 30 日、 12 月 10 日~次年 1 月 10 日	3 月 1 日~ 4 月 10 日、 7 月 20 日~ 9 月 10 日、 12 月 10 日~次年 1 月 10 日
基础范围	JR 东日本和 JR 北海道所有普通列车和快速列车（乘坐指定席时需加买指定席券）	全日本所有 JR 普通列车和快速列车（乘坐指定席时需加买指定席券）
特别范围	新干线新青森－新函馆北斗（站票，需加购特急券）、青森－新青森、新夕张－新得特急列车（自由席）、青森－新青森全指定席普通/快速列车（站票）	青森－新青森、新夕张－新得、宫崎－宫崎空港、早岐－佐世保特急列车（自由席）、青森－新青森全指定席普通/快速列车（站票），皆不可中途下车
其他公司范围	青森铁道、IGR 岩手银河铁道、北越急行所有普通列车	青森铁道部分区间（青森－八户、青森－野边地、野边地－八户）、爱之风富山铁道高冈－富山、IR 石川铁道金泽－津幡皆可乘车通过，不可中途下车
时间	连续 7 天	可 1 人使用任意 5 天，也可 5 人共同使用 1 天
价格	11330 日元	12050 日元
备注	追加 6110 日元购买北海道线特急附加券，即可在一天内任意乘坐北海道新干线新青森－新函馆北斗（站票）和北海道内特急列车自由席。	追加 2490 日元购买北海道新干线附加券，即可乘坐新干线奥津轻今别－木古内（站票）和道南渔火铁道木古内－五稜郭各一次，限同一乘车日内

B 私营铁道与半私营铁道

除了 JR 日本，日本铁道大致可以分为："民营铁道"和"第三开发机构铁道"。

民营铁道，又称私营铁道或"私铁"。日本民营铁道协会共有 56 家铁道公司加盟，各公司均为纯粹的私营公司。

官网（含中文）：www.mintetsu.or.jp

官网中可以查到各家公司的介绍、最新信息以及各条路线周边的旅游信息。56 家公司中，有 16 家是"大手会社"，即规模较大的公司。"第三开发机构铁道"是指政府和民间共同经营的铁道，有 3 种来源：一是从原来的国营铁道转换而成；二是从原来的私营铁道转换而成；三是从建设起就是政府和民间共同投资经营。目前属于"第三开发机构铁道"的有数十条。

有些铁道公司加入了民营铁道协会，但性质属于"第三开发机构铁道"，如青森铁道。这里说的私营与半私营铁道除了在传统铁轨上行驶的常规样式，也包括各种单轨电车。

从奈良市平城京遗迹上穿过的近畿铁道是私营铁道的 16 家"大手"之一。

通向关西国际机场及和歌山县的"大手"之一的南海电铁。

迎来 100 周年的江之电也许是全日本最有魅力的私营铁道。

游客在日本利用率较高的私营 / 半私营铁道可参考下表：

铁道名称	所在地区	主要用途
京成电铁	关东	往返东京成田机场
东京单轨电车	关东	往返东京羽田机场
小田急电铁	关东	从新宿前往镰仓、箱根
西武铁道	关东	从新宿、池袋前往川越、秩父
东武铁道	关东	从浅草前往日光
江之岛电铁	关东	镰仓当地观光
名古屋铁道	中部	往返中部国际机场
京阪电车	近畿	往来京都大阪
南海电铁	近畿	往返关西国际机场，从难波前往高野山
近畿铁道	近畿	往来京都、奈良、大阪、伊势、名古屋等地
和歌山电铁	近畿	拜访猫咪站长
西日本铁道	九州	从福冈前往太宰府

1、列车与车票

私营与半私营铁道的列车与车票和 JR 有不少相似之处。

列车种类	普通列车	快速 / 准急列车	急行列车	特急列车
需购车票	乘车券	乘车券	乘车券	部分列车需要乘车券 + 特急券

　　同样，几乎每家私营铁道和半私营铁道都有自己的优惠券，乘坐前请务必查询各家官网，不要错失优惠。

2、车站

　　私营铁道与半私营铁道的车站也多种多样。财大气粗的"大手"铁道公司往往在重要站点上盖起气派的大楼，而一些颇有特点的小铁道沿线则分布着数座充满魅力的小站。

南海电铁难波站与信浓铁道信浓追分站是气派大站与乡间小站的代表，而津轻铁道五所川原站仿佛还停留在几十年前。

3、缆车

　　分为两类，一是登山缆车，即"ケーブルカー"(cable car)，沿轨道从山下上行，一般属于某家私营铁道公司。二是空中缆车，即"ロープウェー"(ropeway)或"リフト"(lift)。前者一般为封闭式的车厢，可以搭载几十名客人，后者则是双脚悬空的露天座椅。

京都府天桥立的露天座椅缆车。

C 市营轨道交通

日本很多城市的交通局负责运营轨道交通，比如各地的地铁就属于"市营"性质，还有很多路面电车因为"市营"而称为"市电"。

1、地铁

在日本的大城市比较常见，乘坐方式也很简单，跟世界各地的地铁没什么区别。东京、名古屋、大阪等客流量大的地铁都会在相应时段设置女性专用车厢，例如工作日的早晚高峰。站台地面上一般会用粉色、黄色等标出女性车厢的位置以及时间段。

12岁以下的男孩和需要有人陪护或需要陪护他人的男性可以乘坐女性专用车厢。例如男性残障者＋女性陪护人，或女性残障者＋男性陪护人。如果在早晚高峰出行，尤其是独自旅行的女性，特别建议使用女性专用车厢。男性旅行者则要注意标识，不要误入女性专用车厢。

很多地铁都会出售1日券，周末时优惠幅度更大，可以多加利用。

东京 METRO 人形町站。

福冈市地铁自动检票机。

像函馆的街市一样多姿多彩的函馆市电。

2、电车

市营电车一般以路面电车的形式在城市内运行，目前日本代表性的市营电车在札幌、函馆、熊本、鹿儿岛、东京（称为"都电"）等地可以看到。不是所有的路面电车都属于"市营"，也有很多属于私营、半私营铁道，比如在广岛、冈山市内运行的路面电车。有些地方的路面电车，如长崎，人们习惯称它为"长崎市电"，但它属于私营铁道，并非市营。

明媚阳光下的熊本市电。

D 查询轨道交通信息

无论 JR、私铁还是地铁，都有官网可以查询信息，但都是互相独立的，必须备好能够查询全日本轨道交通信息的工具。

查询之前，首先要了解日本轨道交通的特点：出发/到达时间不同，换乘路线甚至票价可能就会不同。因此查询时务必输入准确的日期和时间，才能查到最准确的结果。

推荐使用日本雅虎的换乘指南（乘换案内）、NAVITIME 等网站或 APP，都能查到全日本轨道交通的换乘路线、时间和票价。

下面就以查询东京到京都的交通信息为例，说明日本雅虎换乘指南的使用方法。

打开日本雅虎换乘指南，可以看到"出发""到着"等容易理解的汉字项目。

在出发一栏用繁体字输入东京，就会出现名称中带有东京的车站列表。

同理输入京都后，选择乘车日期和时刻，也可选择到达时间。

设定检索条件，可以按照需求选择显示自由席或指定席价格。

点击检索后，即可看到按时间由近及远排列的至少 5 个结果，也可选择按换乘次数多少或票价高低排列。

点击其中任一结果，即可显示车号、站台、时刻、经停站和票价。

②巴士

Ⓐ 公交车

日本的公交车称为"路線バス"。如果是单一票价，上车或下车时直接付费即可。如果是按距离计价，那么购票方式与前文（见第 10 页）所述 ONE MAN 列车相似：上车时从车门边的机器上取下整理券，看清上面的数字。下车前注意前挡风玻璃上方的显示屏，找到整理券数字对应的票价。下车时将票款和整理券一起投入司机旁边的钱箱即可。钱箱一般都带有换零钱的功能，下车前可以换好零钱。

如果使用 PASS，按照使用说明在上下车时将 PASS 拿给司机看或通过相应读卡器即可。

日本的公交车并非站站都停，下车要提前按铃示意，待车完全停稳后再从座位上起身，哪怕你坐在最后一排，也不要提前换到车门处。行驶中的公交车上是不能走动的，如果想换零钱或有事询问司机，也要在停站或等红绿灯时才能起身。

除了常规公交，很多旅游城市还有观光巴士，一般都从 JR 站或市中心出发，途经市区各个主要景点。观光巴士既可以单次买票，也可以买 1 日券。

车辆前方和侧面一般写有目的地和主要经停站的站名。

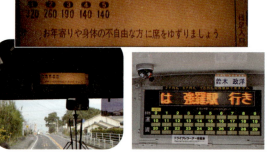

公交车上的电子显示屏，样式各异，但原理相同。

常见的公交站牌，标有运营机构的名称、时刻表和路线图。

同一车门上下的公交车，所有设备都集中在司机旁边，包括整理券机、读卡器、钱箱和换钱机。不同车门上下的公交车，整理券机设在上车门。

Ⓑ 高速巴士

乘坐高速巴士在日本旅行是一种相对省钱的方式，尤其是长距离移动时，选择夜行高速巴士既省钱又省时。在很多不通轨道交通的地区，高速巴士也是唯一选择。

1、"乘合"高速巴士

"乘合"即"公共"，是指由专门的巴士公司运营的高速巴士。

JR 高速巴士	JR 巴士关东：www.jrbuskanto.co.jp JR 巴士西日本：www.nishinihonjrbus.co.jp JR 巴士东北：www.jrbustohoku.co.jp JR 巴士东海：www.jrtbinm.co.jp JR 巴士北海道：www.jrhokkaidobus.com JR 巴士四国：www.jr-shikoku.co.jp/bus JR 巴士中国：www.chugoku-jrbus.co.jp JR 巴士九州：www.jrkbus.co.jp
私营铁道与半私营铁道下属巴士	部分私营铁道或半私营铁道公司，尤其是"大手"公司，如近畿铁道、名古屋铁道等，均同时运营高速巴士。这样的高速巴士往往更具有地区特点，路线设置比 JR 高速巴士更细致，目的地中的中小城市居多。详情可以参考各家铁道公司的官网。
地方巴士公司	在上述两类巴士不设路线的地区，地方性质的巴士公司会运营一些中长距离线路，弥补空白。

2、"新乘合"高速巴士

"新乘合"高速巴士的前身是"ツアー"（tour）巴士，是指由旅行社经营的巴士。从 2013 年 8 月起，"新乘合"高速巴士制度开始实施，规定更严格，安全上更有保证。当然，由于成本提高，其价格优势有所削弱，巴士数量比之前大幅减少，在节假日等客流高峰期，影响非常明显。

规模较大的 WILLER EXPRESS 公司，官网：travel.willer.co.jp

3、购票方式

绝大部分高速巴士都可以网络购票。但"乘合"高速巴士的官网一般只能查询信息，无法购票。网络购票，需要登录专门的网站（有中英文页面），用信用卡付款，如：

高速バスネット：www.kousokubus.net
発車オンライン：secure.j-bus.co.jp
バスぷらざ：bus.nta.co.jp

高速巴士的座位分为"一排三座"和"一排四座"两种。前者每个座位都是独立的，后者则是两两一组。有时会出现"混合巴士"，即巴士内前半部分是三座，后半部分是四座。三座自然比四座舒适，适合独自旅行的人，价格也会高一些。且三座巴士基本都在夜间运行，昼行巴士多为四座。另外，同为四座巴士，座位的类型（舒适度）不同，价格也会有差别。

4、乘车指南

乘降
地点
"乘合"巴士一般都将起点和终点设在轨道交通站内部或附近的巴士总站,"新乘合"则没有固定候车地,需要在指定地点集合后听从工作人员安排。各家公司和预约网站上一般都有地图。

车内
礼仪
对号入座是基本规矩。如果想放倒椅背,一定要先和后面的乘客打个招呼。

车内
设施
条件较好的夜行巴士车内会有洗手间,每个座位都配备拖鞋、毛毯、衣架、充电插座等,座位之间也有布帘遮挡。

检票与
报站
上下车时由司机检票。报站时先放录音,司机也会口头报站。很多巴士的前挡风玻璃上方都有电子显示屏显示站名。

途中
休息
昼行高速巴士一般每行驶 2 小时休息 1 次,夜行巴士间隔更长。每次休息时间为 10 ~ 20 分钟,最多不超过半小时。进入休息区时,车内广播会通知休息的时间,司机也会再说明,有时还会挂上标有发车时间的提示牌。发车前,很多司机会手拿计数器在车内走动,清点人数。
休息区一般由卫生间、便利店、商店和餐厅组成,可以买到不少当地特产。

从福冈开往长崎的高速巴士。

JR 东海巴士位于名古屋站的售票处。

青森县内的津轻休息区。

③出租车

日本的出租车价格不菲,如从成田机场到东京市中心,需要 2 万多日元。如果 4 人短距离同行,可以考虑适当使用出租车,人均费用可能比公共交通便宜。各地的出租车计价不同,例如东京起步价为 500 日元,1096 米后每 255 米加 100 日元;京都市起步价为 500 日元,1 公里后每 279 米加 100 日元;大阪市起步价为 680 日元,1.7 公里后每 241 米加 80 日元。

京都街巷里的出租车。

TAXISITE 网站（日文）: www.taxisite.com

日本的出租车电召服务比较普遍,还有很多公司提供包车观光的服务。

④主要机场交通指南

✈ 成田国际机场

日本最重要的国际机场，是很多人到达日本的第一站，也是关东的国际门户。

官网（含中文）：www.narita-airport.jp

成田机场有两座航站楼，官网可以查到各航站楼都有哪些航空公司。东京来往成田机场轨道交通有：

京成电铁（含中文）：www.keisei.co.jp

JR 东日本（含中文）：www.jreast.co.jp

京成电铁有多种选择。从上野往返成田机场，价格较高的 SKY LINER 单程约 45 分钟，2520 日元，价格最便宜的京成本线特快，单程约 80 分钟，1050 日元。列车到达机场的顺序为先到"空港第 2 大楼"（第 2 航站楼），后到"成田空港"，即第 1 航站楼。前往东京市内时相反。

JR 也提供不同速度、价位的选择，最贵的是全车指定席的成田 EXPRESS，东京站到成田机场单程大约 1 小时，3070 日元。最便宜的快速列车单程 1.5 小时，1340 日元。

京成和 JR 官网上均有机场前往东京市区的优惠套票信息，可以根据自己的情况选择。

成田机场的机场大巴包含了开往东京市内和周边县市的若干路线，也有开往东北地区和关西地区的大巴。大巴由成田空港交通、京成巴士和其他公司共同运营，官网上有各个公司的链接，可查到时刻表、路线和票价。

成田机场的两个航站楼及京成电铁／芝山铁道的东成田站间有循环巴士，路线为第 2 航站楼 - 第 1 航站楼 - 东成田站 - 第 2 航站楼。

京成电铁位于成田机场的售票处。

✈ 羽田机场

羽田机场位于东京都南部的大田区，更多时候是作为日本国内航线起降的机场，也有部分国际航班在此出入境。

官网（含中文）：www.haneda-airport.jp

可以通过以下轨道交通来往羽田机场：

京滨急行电铁（简称京急，含中文）：www.keikyu.co.jp

东京单轨电车（東京モノレール,含中文）：www.tokyo-monorail.co.jp

羽田机场一共有三站，其中"羽田空港第 3 航站楼"是国际航站楼，"羽田空港第 1 航站楼"和"羽田空港第 2 航站楼"是日本国内线航站楼。东京单轨电车单程最快 13 分钟可至滨松町，与 JR 山手线等主要路线换乘，京急电铁则可直达东京最主要的换乘站 JR 品川站，单程 13 分钟。还有多条机场巴士路线通往东京都内，可以参考机场官网。

从羽田机场前往成田机场可以乘坐轨道交通，也可以乘坐巴士。

limousine 巴士官网（含中文）：www.limousinebus.co.jp

✈ 中部国际机场

位于爱知县伊势湾上填海建造的中部国际机场是中部地区的国际交通枢纽，购物区建得如同小镇一般，店铺都装修成传统商店的模样。还可以泡温泉，在露天平台上观看飞机起降。名古屋人在不需要乘机外出时也会到机场来玩，和逛城里的大型综合商场一样。

官网（含中文）：www.centrair.jp

从名古屋市往返机场需要乘坐名古屋铁道的空港线，有ミュースカイ、特急等多种车型，前往名古屋、岐阜、丰桥等地都很方便。

官网（含中文）：www.meitetsu.co.jp

✈ 关西国际机场

关西国际机场位于大阪南部，是关西地区的国际门户，填海建成，前往大阪、京都、神户、奈良等地，一般都从这个机场入境。

官网（含中文）：www.kansai-airport.or.jp

通过以下轨道交通可来往关西国际机场：

JR 西日本（含中文）：www.westjr.co.jp

南海电铁（含中文）：www.nankai.co.jp

如果乘坐 JR，既可以选择特急列车，如"特急はるか"，也可以选择"关空快速"之类价格更低的快速列车，耗时当然不一样。如果乘坐"特急はるか"自由席前往京都，可以提前购买 JR 西日本提供给外国旅行者的 2300 日元关西 1 日 PASS，可节省 600 日元。

南海电铁则是往返于机场和大阪市难波的性价比最高的选择，可以购买 1020 日元的优惠券，包含从难波到大阪市内其他地方的地铁票。

机场大巴从机场前往关西各地及中国地区和四国地区。

机场交通官网（含中文）：www.kate.co.jp

关西国际机场国际出发大厅。

福冈机场国际候机区。

✈ 福冈机场

福冈机场应该算是日本主要机场中离中国最近的一座，是九州地区的门户，离福冈市中心很近，交通方便。

官网（含中文）：www.fukuoka-airport.jp

往来福冈机场可以乘坐福冈地铁空港线，两站即到福冈的交通枢纽博多站。地铁入口在福冈机场的日本国内线航站楼，可以从国际航站楼乘免费巴士抵达，单程 10 ~ 15 分钟，大约每 10 分钟一班。

地铁官网（含中文）：subway.city.fukuo ka.lg.jp

机场巴士由西铁巴士运行，没有前往福冈市内的班次，只有前往九州地区的佐贺、熊本、长崎、大分等地的路线。

✈ 新千岁机场

新千岁机场是北海道的核心机场。

官网（含中文）：www.new-chitose-airport.jp

往返新千岁机场可以乘坐 JR，到达札幌站最快需要 36 分钟。

JR 北海道（含中文）：www.jrhokkaido.co.jp

机场巴士由北海道中央巴士公司和北都交通运营，到札幌市内约 70 分钟，1100 日元。两家公司单程时间和价格相同，但具体路线有别。另有道南巴士经营到室兰、苫小牧等地的路线。

✈ 那霸机场

那霸机场是冲绳的最主要门户。

官网（含中文）：www.naha-airport.co.jp

冲绳都市单轨电车线连接那霸机场和 Tedako 浦西，途经那霸市中心，全程约 37 分钟。

官网（日文）：www.yui-rail.co.jp

机场巴士 20 分钟可抵达那霸市内，还有具志川线、具志川空港线、名护空港线、石川空港线、普天间空港线等多条线路。

STEP 04 选择合的适网站，预订心仪的住宿

确认了旅行时长后，就可以着手预订住宿了。想在日本预订性价比高的住宿，最好用日本的网站。BOOKING、AGODA 等国际同游订房网站也可以用，但性价比有限，尤其不适合旺季预订。预订日本的住宿推荐以下网站：

日本乐天：travel.rakuten.co.jp | 日本雅虎：travel.yahoo.co.jp | JALAN：www.jalan.net

这些网站的覆盖面很广，包含各种等级的住宿，从 2000 日元 1 晚的胶囊旅馆到几万日元 1 晚的温泉旅馆，应有尽有。多数旅馆都可以在入住时付款（现金或信用卡），只有少数需要在预订时用信用卡提前支付。

接下来就以 JALAN 为例，说明使用日文网站订房的步骤：

1 打开 JALAN 日文官网，在中间菜单栏选择住宿，输入时间、地点、人数等信息。

2 如果有儿童同行，要如实填写人数，并为 6 岁以下的幼儿选择是否需要被褥和餐食。

3 以入住东京的上野、浅草地区为例，点击"检索"后，即可进入符合条件的酒店列表。

可以在上方菜单栏中进一步指定地区范围。

5 以选择上野为例，点击"再检索"后，即可看到重新限定范围的酒店列表。可自行选择排列顺序，例如按人气排列或按价格排列。在列表中，可以看到每家酒店不同住宿方案的房型和税前价格，以及酒店的交通信息和设施特点。

6 可以先点击酒店名称，进入详细页面，查看酒店照片和评分。3.5分以上的酒店普遍水准良好，4.0分以上为比较出色的酒店。

[部屋タイプ]

ダブル　リラックスシングル　～スタンダード～□全室禁煙□

部屋でインターネットOK　禁煙ルーム

当館のスタンダードタイプのお部屋で、ベッドは140cm幅のダブルベッドとなります。

「リラックスシングル」タイプは大きなデスクをなくし、レジャーに最適なローテーブルとミニチェアを標準装備しております。

※デスクと椅子が装備されたお部屋タイプは「モデレートシングル」をお選びください。

おー人様はもちろんお二人様でもご利用いただけます。

ベッドは世界中のラグジュアリーホテルで採用されている「シモンズポケットコイルマットレス」使用で快適にお休みいただけます。

【主要客室設備】テレビ（43型）シモンズ社製ベッド インターネット接続無料（Wi-fi、LAN形式）VOD（一部無料）ドライヤー（マイナスイオン）温水洗浄機付トイレ 冷蔵庫（空）充電用USBジャック 電気ケトル

[プラン内容]

オトクに泊まりたい方必見！嬉しい特典が就いたカップルプラン登場♪

◆プラン特典◆
・12時までのレイトチェックアウト
　└朝はゆっくり派に♪通常10時のチェックアウトが無料で12時に♪(通常＋1000円/時

＼さらに女性には／
・アメニティ4種7点セットプレゼント
　└化粧水や乳液、クレンジングなど嬉しいアメニティセット付き♪荷物も減って快適♪

7

点击选中的住宿方案，就能看到房间的具体设施和床的大小等数据，以及该方案中包含哪些"特典"，例如可以免费推迟退房时间等。

8

向下拉动页面，确认含税房价、支付方法和退改政策。如果没有问题，就点击蓝色预约按钮。

9

输入用户名和密码登录后，即可填写具体住宿信息，包括入住时间、客人性别等。

10 确认含税房价，选择支付方式。如果有之前订房获得的积分且已经超过 100，则可以按 1 积分 =1 日元直接抵扣房费。

完成上述步骤后，按照提示确认全部预约内容，再点击"确定预约"的按钮，预约就完成了。预约号码和内容会发送到注册时填写的邮箱里，入住时报上预约时填写的姓名即可，也可直接出示邮件。

绝大部分酒店都可选择在入住时支付房费。如果选择这种方式，预约过程中无须填写任何信用卡信息。

附：预约住宿常用日语词汇

ログイン	登录	素泊まり	只住宿（不含餐）
ユーザ	用户	プラン	住宿方案（各种房型、价位列表）
パスワード	密码	シャワー / バス	淋浴
登録	注册	トイレ	厕所
メールアドレス	邮箱地址	付	附带
チェックイン	入住	露天風呂	露天温泉
チェックアウト	退房	貸切	包场
カレンダー	日历	朝食・夕食	早饭・晚饭
部屋	房间	インターネット	互联网
ルーム	房间	あり	有
タイプ	类型	なし	没有
子供	孩子	クレジットカード	信用卡
料金	价格	決済	结账
泊	1泊表示1晚	前払い	先付款
安い順・高い順	价格从低到高・从高到低	アクセス	交通方式
カプセル	胶囊旅馆	畳	日式房间面积单位，1叠约为1.8平方米
二段ベッド	上下铺	キャンセル	取消
ドミトリー	宿舍	個人ページ	个人页面
シングル	单人间	支払い	支付
ツイン	双床间	予約番号	预约号码
ダブル・ゼミダブル	大床间 / 迷你大床间	現地決済	到店付款
カップル	情侣 / 夫妇		

STEP 05 细化行程，确认景点与小交通信息

到了这一步，就可以确认行程中各个景点 / 体验的具体信息了，比如开放时间、票价、交通方式、参观注意事项等，最准确的方式是官网查询。景点间交通的时刻表和费用也要在这一步确认，既可直接查询相关交通公司官网，也可使用前文介绍的交通查询网站或 APP。

① 在常用搜索引擎中搜索"清水寺"，即可搜到官网。

② 进入官网首页，右上角可以看到语言选择。

③ 官网信息非常详细，从历史背景到参观实用信息均有介绍。

④ 像清水寺这样不同时期开放时间也不同的景点，更要事先在官网确认。

以搜索京都著名景点清水寺为例:

除了景点本身的信息,这一步还要重新拿起地图,确认景点的地理位置,以便有效合理地安排观光顺序。

比起谷歌,雅虎地图在日本旅行中更好用。尤其是在相对偏僻的地区,当谷歌已经无路可查时,雅虎往往还能提供详细地图:map.yahoo.co.jp。

利用日本雅虎地图 APP,可以直接在上方检索栏输入目的地,也可以点击右上角的人形标志,查询两地间路线。

▶ 例如检索东京站到二重桥的步行路线,输入两地名称,选择步行和出发时间,即可看到时长和距离。

▶ 点击步行方案,就会显示出具体步行地图。

STEP 06 计算交通费用,选择优惠券

通过前面的 5 步,地区间的大交通和地区内、景点间的小交通涉及的时间和票价信息,都已经确认了,这时就要看有没有合适的交通优惠券了。

日本的轨道交通优惠券纷繁复杂,选择时一定要比价:先计算出单独买票的价格,再与优惠券进行对比。如果不做好功课就盲目购买,可能反而不划算。

以使用全日本 JR PASS 游览关东关西的标准行程为例:

条件 全日本 7 日 JR PASS=29650 日元,东京往返京都新干线(除 NOZOMI 外的指定席)=27700 日元。

结论 如果单线旅行(东进阪出或阪进东出),不适合购买该 PASS;如果同地进出,搭配上机场和观光中的 JR 交通,可购买该 PASS。

对于初次前往日本的旅行者,建议行程优先,有合适的优惠券再搭配。对于想深度探索的回头客,可以考虑从优惠券入手,结合优惠券发掘新的行程。

了解日本美食，搜寻合适的餐厅

如果不想碰运气随便吃，那么行前的美食功课是非常必要的。媒体上有很多"十大XX"的排名，但其中不乏造势宣传者，比如大家熟知的一兰拉面就是一例。这里并不是在贬低一兰拉面，福冈的一兰拉面总店口碑非常过硬，只是并非每家分店都是如此。日本很多地方都有既美味又有特色的拉面，没必要只关注某些连锁品牌。

① 日本饮食分类

提到日本料理，很多人想到的只有寿司和拉面。确实，日本属于单一文化国家，以外国人眼光来看，各地饮食差异不大，且食材有限。但正因如此，日本人在料理中也将他们的敏感与细腻发挥到了极限。就像他们会直接说"去吃乌冬面""去吃拉面""去吃荞麦面"，却很少笼统地说"去吃面"。

日本常见饮食可以大致归类如下：

A 面类

拉面（ラーメン）	各地都有代表口味。不少拉面店只有吧台式座位，厨师就在客人面前制作拉面。
乌冬面（うどん）	较粗的圆柱形面条，高汤、咖喱甚至调味汁都可搭配。
荞麦面（そば）	"かけそば"和"もりそば"最常见，分别指汤面和蘸汁面（调味汁混入芥末、山药泥等）。"手打ち"是指手擀荞麦面，有些地方的拉面也称为"そば"。
素面（そうめん）	面条很细很软，蘸酱汁吃。有"流水素面"的吃法。
宽面条（きしめん）	面条呈宽扁状。
蘸汁面（つけめん）	由面和卤汁组成，卤汁中包括各种配菜，用面条蘸食。

B 饭类

盖饭（丼）	常见盖饭有海鲜饭（海鲜丼）、鸡肉鸡蛋盖饭（親子丼）、猪排盖饭（カツ丼）及各种肉类和豆腐饭。	
咖喱饭（カレーライス）	日本常见的平民家庭美食。	
寿司（すし·鮨）	日本料理的招牌，既有100日元2个的廉价回转寿司（回転寿司），也有人均几万日元却依然很难预约的超高级寿司店。	
鳗鱼饭	大致分为用圆形饭碗盛放的"うな丼"、用方形餐盒盛放的"うな重"以及名古屋特色的鳗鱼饭三吃"ひつまぶし"。	
肉/菜饭（炊き込みご飯）	常见有鲷鱼饭、栗子饭、松茸饭等。	

C 套餐（定食·コース·会席·懐石）的主菜

和牛	神户牛、松阪牛、近江牛、飞騨牛等比较有名，可以烤（焼き）、蒸（蒸し）或做成牛排（ステーキ）。
天妇罗（天ぷら）	将鱼、虾和蔬菜裹面衣油炸，也可以做成天妇罗盖饭（天丼）。
汤豆腐（湯豆腐）	京都著名的豆腐料理，可以和各类豆腐制品搭配组成套餐。
生鱼片（刺身）	各种生鱼片即刺身的拼盘也是套餐中常见的主菜。

D 异国料理

中餐（中華料理）	很多都来自日本人的想象或再创作，如很多中餐馆可见的"天津飯"和长崎特色汤面"ちゃんぽん"。煎饺（焼き餃子）在日本也很常见，但属于配菜，通常和拉面、米饭等一起吃。
西餐（洋食）	大致可分为两类，一类是追求原汁原味的法餐、意大利餐等，另一类则是日式西餐，从明治维新时期起传入日本并经过一百多年改良，早已成了日本料理的一部分，如炸猪排（とんかつ）、蛋包饭（オムライス）、牛肉丁盖饭（ハヤシライス）、可乐饼（コロッケ）等。

E 锅类（鍋物）

涮锅（しゃぶしゃぶ）	肉、海鲜、豆制品和蔬菜都可以作为涮锅的材料。
寿喜烧（すき焼き）	将薄牛肉片、葱、香菇、豆腐等食材加入酱油和糖等调料煮制，蘸生鸡蛋吃。
牛肠锅（もつ鍋）	主要使用牛的大肠、小肠等搭配韭菜、卷心菜等蔬菜，是福冈的代表料理。
水煮锅（水炊き）	将鸡肉和蔬菜放入水中煮制，与牛肠锅同为福冈必吃美食。
牡丹锅（ぼたん鍋）	猪肉薄片搭配各种蔬菜和豆腐，名字源于猪肉薄片在盘子上摆成牡丹花的形状。

F 小吃类

什锦煎饼（お好み焼き）	把面糊、蔬菜、肉或海鲜做成圆饼状，用铁板煎熟，洒上酱汁即可。因大阪和广岛两地最有名，又称"大阪烧"、"广岛烧"。	
好炖（おでん）	又称"关东煮"，便利店和居酒屋的常见美食，丸子、豆腐、鸡蛋、萝卜等食材多种多样。	
章鱼烧（たこ焼き）	将面糊倒入模具，加入章鱼块后烤成球形，大阪的章鱼烧是公认的美味。	
鲷鱼烧（たい焼き）	将面糊放入鲷鱼形模具，加入红豆等馅料烤制。	
包子（肉まん）	与中国的包子相比面皮更软，更像点心。	

G 居酒屋

菜品	常见的有炒面（焼きそば）、煮毛豆（枝豆）、烤鸡肉串（焼き鳥）、炸鸡块（唐揚げ）、茶泡饭（お茶漬け）、刺身拼盘（刺身盛り合わせ）、土豆烧肉（肉じゃが）、芥末章鱼（たこわさ），以及前面介绍的好炖、天妇罗等。
酒水	常见的有啤酒（ビール）、梅酒（梅酒）、烧酒（焼酎）等。梅酒一般要在加冰（ロック）、加水（水割り）、加苏打（ソーダ割り）中三选一。烧酒可加热水（お湯割り），也可以直接加热（燗酒）。进店后要先点酒水，服务员会端来一份小菜（お通し），一般收费200 ~ 300 日元。

H 甜品（デザート）

日式（和菓子）	常见的有团子（団子）、羊羹（ようかん）、蕨根粉糕（わらび餅）、年糕小豆汤（お汁粉）、馅蜜（あんみつ）、带馅儿软点心（饅頭）等，另有各种造型精美、与季节和风物相呼应的和果子。
西式（洋菓子·スイーツ）	常见的有带草莓的海绵蛋糕（ショートケーキ）、奶油卷（ロール）、挞类蛋糕（タルト）、布丁（プリン）等，冰品则常见蛋卷冰激凌（ソフト/アイス）和刨冰（カキ氷）。

I 便利店与超市

饮料	主要有茶、果汁、汽水、饮用水、咖啡和乳制品等，500毫升瓶装饮料多在150日元以下，便利店自营品牌相对便宜，多数日式茶饮都为无糖。
饭类	包括日式便当、饭团以及西式焗饭等，饭团在日本属于冷食，其他则可在结账时请店员帮忙加热。
面类	常见的有方便面、荞麦面、素面、乌冬面、中华凉面（拌入叉烧肉、鸡蛋丝、豆芽、黄瓜丝等配料的凉面）等，以及各种意大利面（可加热）。
面包	各便利店都有自营品牌面包，特别值得尝试的是日本特有的"炒面面包"。
海鲜及寿司	超市里种类丰富，晚间通常有折扣。
小菜	常见的有温泉鸡蛋、豆腐素面、蛋羹、煮毛豆、煮芋头、纳豆、拌菠菜等，超市里种类更多，价格也更便宜。
沙拉	常见的有白萝卜丝、裙带菜、玉米、土豆、生菜等，便利店里还出售可拌一盒沙拉的小袋酱汁。
速食汤/粥	各种口味的碗装速食汤需用开水冲泡，袋装粥是熬好的，用热水温热即可食用。
零食	日本多种多样的人气零食都可以在便利店和超市买到，不少便利店的自营零食也值得一试。
冰品	便利店的冰品价格更低，浅蓝色的日本老牌冰棍"ガリガリ"和哈根达斯值得尝试。
收银台热食	便利店的收银台旁边通常摆有各种热食，包括包子、好炖、烤串、炸鸡等，部分需要店员拿取。

②查询日本美食

日本也有类似大众点评的口碑网站，推荐大家使用食べログ：tabelog.com。这家网站能代表日本当地人的真实评价，3.4 分及以上即是味道不错，如果高于 4.0，毫无疑问是超美味餐厅。

① 进入首页，选择想要查询的都道府县。

② 以京都为例，点击进入京都府页面，从左边栏选择具体地区。

③ 还可以指定具体的料理种类，并设定预算。

④ 以京都市全部餐厅为例，可选择按照评分从高到低排列。

⑤ 进入某一餐厅页面，可看到评分、料理种类、价位以及店家 / 客人上传的照片。

⑥ 页面下方可见餐厅详细信息，包括地址、电话、交通、营业时间等。

STEP 08 阅读游记，查漏补缺

到了这一步，可以阅读一些优质游记，查漏补缺。很多人在做功课时先读游记，但由于对目的地毫无概念，花费长时间阅读也毫无帮助，反而更加混乱。经过了前面 7 步的梳理，再挑一些优质游记来看，思路就会非常清晰，也更容易"查漏补缺"，借鉴他人的宝贵经验，对行程做最后的细化。

STEP 09 估算费用，做好出行准备

① 日元兑换与支付

去日本旅行该换多少钱——这是网上十分常见的问题——完成前面所有的步骤后，你已经准确知道了住宿、交通和门票的费用，并已经能大致估算出餐饮费用。把这些相加，就是你这次出行的硬性预算。再加上购物等软性预算，就是你这次该准备的费用。日元早已无须在国内提前换好，日本有许多银行的 ATM 都支持银联卡提现。推荐 Seven 银行，在各机场和 7–11 便利店都能找到其 ATM 机，且有中文界面，操作方便，每笔最多可取 10 万日元，手续费为 110 日元。

位于成田机场的 SEVEN 银行 ATM。

日本的部分商家、酒店和景点已经开通了支付宝或微信支付，但是目前日本的主流支付方式仍为现金、信用卡和一些本地的支付软件。身为外国游客，准备一定的现金十分必要。即使在东京这样的大都会，或是京都这样的旅游热门城市，仍然有不少店铺只接受现金。

② 行李准备

A 插头与电压
电压：100 伏
插头：双向（和中国的一致）
提示：如果携带电器为双向插头且是宽幅电压（国内多为这种情况，如 100 ~ 240 伏），就不用带变压器和转换器，如果携带三向插头的电器，就需要带转换器。

B 电话与网络
上网卡：可以根据自身需求，出发前在网上购买上网卡，也可直接开通手机国际漫游，购买流量包使用。
WIFI：日本各地酒店和公共场所的免费 WIFI 越来越常见，可以多加利用。

C 备足干净袜子

很多景点，如寺庙、城郭等，入内参观时都需要脱鞋，很多日式餐馆也是如此。除此之外，如果在青年旅馆、胶囊旅馆或传统日式旅馆住宿，或去泡温泉，都需要一进门就脱鞋，换上对方提供的拖鞋，袜子不干净是很不礼貌的。

③ 出行须知

A 查询天气

旅行前想获得准确的气象信息，可以查询日本气象厅的官网（日英双语）：www.jma.go.jp。除了能够查到日本各地的天气，还能了解"樱花前线""梅雨前线"等信息。也可访问日本雅虎等主要门户网站的天气板块，也很方便。

在日本雅虎的天气板块，可以查到各地详细的一周天气预报。

B 行李寄存

免费：酒店一般能在入住和退房当天免费寄存行李。

收费：日本多数 JR 站、私铁站和部分景点及旅游问讯处都有投币式存包柜，价格和大小如下（并非所有车站都有全部型号）：

300 日元：宽 34 厘米，高 20 ~ 40 厘米，深 57 厘米

400 日元：宽 34 厘米，高 55 厘米，深 57 厘米

500 日元：宽 34 厘米，高 84 厘米，深 57 厘米

600 日元：宽 34 厘米，高 103 厘米，深 57 厘米

大型车站另有 700 日元特大储物柜，一些滑雪胜地还有雪具专用储物柜。

另外，大型车站有收费的人工存包处，少数热门景区的车站还提供运送行李至酒店的收费服务。

C 自来水直饮

日本的自来水一般情况下都可以直接饮用，当然也有人喝不习惯，嫌净化过的自来水有特殊味道。有几点需要注意：第一，神社里净手处的水不要乱喝，要按规矩净手、漱口，否则太不礼貌；第二，有些地方的水龙头上会贴说明，表明此处不是饮用水，要特别注意。

D 使用厕所

日本的厕所分为蹲坑和坐便两种，有时会在门上注明，蹲坑是"和式"，坐便是"洋式"。坐便式厕所的坐便器一般都带各种清洗和烘干功能，有许多按钮可供操作。日本的厕纸都是水溶性的，用完后要扔进便池冲走，不能扔到垃圾桶里，只有卫生用品需要包好后扔进垃圾桶。部分车站的厕所不提供厕纸，需要自备，也可以从厕所门口的自动售纸机购买。

很多旅行者都会对日本的厕所留下美好的印象，大部分公共厕所都比较干净，用起来十分舒适。这和日本人平时的生活习惯有关。在一般日本人的自购住宅中，无论是住公寓还是独栋房屋，配备冲洗、加温设施的多功能坐便器是绝大多数人的选择。各个公共场合只要有

有些厕所采用独特标志或传统贵族称呼，"姬"指女性，"殿"指男性。

条件，也都会保持同样的水准。

不过，日本的大学宿舍、廉价租赁公寓的单间和公共厕所都较为简单，也有不少地方的公共厕所没有达到那么高的水准，洁净度和气味都很一般，比如 JR 新宿站的厕所。还有偏僻地区的一些小站，也会有深坑式、无冲水的蹲式厕所。

E 垃圾处理

日本的垃圾回收制度非常严格，但游客掌握简单知识即可。酒店房间里的垃圾桶不用分类，只有入住青年旅馆等设施时才有可能遇到分类要求。

日本公共场所的垃圾桶较少，最好随身携带塑料袋备用。垃圾桶多见于车站和便利店门口，但后者一般只用于丢弃在店内购物后产生的垃圾。自动售货机旁边的垃圾桶只用于扔售货机中出售的饮料瓶等，不要扔其他垃圾。

F 旅行问讯

日本的旅游业高度发达，旅游设施完备，设于各地的旅游问讯处提供丰富的地图和旅行信息，十分方便。旅游问讯处一般位于 JR 站及各个私铁站内或附近，可以领取免费地图和当地的旅行手册。很多旅游问讯处还出售当地的优惠观光卡和乘车券。

旅游问讯处通常以一个大大的"?"作为标识，日文写作"観光案内所"，很容易找到。除此之外，很多景点门口都会免费提供景点手册，一些著名徒步线路途中会有周边地图可以参考。许多道路旁边也会有附近建筑的分布图，非常方便。

G 安全事项

比起枪支泛滥的美国或小偷横行的欧洲部分地区，日本非常安全。但是在日本旅行，也要注意色狼（痴漢）、黑社会/暴力团体等情况。

色狼是日本一大社会问题，也是年轻女性在日本旅行时最需要注意的，尤其是在电车上或其他拥挤场所。大城市的地铁都设有女性专用车厢，不少夜行巴士和夜行列车都有女性专座或女性专用车厢，买票时也常常要登记性别。实际上没那么危险，但建议女性旅行者还是尽量使用这些专门为女性提供的便利服务，会让旅行更加舒适安心。

黑社会/暴力团等不良组织也是日本治安的一大问题。黑社会在日本是合法的，也常在遇到灾难时做些善事，但人们还是对他们敬而远之。如果在旅行中看到身上有花花绿绿文身的人，或是不良青少年拉帮结伙飙车、打架等，要尽量避开。

抢劫等情况在日本也有，但这在世界上多数国家都并不稀奇，做好常规的防范即可。

打开
日本旅行
新世界

日本铁道文化：
＼ 独一无二的深度旅行 ／

上车睡觉，下车拍照——这是我们多年来对那些不走心的游客的讽刺，却也是有些旅途的真实写照：坐上火车，好几个小时的行程，难免疲惫地倒头就睡。无论是在国内，还是世界上大部分国家，对于大部分旅行者来说，铁道始终是一种交通工具，并无新意。行前做功课，也无非是查查车站的位置，查查坐哪班车合适。

但是在日本，这个拥有独一无二铁道文化的国家，如果你上车便倒头大睡，可能会错过最宝贵的风景。多姿多彩的列车会让原本冗长的交通时间变成旅行中精彩的一部分，甚至超越那些景点，成为日本之行留下的最独特的片段。

庞杂的轨道交通网使日本培养出了浓郁的铁道文化氛围。在其他国家属于小众的铁道迷群体，在日本会感到无与伦比的舒适。日本的铁道文化是全民性的，从蹒跚学步的幼儿，到拄着拐杖的老年人，无论男女，都可以毫无门槛地参与其中。乘坐一趟观光列车，品尝一份车站便当，拍下一张列车照片，都是分享铁道文化的愉快体验。

当然，在全民参与的铁道文化氛围中，有一部分人更加专业，也就是人们所说的铁道迷。日本的铁道迷分类十分细致，有人以乘坐更多线路为目标，有人希望拜访更多车站，有人不惜蹲守好几个小时拍摄列车美照，有人喜爱制作铁道模型，有人热衷尝遍各地车站便当，有人乐于收集铁道相关的物件……关于铁道，能找到数不清的亮点。

也许有人会说：我不是铁道迷，不会专门安排时间深入铁道文化，但又对这一现象很感兴趣，有什么办法能在旅途中顺道体验吗？

当然有。日本铁道文化的最大特点就在于它的多元化和普及化。在 JR 的大多数主要车站乘车，你都可以顺手买一份漂亮的车站便当；从新宿前往富士山河口湖，你可以忽略让人昏昏欲睡的高速巴士，选择富士急行某趟妙趣横生的观光列车；在一次又一次进站与出站的时候，你可以稍作停留，在本子上盖下充满当地风情的车站印章。走着走着，看了风景，也体验了铁道文化。

在日本，铁道不仅是交通工具，更是文化的展示场与美食的集散地，是组成人们生活血脉的一部分。作为一个坚决支持公共交通的旅行者，我诚心向大家推荐日本的铁道文化。在日本乘上列车来来往往，可以同步了解到日本各地的文化习俗与审美趣味，感受日本社会的千姿百态。

车站便当：端着美食在路上

车站便当，日语为"駅弁"，顾名思义，就是在车站出售的便当，多见于 JR 车站，部分私铁车站也有出售。车站便当已有 130 年的历史。如今，日本有若干家食品公司每天源源不断地为各个车站提供各式各样的便当。各地的车站便当都有鲜明的特色，从包装纸、便当盒到食材，无不满溢地方色彩。每张包装纸都可以收藏起来作为旅行的回忆，而那些精致耐用的便当盒可以带回家，成为日常生活的一部分。

在眼花缭乱的日本铁道文化中，可以在乘车时顺手购买的车站便当既不费时，也不费力，是体验这一文化的极佳选择。

熊本县人吉站著名便当销售员菖蒲爷爷。

新大阪站的便当柜台让所有人都可能患上选择困难症。

日本第一车站便当"鱿鱼饭"在 JR 森站的销售处。

◉ 购买资讯

购买地点：检票口内外及站台上的专门柜台或手推车

推荐车站：JR 东京站、JR 新大阪站、JR 京都站、JR 博多站、JR 仙台站、JR 名古屋站、JR 冈山站、JR 金泽站

价格：多在 800 ～ 1500 日元，个别便当价格更高

◉ 注意事项

①大部分车站便当都是凉的，只有极少数附带加热装置。

②不少食品公司都提供车站便当的预约服务。如果想确保吃到感兴趣的便当，可以打电话或通过网络预约，然后在车站付款、领取。

③大型车站的便当店往往会出售同一地区各站的著名便当。

🖥 车站便当相关网站

駅弁の小窓：车站便当的小窗，由一个车站便当迷创办的强大网站，图片和文字信息量巨大，分类也特别详细。创办者本人已经吃过几千种车站便当，著有《駅弁読本》。

网址：ekibento.jp

駅弁資料館：车站便当资料馆，非常专业的车站便当迷网站，几千个条目下都有详细介绍和组图，查找起来十分方便。

网址：kfm.sakura.ne.jp/ekiben

駅弁のホームページ：车站便当的主页，日本车站便当官方网站。不断更新各站新发售的便当信息，时效性很强。

网址：www.ekiben.or.jp

駅弁図鑑西日本編：车站便当图鉴西日本编，JR 西日本沿线车站便当情报的官方网站，可以查询便当并在网上预约。

网址：www.ekiben.gr.jp

JR 東海パッセンジャーズ：JR 东海旅客服务公司，介绍东海道新干线沿线的便当。

网址：www.jr-cp.co.jp

NRE：日本 Restaurant Enterprise，可以方便地检索到关东和东北地区的车站便当，并有东京站（"祭""踊"）和新宿站（"顶"）大型便当店的信息。

网址：www.nre.co.jp

九州駅弁グランプリ：九州车站便当大奖赛官网，每年评选时都会有当年参评的几十种便当的介绍，可以作为购买时的参考。

网址：www.jrkyushu.co.jp/ekiben

駅弁 200 選：是一个车站便当迷的博客，介绍了她在"车站便当旅行"中吃到的 200 种精选美味便当。图文并茂，非常养眼。

网址：travel.biglobe.ne.jp/ekiben

淡路屋：神户著名的便当生产商。日本许多车站便当的生产商都有官网，但少有能像淡路屋这样能做到便捷的网上预约、且没有最低数量要求的。这家常年推出列车和卡通人物等特别款便当，便当盒十分适合作为旅行纪念品。

网址：www.awajiya.co.jp

预约的淡路屋便当可在难波高岛屋地下卖场领取。　　车站便当与热点总是紧密相连，比如熊本熊部长。　　这样的陶壶曾用来装茶，和便当搭配出售。

🚃 车站便当的故事

车站便当不仅是旅途中的方便食物，更凝聚了当地的饮食习惯、文化传统与生活智慧。打开一盒便当，就是打开一段时光的故事。

竹笼便当（JR 京都站）

寻找竹笼便当的过程，仿佛就是我"车站便当进阶之路"的缩影。

第一次去京都是在 2009 年，参加与京都某大学的社团交流活动。那时我已经知道车站便当的存在，但还不甚了解。在京都站内也曾路过车站便当的店铺，但碍于有陪同者，不便上前看个仔细，只得遗憾作罢。

第二次和第三次去京都是在 2010 年，都是在短暂的五个月交换留学期间。在出发前做旅行功课时，我全面接触到了车站便当的世界，也第一次了解到京都最经典的车站便当——竹笼便当。

于是，一到京都，我就直奔车站便当的店铺。可是找遍了京都站内的所有销售点，都不见竹笼便当的踪影，这让我非常失望。尽管品尝了京都站数款值得一试的经典便当，可是没有见到竹笼便当的遗憾仍久久无法散去。

现在回想起来，那时自己真是犯了傻，既然能充分利用网络去查找各地的旅行信息，为什么就不能搜一搜便当的情况？ 2012 年去九州旅行时，我学习到了新技能：原来便当是可以预约的。

2013 年我又去京都旅行时，竹笼便当终于被我牢牢抓在手中。通过网络搜索，我了解到竹笼便当的制造商"萩乃家"早在几年前就已不再给京都站内的店铺供货，但他们的门市就在京都站东侧不远处的小巷里，甚至还提供送便当到京都站检票口的服务。只要提前预约，就能品尝到他们的传统美味。四访京都，总算与竹笼便当见面。

打开清爽的传统包装，衬着餐纸的竹笼里放着饭团、寿司卷和各种配菜，让人宛若闻到了平安时代的气息。

列车造型便当

　　车站便当既然是拿到列车上吃的便当，自然少不了以列车为主题的设计。这样的便当会将陶瓷或塑料制的便当盒，设计成列车的形状，从现役的新干线到老式的蒸汽机车，款式多样，非常值得收藏。

　　JR 东京站和 JR 新大阪站比较容易买到列车造型便当，也可以在上文介绍过的淡路屋官网 www.awajiya.co.jp 上预订。

Twilight Express 卧铺车　　　　　EVA 新干线便当　　　　　Dr.Yellow 新干线检修车便当
停运纪念便当

W7 系新干线便当　　　　　1 号蒸汽机车便当　　　　　北海道新干线便当

JR 货运集装箱便当　　　　　500 系新干线便当　　　　　HELLO KITTY 新干线便当

毛豆糯米饭

2010 年 8 月，我从青森县的弘前乘 JR 普通列车慢悠悠前往新潟，途中在山形县酒田站换乘。时间有些富余，我便在站内闲逛，发现竟然有车站便当出售。那时我并没有查过酒田站的便当资料，只是觉得难得路过，便买下了这个"毛豆糯米饭"。

来到车上，打开便当盒，瞬间就傻眼了：这不就是一大盒糯米饭配上两片腌菜吗？硬着头皮下了筷子，但仅仅一两口，便发现好吃得根本停不下来，只后悔为什么没多买一盒。后来上网查找资料，才发现一位吃过几千款车站便当的"专家"这样评价它：不朽的名作。

横川站

一般认为，车站便当源于 1885 年 7 月栃木县宇都宫市白木屋旅馆出售的梅干芝麻盐饭团。就在 3 个月后，一家名叫荻野屋店铺在如今的 JR 横川站站前开业，并经营至今，成为现存历史最悠久的车站便当制造商。

好东西不在多，而在精。1957 年，荻野屋推出了让自己一炮走红的便当"山岭釜饭"（峠の釜めし）。山岭指横川站与轻井泽站之间的碓冰岭，釜饭则是将米饭和配菜放在益子烧的陶锅中煮制而成。如今，不仅横川站有，轻井泽站、长野站等热门车站也有山岭釜饭的摊位。

更多车站便当推荐

鱿鱼饭便当→（见第 173 页）：当之无愧的日本第一
民子的梦便当→（见第 200 页）：一位老奶奶的故乡梦

通过经典便当品味日本

JR 人吉站的栗子饭便当

JR 稚内站的最北帆立贝便当

JR 仙台站的加热式牛舌便当

可在京都站买到的
淡路屋章鱼饭便当

JR 佐贺站的有田烧
散寿司便当

JR 冈山站的桃太郎祭寿司便当

也可在东京站买到的高崎站
达摩便当

埼玉县大宫铁道博物馆
的限定便当

伊豆箱根铁道修善寺站的
"武士のい寿司"便当

JR 松本站的月见五味便当

JR 富山站和金泽站的鳟鱼寿司便当

JR 高山站的味之合掌造便当

观光列车：让旅途成为艺术

2017 年 5 月，我和同伴在九州旅行，从指宿乘坐"指宿的玉手箱"列车返回鹿儿岛。"指宿的玉手箱"班次较多，都说相对好划座，我们却没有划到理想的座位。一上车才明白，原来有一个台湾旅行团也乘坐这趟车，占据了大部分看海的座位。

碰上旅行团也是没办法，想要拍海景，站到车门处便是，我们最初并不觉得沮丧。然而没过一会儿，车厢里的呼噜声引起了我们的注意——在导游讲完注意事项后，大部分团员都睡倒在座位上。窗外掠过美丽的风景，坐在观景座位上的人却呼呼大睡。我们两个兴致勃勃的铁道迷，只能在叹息和鼾声中望着挺拔的樱岛火山渐渐进入视线。座位被不懂欣赏的人占去，心里多少有些不平。

乘坐日本的观光列车，其实也是在向自己发问：旅行，究竟应该是什么样？

个性化的车体设计，细腻的车内装饰，原创的列车纪念品，甚至是美味的食物，观光列车总是包含了许许多多与当地相关的元素。由于铁道文化普及，日本各地的 JR 和私铁都会定期或不定期推出观光列车或主题列车，有的会结合季节或活动临时运行，有的则是每天都有。很多列车并不奢华，或与普通列车价格相同，或稍作加价。包含的餐食或各种礼品的价格，也都在大部分人能承受的范围内。

记得一次在大月站换乘富士急行，下车后其他游客都慌慌张张地排队买票，去赶最近一班的普通列车。而如果稍事休息，等待半个小时，多花 200 日元，就能坐到稍后出发的观光列车。所谓的深度旅行其实就在身边，只是取决于你有没有心去多跨一步。

停靠在新大阪站的 HELLO KITTY 新干线。

最为游客熟知的京都"岚山小火车"。

球磨川铁道"田园交响乐"列车仍然采取古老的通票闭塞。

◉ 注意事项

①查找观光列车的信息，一定要活用各个铁道公司的官网。有的公司外文页面内容较为简单，只有日文页面才能查到相关信息。

②各种列车的车票发售时间不同，如果可以网上预约，最好提前订好座位。出行时务必携带订座时使用的信用卡，以备取票时查验。

入门版：九州的观光列车

说到观光列车，很多人都会想到九州。JR九州在观光列车上不断的推陈出新以及不遗余力的宣传，让很多并非铁道迷的游客也产生了兴趣。对于铁道文化的推广来说，这的确是件值得一书的好事。但不知是因为种类太多，还是过于急功近利，当我在日本各地乘坐过各种观光列车，再前往九州体验时，失落感远远大过了想象。

"指宿的玉手箱"，给人印象最深的可能就是黑白双色的车体。

"隼人之风"途经的老站嘉例川。

从购票上看，JR九州的观光列车可以使用外国人专用的铁道周游券乘坐，并可以提前在网上预订座位，但是需要额外支付预约手续费。而JR东日本的观光列车则不同，网上预订座位时并不扣款，也没有手续费，只需登记信用卡信息做担保，待取票时再告知工作人员付款方式（信用卡或周游券），方便很多。

从服务上看，JR九州观光列车上的服务员比较"公事公办"，少有发自内心的热情。很多车在沿途的特色小站短暂停车，安排拍照，站台上和站房内人声鼎沸，全是当地人摆摊卖东西。这对乡村发展自然是好事，但是浓重的商业气息和程式化的笑容，总让我觉得其他观光列车沿途那些不做生意、只是真诚欢迎的笑脸格外珍贵。

所以我才将九州的观光列车形容为"入门版"。如果你刚刚接触铁道文化，想看个新鲜，那么九州是个尝试的好地方。但什么是真正经典的观光列车，要走出九州才会知道。

JR九州观光列车（含中文）：www.jrkyushu.co.jp/trains

九州人气最旺的蒸汽机车"SL人吉"在转车台进行转向作业。

"伊三郎·新平"列车在经停真幸站后要利用之字形轨道进行爬升，真幸站在视野中越来越小。

九州的观光列车中配置相对较高的"阿苏男孩"，可爱的亲子座椅和海洋球池是这趟列车的最大亮点。

1

2

进阶版：在列车上享用美餐

在列车上享用一顿美餐，不是零食饮料，也不是便当或方便食品，而是像在餐厅里一样依次品尝前菜、主菜、甜点和饮品，会是什么样的感受？

在日本各地，越来越多的观光列车推出了高质量的餐饮服务，菜单和食物皆由当地优质餐厅和店铺设计并提供。在行驶的列车上一边享受特色美食，一边眺望窗外的风景，让原本无聊的交通移动时间变成恋恋不舍的美好回忆，这样的列车可谓是旅行中的锦上添花。

由于设计理念和餐食内容的不同，各地观光列车的餐饮价格也是高低不一，从几千日元到一两万日元不等。在这里为大家介绍的是我曾经搭乘过两次的观光列车——长崎县岛原铁道的 Café Train，价格亲民，非常适合从长崎市出发进行一日游：先在列车上满足味蕾，再到小城岛原悠闲散步（见第 212 页）。特别值得称道的是预约方法，给官网上提供的邮箱发去英语邮件即可预约，乘车当日再在谏早站的售票窗口支付费用，对外国旅行者特别友好。

官网（日英双语）：www.shimatetsu-cafetrain.com

乘客们从谏早站鱼贯乘车，车头爱牌上的小鲤鱼是岛原铁道的吉祥物。

主餐与茶水先行。这天是由长崎县本地鸡肉制成的肉饼搭配米饭、意面和多种小菜，烹调方来自小滨温泉。

主餐后端上咖啡与来自岛原市老字号西点店的蛋糕，边吃边听列车员介绍沿线有趣的车站与值得留意的风景。

列车在大三东站长时间停靠，可以尽情拍照，还可以在站台上的自动售货机购买用来祈福的黄手帕。

甜品也会在停靠大三东站期间端上来，列车仿佛变成了海边咖啡厅。

单程两小时的旅程转瞬即逝，每位乘客都会收到岛原市内主要景点的当日门票和返程车票，非常划算。

高级版：大山里的蒸汽机车

群马县的高崎站到横川站间的线路属于 JR 信越本线的一部分，是一条通向乡间的地方线路。然而在终点横川站，除了第 43 页介绍的车站便当以及本书关东部分介绍的碓冰岭铁道文化村（见第 97 页），还可以见到"动态保存"的古老蒸汽机车。所谓"动态保存"，就是依旧使用它进行客运，让人们不时还能欣赏它奔驰在铁路上的风姿。

"SL"是蒸汽机车的简称。信越本线上的 SL 每月不定期运行两三次，多在周末。此外，上越线也有不定期的 SL 运行，同样值得关注。

官网（含中文）：www.jreast.co.jp/railway/joyful/slgunma.html

车上出售两款黑色圆盒便当，设计与蒸汽机车相呼应，其中的石锅拌饭相当美味。

JR 横川站是关东地区最有特色的一百座车站之一。

SL 尚未进站，东日本铁道退休职工协会的老爷爷们已经做好了迎接准备。

列车冒着黑烟缓缓进站，铁道迷甚至可以向司机索要煤块作为纪念。

当地的高中生卖力地敲鼓迎接列车的到来。

乘客陆续上车，和欢送的队伍挥手告别。

体验版：坐在列车里去洗车

"与日本的原风景相遇。"这是位于静冈县的天龙滨名湖铁道在官网上的宣传语。西起新所原，东至挂川，与沿海的 JR 东海道本线和新干线相对，这条安静的铁道驶过滨名湖的北侧，一路伸向静冈县的腹地。在日本，有许许多多这样孤寂的地方铁道在与人口流失抗争，然而天龙滨名湖铁道却走出了属于自己的风格。

打开官网上的 PDF 指南，或是翻看沿线旅行手册，就会发现天龙滨名湖铁道不动声色却又大胆的尝试。整条铁道仿佛美食链接，许多小平房式的车站都开成了独具个性的餐馆，有的出售拉面、鳗鱼饭等传统日餐，有的经营炖牛肉、咖喱饭等日式西餐，还有香喷喷的面包房。在公司本部所在的天龙二俣站，只要打个电话预约，就能乘上列车，体验清洗车辆的全过程，还能在转车台上转一圈，欣赏平时只有列车员才能看到的风景。而在相隔一站的二俣本町站，小巧的站舍被改装成了每晚只接待一组客人的车站旅馆。属于自己的车站时光，属于自己的铁道风景，只在这里才能体验。

官网（日英双语）：www.tenhama.co.jp
车站旅馆 INN MY LIFE（日文）：www.innmylife.com

其他地方最多只能看转车，但在天龙二俣站，可以先乘车转一遍，再下车拍摄外观。

二俣本町站的小站房，正面右侧是进出站口，左侧就是车站旅馆 INN MY LIFE。

一碗热腾腾的日式云吞面，在车站里就可以吃到。

在车站导游的带领下，扇形车库前也可以尽情拍照。

老板中谷明史在东京上学，工作后重返故乡，同时经营餐馆和共享办公室，让原本破旧的建筑重获新生。

透过车窗，享受滨名湖的无限风光。如果时间充裕，还可途中下车，到湖畔的酒店泡一次湖景温泉。

实践版：铁轨上的骑行之旅

除了乘坐火车，还有没有能更进一步与铁道亲密接触的安全方式？答案很简单：在铁轨上骑自行车。

位于岐阜县腹地的神冈，曾经有一家名为神冈铁道的公司，运营从奥飞驒温泉口到猪谷的线路。2006 年停运后，废弃了十余年。当地人想出了有趣的新主意：将自行车固定在铁轨上骑行，让废弃的路线重新获得利用价值，也为旅行者提供了从未有过的骑行体验。

目前，这个名为"Gattan Go！！"的项目开设了两种行程。一是溪谷路线，由于途中要经过若干桥梁，地形相对危险，不接受学龄前儿童预约。二是小镇路线，途中相对安全，对预约者没有年龄限制，车型也特别全，还提供婴儿座椅、轮椅和宠物篮，适不同人数、各种年龄组合出行。

由于位置偏僻，公共交通不太便利，浓飞巴士公司特别开发了从高山出发前往两种行程起点的一日游项目。如果时间精力允许，也可以利用公共交通与高山、飞驒古川、富山等地联游，一定会留下非常难忘的回忆。

Gattan Go!! 官网（日英双语）：rail-mtb.com

1. 选择小镇路线，起点是奥飞驒温泉口站。"Gattan Go!!"让这座原已废弃的车站重新焕发出生机。

▶

2. 出发前一定要戴好安全帽，工作人员也会讲解沿途注意事项。

▶

3. 走上列车曾经停靠的轨道，跨上自行车，准备出发！

6. 回程大部分时间都在爬坡，一定要分配好体力。神冈大桥站旁的小蘑菇休息所是当地的地标之一。

◀

5. 到达折返点——神冈矿山前站，骑行者可以稍作休息。工作人员会帮忙调转车头。

◀

4. 骑过车站，穿过隧道，小镇路线往返约5.8公里，去程相对轻松。

▲

7. 终点近在眼前，奥飞驒1号列车就停在旁边的铁轨上。

▶

8. 骑行完成，还可以到货运办公室改装的咖啡厅 ASUNARO 里休息片刻，品尝三明治和各种甜品。

梦想版：托马斯小火车之旅

在静冈县乡间，有一家因每年运行蒸汽机车超过 300 天而闻名的铁道公司，名叫大井川铁道。从 2014 年起，大井川铁道与英国著名动画《托马斯和他的朋友们》合作，利用自身在蒸汽机车方面的丰富经验，将许多小朋友梦想中的火车引入了现实。托马斯和他的朋友们真的存在吗？真的能坐在他们身后的车厢里畅游四方吗？大井川铁道给出了肯定的答案。

每年 6 月下旬到 12 月上旬，是托马斯和他的朋友们登场的时间。负责载客的主要是蓝色的托马斯和红色的詹姆士，往返运行于新金谷站和千头站之间，巴士柏蒂也会在此期间登场，开行在两站之间的公路上。动画里的其他角色则会停放在千头站的"托马斯展览会"和新金谷站的"整备工厂"中，以静态展示的方式供游客们拍照。

由于人气太高，托马斯和詹姆士的车票每年都供不应求。如果自行购买车票，往往需要提前登记参加抽签，靠运气获得。若想确保有票，建议选择当地旅行社提供的各种 1 日游 /2 日游项目，既能顺利乘车，行程中的游玩时间也比较充裕。

官网（含中文）：oigawa-railway.co.jp

从新金谷站搭乘托马斯，开启梦想中的列车之旅。

提前预订托马斯便当，在晃晃悠悠的列车上慢慢品尝。

沿途有拍照的人群，还有一路跟随的巴士柏蒂。

到达千头站，托马斯在众人的注视下依靠传统的转车台和人力调转方向。

千头站的"托马斯展览会"包括各种静态展示和体验项目。

休息的詹姆士停靠在新金谷站的"整备工厂"内。

本书还有更多关于观光列车的推荐，快来看吧

富士急行铁道（见第 86 页）：前往富士山河口湖，就从观光列车开始。

长良川铁道（见第 276 页）：在日本的腹地，感受小镇、火车与自然的完美融合。

伊予滩物语（见第 298 页）：前往四国，乘坐让人热泪盈眶的日本最佳观光列车。

铁道印章：在纸上留下全日本

日本是个印章大国，从每个国民必须持有自己姓氏的印章，以便在需要正式签字的场合盖章开始，到处都是印章。因此到日本旅行，一个空白的笔记本也就成了不可缺少的东西。景点有印章，车站有印章，观光列车上还有印章，一个个盖下来，就串起了一次次旅行的足迹。

九州的观光列车一般都在车内的盖章处提供漂亮的盖章卡。

与铁道相关的印章，一是摆在车站，二是放在观光列车上。无论是 JR 还是私铁，许多铁道公司都设计了别具一格的印章，或是周边的风景，或是当地的特产，一般还都写有相应的铁道线路名和车站名，JR 的车站印章上还有一句对当地风土人情的概括。有的车站成了动画的背景舞台，许多动画迷前来圣地巡礼，负责运营的公司便会设计相关的主题印章，让"朝圣者"们兴奋得大呼小叫。

盖一个印章不过数秒，积累起来，却像连绵的画卷，若干年后再去翻看那些花花绿绿的小本子和纸张时，便会发现你已经为自己留下了一份不同寻常的旅行纪念。

一枚精致的铁道印章就是一份优雅的旅行纪念。

东京都营地铁国立竞技场站的盖章台，不但展示着竞技场的相关照片，还标明了建造使用的木材就产自东京多摩地区。

⊙ 注意事项

①印章的摆放地可能在检票口内，也可能在检票口外，多在角落里、柱子边或墙边的台面上，或是人工售票窗口旁。如果没找到，可以询问站员"stamp"在哪里。有的车站会将印章放在办公室内，有乘客询问才会拿出来。

②有的印章自带印泥，直接盖在纸上即可。有的印章需要使用印泥盒，盖章后务必扣上印泥盒的盒盖，防止干燥、惠及他人。

③观光列车和部分车站备有盖章用纸，如果想收集更多印章，最好提前准备空白本。

④印章使用年头不同，质量也参差不齐，如果发现磨损较为严重，就要蘸足印泥，按压时用力平均，效果更好。

在无人小站寻找印章

如果你曾经深入日本的城郊或偏僻的乡村，一定见过无人的铁路小站，一个简单的休息室，几把椅子，甚至再加上一个深不见底、没有冲水设施的简易厕所。这样的小站也有印章吗？答案经常是否定的，但有些小站却用实际行动告诉你：我们有印章，但是需要你稍费周折。

在高知县旅行时，我曾在四万十川畔的十和住过一晚。这里过去称为十和村，现在是四万十町的一部分，一条街道加上两旁的建筑，就是这片聚居区的全部。途经此地的 JR 予土线设置了十川站，一串台阶走上去，就是光秃秃的站台，是个标准的无人站。但是站内却贴了一张告示，提醒想要盖章的乘客，这一站的印章就在距车站步行 5 分钟的四万十町役场十和地域振兴局 1 楼。

精心布置的盖章处，以及在有限空间内悉数展现当地特色的十川站印章。

其实步行 5 分钟已经不算费力。在爱媛县的 JR 下滩站，盖章的方式更加独特：需要按照站内的说明给印章的持有方打电话，对方便会尽快送来。下滩站是个无人小站，却是铁道迷心中神一般的存在：著名的"青春 18 车票"每年都会推出触动人心的数款海报，其中有 3 款都是在下滩站拍摄的。

我初次拜访下滩站是在一个傍晚，已经过了说明上能送印章的时间，当时多少有些遗憾。但没想到，第二天乘坐"伊予滩物语"观光列车再次经停下滩站时，来到站上欢迎的当地人为每位乘客派发了盖好的印章作为纪念。对于铁道迷来说，这样的惊喜让人久久难忘。

印章下面写着"这是只有幸运的人才能得到的卡片"。

📖 记录足迹的铁道印章

JR 难波站，让人吃到扶墙也难行

JR 京都站，东寺五重塔在这里重回第一高度

JR 松山站，日本最古老的温泉当之无愧

JR 秋田站，新干线 KOMACHI 运行 20 周年纪念

JR 青森站，连印章也要设计成苹果的形状

JR 上野站，尽可能展现上野地区的所有元素

JR 横川站，漂亮的印章完美搭配这里的 SL 列车、便当与博物馆

JR 人吉站，人见人爱的猫咪老师为人吉代言

JR 高崎站，因达摩不倒翁而闻名日本

津轻铁道五所川原站，展现了当地驱除农业害虫的传统仪式

西日本铁道太宰府站，菅原道真变成了小萌人

富士急行"富士山特急"乘车纪念，富士山在这里千变万化

54

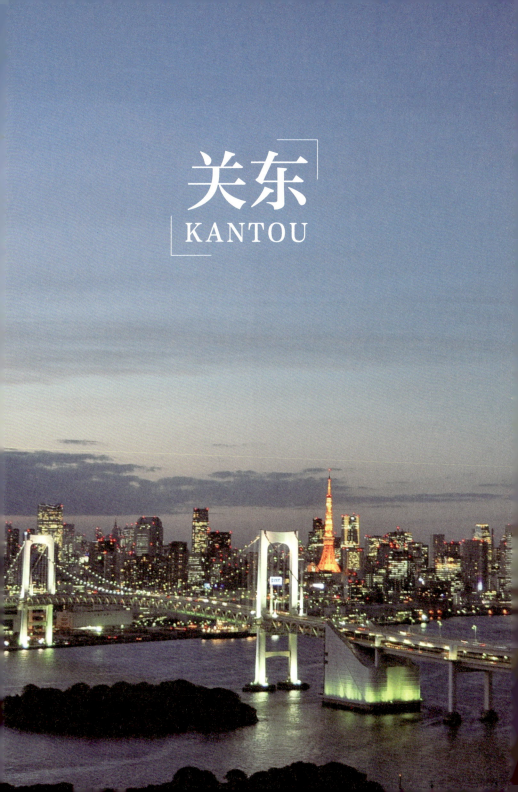

关东

KANTOU

东京 TOKYO

日本的首都，必去的城市。不要以为东京只有高楼大厦，从艺术场馆到市井风情，这里展现着日本人最鲜活的人生。

富士山 FUJISAN

前往箱根或河口湖，泡泡温泉，遛遛湖边，找一家隐秘的小店、一处幽静的温泉，在热门观光地度过独一无二的假期。

镰仓 KAMAKURA

　　古老的寺社，文艺的电车，热情的海滩，多彩的小岛，只有一去再去，才不会辜负镰仓的美好时光。

日光 NIKKO

　　拜访世界文化遗产东照宫，将自己沉浸在鬼怒川温泉与周围的广袤自然中，寺社楼宇，湖光山色，日光即是日本。

伊豆 IZU

　　随着伊豆半岛伸向大海怀抱的，是无限优美的自然风光与绵延不绝的文艺风情。这里是文人墨客的心头之好，也是夏日度假的浪漫之地。

三言两语话关东

　　2009 年第一次去日本，落脚地是关西。2010 年去名古屋大学交换留学，五个月内东奔西跑游遍日本各地，临回国时才初次到访东京。那时的关东之于我，就是一个高楼林立的都市外加分散在周边的若干一日游小城。

　　那时旅费有限，要全部花在与兴趣和研究方向相关的历史古迹上。东京的目标是博物馆与皇居，周边的目标是鹤冈八幡宫和日光东照宫，以及根本就没什么外国游客的水户偕乐园和千叶县的国立历史民俗博物馆。在东京的某天清晨，对购物毫无兴趣的我为了看看银座而来到和光百货前拍照，遇到了一对同样"只想来看看"的日本母女，当时双方惺惺相惜般的短暂交谈至今记忆深刻。

　　直到 2013 年我第一次从东京入境，这座之前模模糊糊的大都会突然排山倒海般扑面而来。无论是再一次踏入神保町古书街，还是第一次探访人形町和日本桥，我的面前好像黯然出现了一个叫东京的大坑，让我一次又一次地往里跳，一次又一次地不知足。

　　随着对东京的阅读越来越深入，在那些或著名或无名的街巷里，我渐渐发现东京原来是那么有层次的地方。不仅是地形上的层次，更是时空上的层次。看起来平凡无奇的楼宇间，竟然隐藏着那么多历史印迹，而一座座大大小小的博物馆与美术馆，更是让人为时间不够而抓狂。就连原先有隔膜感的银座，也在对东京文化的探索中变得亲切起来。

　　我不再计算去过多少次东京和关东了，因为越来越零散，也越来越偏离所谓的正轨。从东京丰富的城市故事，到关东各地古老的列车和隐匿的温泉小镇，都是能够打动我的图景。它们让我越来越有耐心，也越来越享受慢下来的节奏。

　　东京，以及关东，需要一个沉得下心来的旅人。拨开那些刺棱棱的高楼大厦和白花花的睡城，这片土地自有留下脚步的理由。

东京都	www.gotokyo.org/jp
神奈川县	www.kanagawa-kankou.or.jp
千叶县	maruchiba.jp
埼玉县	www.pref.saitama.lg.jp/chokotabi-saitama
群马县	gunma-dc.net
茨城县	www.ibarakiguide.jp
栃木县	www.tochigiji.or.jp

东京都

在东京，你可能会……

逛逛浅草，爬爬东京塔，做一个标准的东京游客。

去迪士尼嗨到爆，在各种游乐场度过畅快的假期。

选一个没那么多游客的街区，探访高楼大厦缝隙里的历史印迹。

尝遍各种老字号的正餐和甜品，假装做一个土生土长的东京人。

选择感兴趣的博物馆和美术馆，享受从不间断的艺术盛宴。

以及，更多属于你的东京。

东京交通

在东京旅行，可能会乘坐以下轨道交通。各种路线、车站和优惠券信息，进入各个官网就能看到。

地 铁

在东京都内移动的主要交通手段之一，车站密集。

①东京 METRO（东京メトロ）：银座线、丸之内线、日比谷线、东西线、千代田线、有乐町线、半藏门线、南北线、副都心线。

官网（含中文）：www.tokyometro.jp

②都营地下铁（都营地下鉄）：浅草线、三田线、新宿线、大江户线。

官网（含中文）：www.kotsu.metro.tokyo.jp/subway

购票贴士：

最划算通票：东京 METRO 和都营地下铁共通 1 日、2 日、3 日券（成田机场或羽田机场购买），售价为 800 日元、1200 日元、1500 日元。

如果一天只坐两三趟地铁，且距离不远，购买通票不划算。

在东京 METRO 和都营地下铁之间换乘，有的车站要通过专门的闸机，如果持单程票，一定要注意标识，别把票错放进出站的闸机。

一张图看懂东京

环形 JR 山手线 ＋ 横向中央线・总武线

＊这里没有列出的网站，请参见各景点／地区详细指南

两国国技馆（相扑博物馆，日英双语）：
www.sumo.or.jp/kokugikan

早稻田大学（日英双语）：
www.waseda.jp

武道馆（日英双语）：
www.nipponbudokan.or.jp

下北泽信息网（日文）：
www.burari-shimokitazawa.com

自由丘信息网（含中文）：
www.jiyugaoka-abc.com

中目黑周边商店街（日文）：
www.e-nakameguro.com

代官山信息网（日文）：
www.daikanyama.ne.jp

月岛烧振兴会（日文）：
www.monja.gr.jp

藤子・F・不二雄博物馆（含中文）：
fujiko-museum.com

巢鸭

巢鸭地藏通商店街（日文）：
sugamo.or.jp

池袋

阳光水族馆（含中文）：
sunshinecity.jp/aquarium

三鹰　**吉祥寺**　**新宿**

见第65页　吉祥寺生活信息网（日文）：
hometown.ne.jp

见第65页

表参道

表参道官方指南（含中文）：
omotesando.or.jp

六本木

见第66页

原宿

原宿竹下通商店会（日文）：
www.takeshita-street.com

涩谷

惠比寿

品川

品川观光协会（含中文）：
shinagawa-kanko.or.jp
AQUA PARK 水族馆（含中文）：
www.aqua-park.jp

涩谷109（含中文）：
www.shibuya109.jp
涩谷区观光协会（含中文）：
play-shibuya.com

东京
晴空塔　见第 70 页

成田国际
机场

见第 19 页

谷中银座商店街（日文）：
www.yanakaginza.com

日暮里

浅草

见第 66 页

见第 67 页

上野

两国

秋叶原

秋叶原电器街振兴会（含中文）：
akiba.or.jp

东京大学（含中文）：
www.u-tokyo.ac.jp

神保町

日本桥·人形町

见第 76 页

见第 69 页

东京

舞滨

见第 64 页

迪士尼在这里！

东京迪士尼（含中文）：
www.tokyodisneyresort.jp

国会议事堂

银座　见第 68 页

新桥

筑地

丰洲

汐留

滨松町

筑地场外市场（含中文）：
www.tsukiji.or.jp

丰洲市场（日英双语）：
www.toyosu-market.or.jp

台场

见第 68 页

羽田机场　见第 19 页

JR

在东京都内移动的主要交通手段之二，中心区域由环形的山手线和东西向的中央线·总武线组成，山手线一圈途经新宿、池袋、日暮里、上野、秋叶原、东京、品川、涩谷等热门地区，每站都停。前往东京周边，如成田机场、横滨、镰仓、河口湖、日光等地，也可以乘坐 JR。

JR 东京都内及近郊路线图官方 PDF 链接：
www.jreast.co.jp/map/pdf/map_tokyo.pdf

购票贴士：

东京都内 JR 1 日券售价 760 日元。

东京的交通优惠券种类繁多，且价格不低，一定要在行前比较单独购票的价格与优惠券的价格，不要盲目购买。尽量把同一公司列车可到达的目的地安排在一起，可以节省不少交通费。

私营铁道

东京有数家私营铁道。中心区域的常用私铁有：

①临海线（りんかい線）：东京临海高速铁道，从新木场经台场到大崎，1 日券 730 日元。

官网（含中文）：www.twr.co.jp

②百合鸥电车（ゆりかもめ）：从新桥经汐留、台场到丰洲，1 日券 820 日元。

官网（含中文）：www.yurikamome.co.jp

③东京单轨电车（東京モノレール）：从滨松町到羽田机场，1 日券 700 日元。

官网（含中文）：www.tokyo-monorail.co.jp

④筑波特快（つくばエクスプレス）：从秋叶原经浅草到筑波。

官网（含中文）：www.mir.co.jp

如果前往东京周边的热门地区，可以乘坐以下私铁：

小田急电铁（前往箱根、镰仓等，含中文）：www.odakyu-sc.jp

西武铁道（前往川越、秩父、多摩川等，含中文）：www.seiburailway.jp

东武铁道（前往东京晴空塔、日光等，含中文）：www.tobu.co.jp

京王电铁（前往八王子、吉祥寺等，含中文）：www.keio.co.jp

京成电铁（前往成田机场等，含中文）：www.keisei.co.jp

东京急行电铁（简称东急，前往横滨等，含中文）：www.tokyu.co.jp

京滨急行电铁（简称京急，前往羽田机场、横滨等，含中文）：www.keikyu.co.jp

从新宿开往小田原的小田急电铁急行列车是前往箱根的首选。

京王电铁下北泽站周围充满典型的东京市井风情。

都营电车荒川线
都電荒川線

　　这是位于东京北部一条非常生活化的路面电车线，多为当地人利用，很少有游客关注。如果想真正深入东京的历史与普通人生活，这条线路是不可忽略的风景。

作为东京仅存的路面电车，都电荒川线始终都有铁道迷们追随的身影。

　　都电荒川线西起早稻田，东到三轮桥，途经许多小众但颇有趣味的地方。在鬼子母神前站下车，可以在鬼子母神社内看到日本现存最古老的零食店"上川口屋"，而线路另一侧的杂司谷陵园中则安葬着夏目漱石、竹久梦二等大家。如果在庚申塚站下车，则可以直接坐进站台上的小餐馆里，一边品尝美味的炒面和甜品，一边看电车来来往往，然后再到巢鸭地藏通商店街逛逛，看看"老奶奶的银座"是什么样子。

　　如果是带着小朋友的亲子游，荒川车库前站的都电回忆广场和飞鸟山站的飞鸟山公园都是不错的选择。另外还有特别适合 6 岁以下小朋友的荒川游乐园，已有百年历史，夏季还能玩水，可以感受到东京本地小朋友的日常生活。

　　吃一吃小店，走一走小博物馆，转一转小神社，就是都电荒川线自由自在的玩法。将这些小片段串连起来，将是你从未见过的日常东京。

鬼子母神堂一听名字恐怖，其实这里是祈祷孩子平安健康的地方，已有 500 余年的历史。在写这座神社的名字时，"鬼"要去掉最上面的一撇，表示去掉鬼角，凶恶不再。

飞鸟山公园内有三座精致的小博物馆，还有让孩子乐此不疲的游乐场。

小餐馆"いっぷく亭"就在庚申塚站的站台上，食客就像观众，电车就像舞台。

近年来被视为艺术男神的竹久梦二，就长眠在都电荒川线沿线的杂司谷陵园。

官网（含中文）：www.kotsu.metro.tokyo.jp/toden

东京站
東京駅

东京站于 1914 年年底开站，在建设阶段曾被称为"东京停车场"。1914 年，日本当局确定这座车站为"东京站"。当时，有人认为东京已经有很多车站，如上野、新宿等，忽然设立一个东京站，感觉很奇怪。但更多人认为，应该像西方一样，设立一个以首都名字命名的中央车站。

东京站的设计者辰野金吾曾留学意大利，致力于建设象征国家权威的建筑，代表作还有日本银行。设计车站时，辰野金吾选择了纯粹的西式建筑，配以"分栋式"布局，被称为"辰野式的文艺复兴"。

1945 年 5 月 25 日，二战接近尾声，美军的燃烧弹命中东京站，西式屋顶消失在大火中，三层的车站只剩下两层，这样的形态一直持续到近几年。2012 年 10 月，东京站修复工程完工，车站重回百年前的模样。

如今的东京站集交通枢纽、商业设施和高级酒店为一体，只是从这里匆匆上下车，未免有些可惜。或是追溯历史，或是享用美食，东京站值得停下脚步。

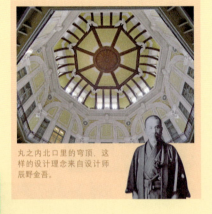

丸之内北口里的穹顶，这样的设计理念来自设计师辰野金吾。

>>> 东京站综合信息（含中文）：
www.tokyoinfo.com
www.tokyostationcity.com
>>> 东京站一番街（含中文）：
www.tokyoeki-1bangai.co.jp

东京站的地下商店街足够人们打发时间，拉面一条街很有特色。　　　朝东的八重洲口，纯粹的现代建筑，人流也更多。

🔵 信步走东京

新宿

那些"日本一尘不染"的论调，会在新宿被轻易打破。新宿是购物的天堂，也是日本最有名的危险街道"歌舞伎町一番街"所在地，独行的女生可以趁白天相对安静、安全时来看看这条充满是非的街道。

清晨阳光下的歌舞伎町一番街入口。

新宿站西侧的东京都厅（东京都政府）是东京的地标之一，免费展望台信息详见：www.yokoso.metro.tokyo.jp。其中第一本厅舍 32 层的东京都厅食堂周一到周五 11 点半～14 点对公众开放，物美价廉。

从新宿站西口步行 5 分钟即可到达的 SOMPO 美术馆收藏有凡·高的《向日葵》等作品，每年会举办若干场水平较高的特展，可以从官网获取具体的展览信息：www.sjnk-museum.org

新宿观光振兴协会（含中文）：www.kanko-shinjuku.jp

交通：JR、东京 METRO、都营地下铁、小田急电铁、京王电铁、西武铁道等各家公司的新宿站

三鹰之森吉卜力美术馆

只要看过宫崎骏的电影，这座神奇的美术馆就值得你专程前来。

美术馆门票 1000 日元，每月 10 号上午 10 点开始发售次月门票，购买时要选择参观日期和入场时间（10 点、12 点、14 点或 16 点），可以通过英文官网信用卡购票，也可以在日本的罗森（LAWSON）便利店购票。

官网（日英双语）：www.ghibli-museum.jp

交通：JR 三鹰站（步行 15 分钟或乘坐美术馆小巴士 5 分钟）；JR 吉祥寺站或京王电铁吉祥寺站、井之头公园站（步行 15 分钟）

六本木 HILLS

六本木 HILLS 里的东京 CITY VIEW，是欣赏东京夜景的绝佳地点，东京塔和晴空塔一览无余。普通观景台位于 52 层，周围镶有玻璃。门票 1800 日元（含森美术馆），开放时间 10 点～23 点，周五、周六及法定节日前一天至凌晨 1 点，露天观景台（SKY DECK）位于楼顶，需追加 500 日元，开放时间 11 点～20 点（最晚入场时间 19 点半）。

天黑后抓紧时间，先去露天观景台，再看带玻璃的普通观景台。

门票中包含的森美术馆入口与观景台相邻，经常举办各种有趣的当代艺术展，值得花时间细细参观。

此外，从六本木站步行 10 分钟，便可来到另一家极具个性的展馆：21_21 DESIGN SIGHT。这里是日本当代设计艺术的据点之一，能看到日本最具个性的设计艺术。

六本木 HILLS（含中文）：www.roppongihills.com
21_21 DESIGN SIGHT（含中文）：
www.2121designsight.jp

上野

熊猫是上野动物园的标志，2017 年，这里终于迎来了熊猫宝宝。

全天开放、没有围栏的上野公园，是东京著名的赏樱地点之一。公园南部最有名的是西乡隆盛雕像，向北走是日本最古老的上野动物园和相当于日本国家博物馆的东京国立博物馆，此外，名列世界文化遗产名录的国立西洋美术馆和与动物园相邻的东京都美术馆，都是东京艺术旅行中的必去之处。

上野观光联盟（日文）：www.ueno.or.jp
上野动物园（含中文）：www.tokyo-zoo.net
东京国立博物馆（含中文）：www.tnm.jp
国立西洋美术馆（含中文）：www.nmwa.go.jp
东京都美术馆（含中文）：www.tobikan.jp
交通：JR、东京 METRO 或京成电铁上野站

如果想欣赏日本文物，东京国立博物馆的本馆和法隆寺宝物馆是优先选择。

1.巨大的雷门灯笼，东京的标志之一。灯笼下部写着"松下电器"四个小字，代表松下电器捐赠。
2.周边散步地之一：传法院通。餐厅和商店云集的江户风情街道。

浅草寺

就算已经成了东京第一俗的打卡地，这里还是值得一去。浅草寺起源于公元 628 年，但雷门、本殿和五重塔等标志性建筑都是当代重建。雷门到宝藏门之间的仲见世通商店街水准一般，但不乏亮点，比如出售传统日式玩具的店铺"助六"、制作美味人形烧的"木村家人形烧本铺"，都可以驻足。

浅草寺（含中文）：www.senso-ji.jp

仲见世通商店街（含中文）：www.asakusa-nakamise.jp

传法院通（日文）：denbouin-dori.com

交通：东京 METRO、都营地下铁、筑波特快或东武铁道浅草站

东京塔

1958 年竣工的东京塔堪称东京最著名的地标，高 333 米，有两个展望台。Main Deck 距地面 150 米，门票 1200 日元。Top Deck 距离地面 250 米，必须参加 TOUR 才能上去，票价 3000 日元（事先网上预约 2800 日元，价格包含 Main Deck）。参观时间 Main Deck 为 9 点～ 23 点，Top Deck 为 9 点～ 22 点 45 分。每逢周末和法定节日，只要天气好，东京塔塔外的楼梯就会在 11 点～ 16 点开放，可以步行登上 Main Deck，免去排队等电梯之苦，还能欣赏电梯登塔无法看到的风景。

官网（含中文）：www.tokyotower.co.jp

交通：东京 METRO 神谷町站，都营地下铁赤羽桥站、御成门站或大门站，JR 滨松町站

离开东京塔，再从其他各个角度回望，塔的不同姿态都在告诉你：这里是东京。

到达大展望台后，就能获得登塔认证，比任何纪念品都特别。

银座

西有新宿，东有银座。在东京感受日本的商业文化，这两个地方缺一不可。从清晨到夜晚，银座或安静，或热烈，或肃穆，代表了日本最早的繁荣与现代范儿，虽然外表看上去与其他商业区别无二致，但走近就会发现，从高档的标志性建筑和光百货，到百年平价面包店木村家，那些老字号店铺的气质别处无法模仿，更无法代替。

官网（含中文）：www.ginza.jp

交通：东京 METRO 银座站、银座一丁目站、东银座站、有乐町站，都营地下铁东银座站，JR 有乐町站

台场

台场这一名称最初是指修建在海边的炮台，与日本江户时代末期的"开国"密切相关，是培理（见第98页）"黑船来航"的产物。如今，这里是东京填海造地形成的最有名的区域，堪称观光、商业、休闲的超级中心。

台场综合指南（含中文）：www.tokyo-odaiba.net

台场海滨公园（含中文）：www.tptc.co.jp/park/01_02

富士电视台（含中文）：www.fujitv.co.jp

日本科学未来馆（含中文）：www.miraikan.jst.go.jp

船之科学馆（含中文）：www.funenokagakukan.or.jp

东京国际展示场（含中文）：www.bigsight.jp

东京 Diver City（含中文）：mitsui-shopping-park.com/divercity-tokyo

DECKS 东京 Beach（含中文，乐高东京探索中心在此）：www.odaiba-decks.com

AQUA CITY 台场（含中文）：www.aquacity.jp

交通：百合鸥电车和东京临海高速铁道（临海线）都在台场有多个车站，可根据目的地乘降。

台场海滨公园是台场的人气集中地，小型自由女神像和远处的彩虹桥是东京最为人熟知的画面之一。

📖 信步走东京

江户东京博物馆

东京最精彩的博物馆之一，尽管展示的只是东京的历史，但丰富的展品却浓缩了江户时代以来日本的风貌，是了解日本自江户时代起历史与文化的最佳场所。

在博物馆里，可以从巨大的日本桥上走过，看到复原的传统剧场、古老的街道模型和几百年来东京人的生活印记。从 200 年前的日本料理菜谱到风靡一时的西式用品，再到象征日本经济腾飞的东京奥运会日本代表团制服，每一件展品背后，都是东京乃至日本历史中不可磨灭的片段。目前，江户东京博物馆正在进行大规模改造，预计 2025 年重新开馆。

官网（含中文）：www.edo-tokyo-museum.or.jp
交通：都营地下铁或 JR 两国站

奇特的博物馆正面入口。

博物馆内的布局是一大特色。一进 6 层的入口，就是巨大的日本桥。人们过桥走向对面的展室。

日本桥·人形町

如果想要感受江户东京的余韵，那么日本桥与人形町地区无疑是最好的选择。如今的日本桥虽然被"压抑"在高速公路的下方，却威严依旧，两侧的麒麟雕像让人印象深刻。桥面正中央是日本公路的零公里起点标志，但千万别违反交规去车流中间拍摄，到桥头看看复制品即可。还可以从桥下乘船，体验江户东京的水运网。

老字号店铺在日本桥和人形町十分密集，荣太楼总本铺、山本海苔店和柳屋鲷鱼烧都值得一去。三越百货同样暗藏看点，即使不购物，也可以为馆内的天女像惊叹。

如果阅读过著名作家东野圭吾"加贺恭一郎探案系列"中的《新参者》、《麒麟之翼》等作品，再来逛这片地区，会有非同一般的感受。

日本桥观光信息（日英双语）：www.nihonbashi-tokyo.jp
人形町商店街（含中文）：www.ningyocho.or.jp

东京晴空塔

位于东京市区东北方向的东京晴空塔（SKY TREE）在视野上虽然不及六本木 HILLS 等展望设施，但仍然因其高度而受到许多游客的欢迎。塔内分为两个展望区，分别是高度在 340 米到 350 米之间的 "东京晴空塔天望 DECK"，和高度在 445 米到 450 米之间的 "东京晴空塔天望回廊"。两个展望区的营业时间皆为 8 点～22 点，通票 3100 日元（节假日 3400 日元），提前在网上预约指定时间的门票可获优惠。

配套设施齐全是东京晴空塔的最大优势。塔下的超大型商业设施 "东京晴空街道" 里有超过 300 家店铺，墨田水族馆和邮政博物馆都位于其中。

官网（含中文）：www.tokyo-skytree.jp

交通：东武铁道东京晴空塔站，或东京 METRO/ 都营地下铁 / 京成电铁押上站

开放时间：10 点～21 点

门票：通票 3100 日元

东京巨蛋城

位于皇居以北的东京巨蛋城，是东京都内最丰富多彩的综合娱乐设施。以著名的 "东京小巨蛋" 体育馆为中心，西侧是风景优美的小石川后乐园，东侧则是东京巨蛋城。从拥有巨大摩天轮和过山车的室外游乐场到东京最大的室内儿童乐园，再加上宇宙博物馆、画廊、剧场和天然温泉，以及各种运动设施和数家餐厅，可以说适合所有年龄段的到访者。各个设施的开放时间、票价和展览（活动）内容皆有不同，且会随季节而变化，行前务必提前在官网确认。

东京巨蛋城（含中文）：www.tokyo-dome.co.jp

交通：JR/ 东京 METRO 后乐园站，JR/ 都营地下铁水道桥站

私房推荐·鸡

东京的美术馆

　　东京都的美术馆超过 80 家，进入旅行者视野的却并不太多。有哪些美术馆值得一去，这是个仁者见仁、智者见智的问题。在此谨按个人偏好列出 4 家，它们各有特色，但无一不述说着东京的历史与风格。

推荐①：东京都庭园美术馆

　　1933 年竣工的东京都庭园美术馆，原先属于皇室的朝香宫家，是一幢典型的装饰艺术风格建筑。这里曾作为国家级的迎宾馆使用，后于 1983 年变身为美术馆。只有亲自参观，才能体会到其朴素外观与精致内装的美。馆

内每年会举行数次不同主题的展览，观展时千万记得留出足够的时间，同时参观馆前的庭园。

官网（含中文）www.teien-art-museum.ne.jp

推荐②：根津美术馆

　　从建筑、庭园到餐厅，由隈研吾设计的根津美术馆近年来颇有网红气质，许多外国游客也会前往打卡。但是这家美术馆真正的精彩之处，正在于其出色的策展水平，详而不繁的展品解说能让观众从短暂的观赏时光中得到最大限度的收获。尾形光琳的《燕子花图》是镇馆之宝，每年会短时间展出。中国美术品的收藏也是这里的一大看点。

官网（日英双语）www.nezu-muse.or.jp

>>> 温馨提示：上述美术馆在不同特展之间会休馆进行布展，行前务必在官网确认展览日期，避免白跑一趟。

推荐③：雅叙园百级阶梯

　　位于目黑站附近的高级酒店"雅叙园"，外观看上去优雅而现代，内部却保留着建于 1935 年的古老木结构建筑"百级阶梯"。名为"百级"，实际的阶梯数量是九十九，将 7 个日式房间连在一起，每个房间的天花板和楣窗上都绘有精美的画作。这里是《千与千寻》中"油屋"内部设计的"官方原型"，内部会不定期举办各类艺术展览，可以入内参观。

官网（含中文）
www.hotelgajoen-tokyo.com/100event

推荐④：乡樱美术馆

　　说到东京都内的赏樱胜地，目黑川沿岸可谓近两年来最聚人气的地方。在赏樱之余，川边还有一家可供人们稍作小憩的美术馆——乡樱美术馆。馆内面积不大，但一年四季都能看到以樱花为主题的常展，各种特展一般也都以大自然中的风景与动植物为主题，是都市中难得可以凝视自然、安静放松的空间。

官网（日英双语）www.satosakura.jp

追寻夏目漱石的足迹

即使是没怎么读过日本文学作品的人，对夏目漱石也有所耳闻。这位在日本近现代文学史上占据极重要地位的作家，从出生到去世，都在东京留下了厚重的足迹。梳理夏目漱石的人生，就像在梳理东京乃至日本在那个时代的社会史。

Point1 在早稻田出生

夏目漱石出生的地方，就在如今的东京METRO早稻田站旁。房屋已经不在，只留下一条名为"夏目坂"的坡道和纪念碑，记录着夏目家曾经的势力与财富。但身为幺子的漱石并没有享受过家庭的恩惠，曾以养子身份辗转各处，21岁才恢复夏目一姓。漱石就读过的学校，例如锦华小学（现御茶水小学），门口还立有相关纪念碑，彰显学校与这位著名作家的缘分。

Point 2 出道作《我是猫》

从东京帝国大学（今东京大学）毕业后，漱石并没有直接走上作家之路，而是先去做了教师。从东京到松山再到熊本，几年的中学教师经历为日后的写作提供了丰富的素材。在经历了不甚愉快的英国留学生活后，漱石回到东京，为了缓解神经衰弱的症状而开始提笔创作《我是猫》。当时居住的房屋如今已经迁至爱知县的明治村主题公园保存，只留下可爱的猫咪纪念碑，矗立在距东京METRO东大前站不远的日本医科大学橘樱会馆前。

Point3 漱石山房的作家生涯

38岁才"出道"的夏目漱石，绝不算是什么天才作家。但或许正因为这样，他的作品始终稳重而厚实。1907年，漱石离开处女作《我是猫》的创作地，搬到了离出生地不远的早稻田南町，在这里一直居住到去世。如今，这里复原了在二战中烧毁的书斋，建起了设计精巧的漱石山房纪念馆。人们不仅可以品尝到黑猫LOGO的美味咖啡，还能在纪念馆旁的漱石公园里见到《我是猫》中那只猫的原型——漱石家的"福猫"——的墓。

>>> 漱石山房纪念馆（日英双语）：
soseki-museum.jp

Point4

1916年12月9日，夏目漱石在家中去世，享年49岁。他的作家生涯只有11年，实在算不上长，却留下了许多值得反复阅读的经典作品。去世后，他与夫人合葬在杂司谷陵园。来到陵园中散步，便能发现与周围的其他墓碑相比，漱石夫妇的墓碑显得格外庄重，仿佛由漱石一生的作品凝结而成。墓碑上刻着夫妇二人的戒名：文献院古道漱石居士、圆明院清操净镜大姊。

东京都经典路线·皇居

说到东京的皇居，你马上想起的是不是像旅游团那样蜂拥到外苑，以二重桥为背景拍一张到此一游的照片？

如果通过宫内厅的网站预约了皇居参观，然后再走一走东御苑，那么等待你的，将是一条经典的日本历史散步路线。

1868年，明治天皇迁居江户，江户更名为东京，皇居也就此迁入曾经的江户城。目前，参观皇居分为两部分，一是可以自由参观的皇宫外苑和东御苑，二是需要提前预约的"一般参观"。

皇居外苑指皇居周围大片空地，很多日本人都喜欢在这里慢跑或散步。东御苑指江户城的本丸、二之丸和三之丸遗迹，开放时间9点～16点，周一和周五休息。

需要预约参观的是皇居的核心部分，即原江户城的西之丸，详情可参考预约网站。参观时由警方的导游带领。预约参观每天上下午各一次，分别是10点和13点半，全程需要大约75分钟。周日、周一及法定假日不开放预约，7月21日到8月31日只开放上午的预约。每次参观人数上限是120人，18岁以下必须有成年人陪同，外国人要带好护照。

预约（日英双语）：sankan.kunaicho.go.jp

交通：JR东京站，东京METRO二重桥前站、大手町站、有乐町站、樱田门站或竹桥站，都营地下铁日比谷站或大手町站

参观路线

皇居外苑前的马场先濠。

预约参观的游客经过身份核对，陆续进入桔梗门。

参观的第一步：进入窗明馆，观看介绍皇居的短片。

START!

有着超级大喇叭的警方讲解员带领参观者走过通往行舍前。

著名的长和殿。天皇家族每年都在这里与普通民众见面。见面时，天皇家族站在长和殿内，前方有防弹玻璃保护。20世纪60年代末，有人曾用弹子机房常见的小钢珠射向天皇。防弹玻璃就是从那以后开始使用的。

参观开始。首先经过端庄典雅的富士见橹。

从皇居内侧看向二重桥，这个角度只有预约参观的游客才能看到。

伏见橹是江户城少数保存下来的建筑之一。

东御苑内的江户城天守阁遗迹。

桃华乐堂。1966年，为庆祝昭和天皇的皇后香淳皇后60大寿而建。

入園票

退出のときお返し下さい

预约的团队参观结束后，经窗明馆前向东御苑方向走，就可以直接进入东御苑参观。如果没有预约参观，直接从外侧进入东御苑，要走大手门。进入东御苑时，每个游客都会得到一个参观牌，结束参观时归还。

东御苑参观结束。走出大手门，旁边是桔梗濠与辰巳橹。

从外侧观看皇居的代表景观二重桥。很多旅游团都会选择到此一游，就算到过皇居。

外苑南部的楠木正成像。楠木正成是活跃在日本南北朝时期的武将。

开阔的外苑很适合散步休息。

74

神乐坂，近年来可谓东京都内小众目的地里的大众选择。一说到东京有哪些深度路线，不少人都会想到神乐坂。但是神乐坂究竟该怎样逛？千万不要只沿着主路走马观花，必须深入"细枝末节"，才能品出这里的味道。

神乐坂通商店会（日文）：www.kagurazaka.in

Point 1
热海汤坂

在神乐坂东端路南的小巷里，有一处名为热海汤的古老的公共澡堂，至今仍在营业。以前，这里曾是艺伎们沐浴的地方。梳妆打扮好的艺伎们沿热海汤边的台阶，即热海汤坂一路向上，前往坡道上方的伏见火防稻荷社拜一拜，随后便开始工作。如今，这里清静幽然，与相邻的神乐坂上的热闹判若两地。

Point 2
捉迷藏横丁与兵库横丁

在神乐坂路北的小巷里，隐藏着韵味十足的捉迷藏横丁与兵库横丁。和热海汤坂一样，这里距离主街不过几步路，却游客罕至。"捉迷藏"一名源于道路在花街的出入口会突然变窄，让人能迅速藏身其中。各家料亭和居酒屋的门面装饰是这两处横丁的看点，脚下形状大小各异的铺路石搭配百转千回、高低起伏的巷子，让人甘心迷路在内，不愿离开。

Point 3
神乐坂美味

神乐坂美食众多，如果想要"保险起见"，还是得从老字号入手。有三家百年

老字号都值得品尝：一家是日式中餐"龙公亭"，可以选择带炒菜的每日套餐或面类；另一家叫"志满金"，是吃鳗鱼饭的好去处；还有一家"纪之善"，主营日式甜品。如果想追求独特的用餐环境，神乐坂东端外濠边的 CANAL CAFE 是不错的去处。

Point 4
相马屋

在餐厅之外，神乐坂上"卖东西"的百年老店也不少。然而最有故事的还要数相马屋文具店。这家貌不惊人的店铺已经走过了 300 多年的历史。在著名作家尾崎红叶的提议下，这里成了日本第一个卖稿纸的地方。前文介绍过的漱石山房离这里不远，夏目漱石曾经是这里的常客。

一说起神保町，大部分人的第一反应都是"卖书的"。对爱书人来说，这条闻名世界的古书街确实会让人心甘情愿为它掏空钱包。但是"古书"和"语言"同时也是两大障碍，很容易让旅行者对这里敬而远之。其实在神保町，散步途中的精彩远远超过我们的想象，尤其对于中国的旅行者来说，这里是个让人无限感怀的地方。

神保町古书街（含中文）：jimbou.info

Point 1
周总理的足迹

不少人都知道京都岚山的周总理诗碑，却少有人知道，在东京神保町的爱全公园里，还有一块与周总理密切相关的纪念碑。从 1917 年到 1919 年，周总理曾经在这里的东亚高等预备学校学习，受到进步校长松本龟次郎的照顾。如今学校已经消失于历史中，只剩下由千代田区日中友好协会立下的石碑，纪念周总理曾经在此地学习。

Point 2
昔日唐人街

100 年前的神保町，曾经是仅次于横滨中华街的华人聚居区。如今街道面目大改，建筑方面只有东方学会所在的大楼保存至今。不过许多中餐馆都保留了下来，支撑起神保町的美味。汉阳楼、扬子江菜馆、咸亨酒店等老字号都值得拜访，铃兰通上还有一家叫"包子饺子"的小店，堪称神保町个性中餐的代表。

Point 3
书店这样逛

对神保町的旧书店充满好奇，却又因语言障碍不敢踏入，这样的旅行者想必不在少数。其实除书籍外，神保町的旧书店还有许多建筑上的看点，例如一诚堂书店、大久保书店等，建筑本身都已有 90 年的历史，台阶、出入口、橱窗等处都体现出鲜明的时代特点。中国的旅行者也可特别关注铃兰通上的内山书店和东方书店，看看日本人都喜欢什么样的中文图书。

Point 4
个性咖啡厅

先去旧书店淘几本好书，再捧到咖啡厅，点一杯喜欢的咖啡，边喝边读，是神保町不少书客的习惯。这样的习惯使得神保町的几家充满个性的咖啡厅长盛不衰。比如外观让人过目难忘的 SABOURU，分为两间门面，一间只有咖啡等饮品，另一间则提供简餐。店内略显低矮的层高并不压抑，反倒有种与世隔绝之感，营造出非常私密的读书氛围。

煉瓦亭
煉瓦亭

古朴的煉瓦亭在现代化的银座街巷里很引人注目，但不会让人觉得格格不入。

日本的西餐大致可以分为两类，一类是追求原汁原味的法餐、意大利餐等，无论样式还是味道都力求与欧洲本地相近；另一类则是日式西餐，即那些从明治维新时期起传入日本并经过一百多年改良的西餐，虽然被称为"洋食"，但早已失去了原貌，成了只有日本才有的料理。银座的煉瓦亭就是这样一家历史悠久的"洋食"餐厅，引领着整个业界的味道。

日本著名作家、美食家池波正太郎曾在美食散文《昔日的味道》中介绍了这家餐厅。池波正太郎是个老饕，对餐厅非常挑剔，很多他钟爱的餐厅也都价格不菲。但这家 1895 年创业的老店始终保持着市井化，又不失优雅的就餐环境和合理的价位，人均 1500 ~ 2000 日元。带小宝宝就餐的客人在结账后还会获赠小礼物，非常贴心。

炸猪排和牛肉丁盖浇饭是这里的镇店菜，而我心目中的王牌则是蛋包饭。与常见的蛋包饭不同，这里并不是用鸡蛋包裹着饭，而是将鸡蛋与饭融为一体。我真的不知道，将来还能不能吃到比这更美味的蛋包饭。

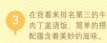

 1 个人心目中的第一，将鸡蛋与米饭充分混合的蛋包饭，是我将来再去煉瓦亭的理由。

2 排名第二的炸猪排，可以再单点一份白饭搭配着吃，堪称煉瓦亭的门面。

3 在我看来排名第三的牛肉丁盖浇饭，简单的搭配蕴含着美妙的滋味。

>>> 地址：東京都中央区银座 3-5-16
>>> 交通：东京 METRO 银座站步行 3 分钟

三井花园酒店（上野）
三井ガーデンホテル上野

　　2023 年冬末春初，东京上野地区最大的热点莫过于上野动物园的明星熊猫香香返回中国。无数痴迷熊猫的日本人来道欢送，甚至一直追到机场，在观景台上与飞机挥手告别。不仅上野动物园有熊猫，上野地区的各个角落也充满了熊猫元素，其中就包括位于上野站对面的三井花园酒店。

　　三井花园酒店的熊猫主题房间有两种，一种以黑白相间的正常熊猫为主题，另一种则是融入日本元素的樱花熊猫，也就是将房间里所有熊猫形象都设计成了粉白相间。两种主题房各有大床和双床两种房型，有的住宿套餐中还附赠熊猫玩偶。

① 一进房间，就会发现熊猫正等待着你。
② 沙发靠垫与床头靠垫的熊猫图案各有不同。
③ 拉上浴帘，洗澡时同样有熊猫相伴。

④ 酒店门口欢迎客人的熊猫玩偶会根据当季的节日做出不同的打扮。
⑤ 丰盛的自助早餐，与老字号豆腐店合作的豆制品是其中的亮点。
⑥ 酒店大楼与 JR 上野站隔街相望，楼下就是东京 METRO 上野站。
⑦ 入住熊猫主题房间的客人都能获得免费的熊猫明信片。

>>> 官网（含中文）：www.gardenhotels.co.jp/ueno
>>> 地址：东京都台东区东上野 3-19-7
>>> 交通：东京 METRO 上野站步行 1 分钟，JR 上野站步行 2 分钟，京成上野站步行 6 分钟

明治神宫和平安神宫是必游之地吗？

　　有不少朋友在做好行程后请我参谋，明治神宫和平安神宫是行程单中的常客。如果行程宽松，我一般不会提出异议。但是每次看到有人在东京或京都只逗留短短一两天，却舍掉更重要的寺社，硬是把这两座神社塞进行程，我总是建议他们调整。

　　我去过多次东京和京都，虽然未曾长住，但看过的景点、走过的街道也有几十处，其中包括很多非热门地区，可我从未把明治神宫和平安神宫列入行程。原因很简单：有那么多历史悠久、建筑特征鲜明的寺社古迹等着我去欣赏，暂时还轮不到明治和平安。

　　东京的明治神宫建于 1920 年，是为了供奉明治天皇和皇后修建的，曾在二战中毁于美军炮火，战后重建。京都的平安神宫建造时间稍早，为 1895 年，但同样是现代的神社，建造目的是纪念日本在 1100 年前迁都京都。无论是历史意义还是建筑样式，与日本境内很多古老的神社相比，明治神宫和平安神宫都逊色不少。如果打个比方，这两座神社更像是现代国家纪念碑或纪念堂的一种变形。

　　不过选择这两地的人一多，我也开始思考：为什么大家都对它们的名字如此熟悉？

　　旅行团可能是重要的影响因素之一。由于是免费景点，很多旅行团都会安排这两座神社作为必游之处。这样一来，两座神社的名字逐渐变得耳熟能详。而且无论从名字还是从地理位置上看，它们都更容易引起人们的注意。平安时代的文化和明治时代的变革是很多人在中学历史课本上就有所耳闻的，而打开东京地图，明治神宫占据的黄金位置与大片绿地也很容易引起人们的注意。

　　我并不是说这两座神社不值得去，将它们安排进行程也并无不妥。无论在明治神宫还是平安神宫，都可以享受公园般的休闲氛围，还有机会看到普通日本人举行的"神前婚礼"，以及鲜艳醒目、便于拍照的大鸟居。但是我想，这种安排应该是基于明确的目的与充足的知识储备的。如果你一无所知，只是在旅行社、在别人的行程中看到了，就随意安排进来，就大可不必了。特别是想要体验日本神社文化的朋友，无论是历史渊源，还是建筑特征，明治神宫和平安神宫都无法作为代表，只能说是中规中矩、平平淡淡。

　　风景在本质上无好坏之分，千年历史的神社和明治神宫各有各的美，但作为欣赏者，我们不应该盲目。

占地开阔、色彩鲜艳的明治神宫。

富士山

在富士山，你可能会……

想要攀登 3776.24 米的日本之巅，但必须等到夏季开山期间。

在箱根享受交通工具的乐趣，在河口湖期待富士山的完美倒影。

来一锅热气腾腾的ほうとう面，领略山梨县的美食智慧。

环绕富士五湖寻找眺望地点，选一家精致的博物馆充实假期。

查找世界遗产列表，从更远的神社和松原感受富士信仰。

以及，更多属于你的富士山。

>> 箱根信息网（含中文）: www.hakonenavi.jp
>> 河口湖综合观光信息网（含中文）: www.fujisan.ne.jp
>> 富士山登山官网（含中文）: www.fujisan-climb.jp

◎ 信步观富士：箱根

大涌谷

　　大涌谷是箱根最有特色的地区。这里有远眺富士山的观景平台，还有诸多冒着热气的硫黄温泉池，是箱根观光的必游之地，黑皮鸡蛋和黑冰激凌深受人们追捧。

　　官网（含中文）：www.owakudani.com

　　交通：箱根空中缆车大涌谷站

远眺富士山。

看硫黄池。

再吃一点黑色食品，比如冰激凌。

芦之湖

　　美丽的芦之湖是箱根的又一张名片。除了乘坐箱根海盗船横渡湖面，还可以选择箱根芦之湖游览船。箱根神社、恩赐箱根公园等风景点缀在湖边，无论是简单散步还是细细观赏，都很适合。

　　箱根芦之湖游览船官网（含中文）：

　　www.izuhakone.co.jp/hakone-yuransen

　　交通：箱根空中缆车桃源台站，箱根海盗船各个港口，箱根登山巴士沿湖各站

箱根神社

　　箱根神社起源于对箱根山的神山崇拜，奈良时代初期建立社殿。从平安时代起，这里成为交通要道，信仰逐渐繁荣，后来的武家也十分尊崇这里，近代的天皇也多有参拜，水中的鸟居是神社最美的风景。

　　官网（日文）：hakonejinja.or.jp

　　交通：箱根海盗船元箱根港，箱根登山巴士元箱根港、元箱根站

箱根交通大接力

step1：乘坐小田急电铁前往箱根汤本站

小田急电铁是从东京前往箱根地区最重要的交通工具，小田急的两日和三日箱根周游券涵盖以下要介绍的所有交通工具。一券在手，就可以在箱根地区自由行动，不用再单独购票（小田急电铁的特急列车特急券除外），特别划算。即使只在箱根玩一天也不亏。新宿往返的两日券 6100 日元，小田原往返的两日券 5000 日元。

小田急电铁官网（含中文）：www.odakyu-sc.jp
箱根汤本观光协会（日文）：www.hakoneyumoto.com

step2：乘坐箱根登山电车前往强罗站

在箱根汤本站和强罗站之间行驶的箱根登山电车是箱根地区最有特色的轨道交通，单程 160 日元起，与箱根登山缆车共通 1 日券 1580 日元，可用上述箱根周游券。

箱根登山电车官网（含中文）：www.hakone-tozan.co.jp
箱根强罗观光协会（含中文）：goura-kanko.jp
箱根强罗公园（日英双语）：www.hakone-tozan.co.jp/gorapark

step3：乘坐箱根登山缆车前往早云山站

中规中矩的爬坡式登山缆车，单程 90 日元起，可用上述箱根周游券。

箱根登山缆车官网（含中文，与箱根登山电车联合）：www.hakone-tozan.co.jp

step4：乘坐箱根空中缆车前往桃源台站

悬吊式的空中缆车，需要在大涌谷站换乘。单程 950 日元起，与箱根海盗船共通 1 日券 4000 日元，可用上述箱根周游券。

箱根空中缆车官网（含中文）：www.hakoneropeway.co.jp

step5：乘坐箱根海盗船前往箱根町港或元箱根港

漫游芦之湖的最佳方式，单程 420 ～ 1200 日元，与箱根空中缆车共通 1 日券 4000 日元，可用上述箱根周游券。

箱根海盗船官网（含中文）：www.hakone-kankosen.co.jp
箱根町观光协会信息网（日英双语）：www.hakone.or.jp

step6：乘坐箱根登山巴士从箱根町港或元箱根港前往箱根汤本站

箱根登山巴士遍布箱根各个地区，连接小田原、箱根汤本、强罗、箱根町、元箱根、桃园台等重要站点，还有路线前往御殿场、汤河原等周边热门地区，可用上述箱根周游券在规定的两日或三日内无限次乘坐。但部分路线班次较少，最好提前确认时刻表。

箱根登山巴士官网（含中文）：www.hakone-tozanbus.co.jp

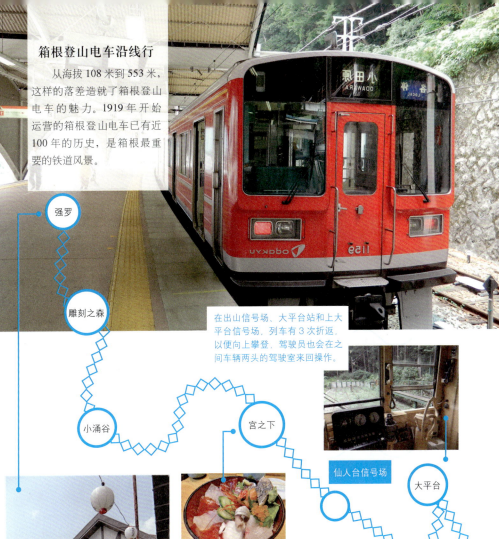

箱根登山电车沿线行

　　从海拔 108 米到 553 米，这样的落差造就了箱根登山电车的魅力。1919 年开始运营的箱根登山电车已有近 100 年的历史，是箱根最重要的铁道风景。

强罗

雕刻之森

在出山信号场、大平台站和上大平台信号场，列车有 3 次折返，以便向上攀登，驾驶员也会在之间车辆两头的驾驶室来回操作。

小涌谷

宫之下

仙人台信号场

大平台

上大平台信号场

从强罗站的排队人潮中探出头，勉强拍下车站的样子。

从宫之下站坐箱根登山巴士在宫城野下车，这里有家"やまひこ鮨"餐厅，午饭会提供 1000 日元的特价海鲜盖饭。

6 月下旬到 7 月中旬，宫之下站会开满绣球花。

1917 年建成的出川铁桥，风景转瞬即逝，通过时一定要多加留意。

箱根汤本站外的回廊下有各种商店与餐厅。

直通运行到箱根汤本站的小田急电铁与箱根登山电车共用同一站台，中间由挡板隔开。

箱根登山电车最有特色的塔之泽站，设在两座隧道之间。站台直通供奉有钱洗弁天和火伏观音的小神社。

出川铁桥

塔之泽

出山信号场

箱根汤本

铁道相关的纪念和体验设施总是无处不在。箱根汤本站的站台上有天皇夫妇的乘车纪念牌，还有供孩子穿着拍照的迷你站长服。

⊙ 信步观富士：河口湖

天上山公园

从河口湖岸边坐上摇摇摆摆的缆车，3分钟即可来到天上山的山顶。山顶的面积不大，狸猫茶屋、展望台、兔子神社等小巧的设施挤在一起。在天气晴朗的日子，这里是眺望富士山的绝佳地点。富士山壮阔的山麓在眼前铺展，此时更能明白日本人为什么将富士山视作神圣之地。

如果时间充裕，下山后还可以乘坐富士五湖汽船游览河口湖。

官网（含中文）：www.kachikachiyama-ropeway.com

门票：缆车往返 900 日元，富士五湖汽船 1000 日元，通票 1600 日元

交通：富士急行河口湖站步行 15 分钟，或乘坐河口湖周游巴士至游览船·缆车入口站

河口湖自然生活馆

位于河口湖北岸中段的自然生活馆是大石公园的一部分，可以在湖边的公园里悠闲散步，欣赏花与富士山的美丽组合，也可以到生活馆内"能看见富士山的咖啡厅"和"能看见富士山的厨房"，享受简餐、咖啡和美味的冰激凌，或是在商店里挑选富士山周边和当地特产，带一瓶手工蓝莓果酱回家。

官网（日文）：

www.fkchannel.jp/naturelivingcenter/oishipark

开放时间：9 点～ 18 点（冬季到 17 点半）

交通：河口湖周游巴士河口湖自然生活馆站

浅川温泉街

河口湖北岸东段的浅川地区可以欣赏到富士山全貌及湖中倒影。这里被称为浅川温泉街，许多温泉酒店坐落在岸边，无论从房间、温泉还是餐厅，都可以毫无遮挡地看到富士山与河口湖的美景。如果想散散步，出门即是美丽的湖光山色。"富士吟景""湖山亭うぶや""風のテラスKUKUNA"等，都是值得一住的酒店。

交通：河口湖周游巴士浅川温泉街站，或風のテラス KUKUNA 前站，或湖山亭うぶや前站

河口湖交通：
多彩的富士急行

　　从东京前往河口湖，一般有两种方式。一是直达的大巴，从新宿到河口湖单程1小时45分钟，可以在富士急行巴士的官网上查到信息（含中文）：bus.fujikyu.co.jp。

　　二是乘坐电车。先乘坐JR到大月站（JR特急列车东京—大月单程约1小时），再换乘富士急行，不到1小时即可到达河口湖站。

　　日本的观光列车遍布全国，有时不用刻意寻找，就可在游览热门景区时顺便乘坐，富士急行即是其中的典型。从大月到河口湖，除了普通列车，富士急行还定期运行多种观光列车，有吃有喝有玩具，只怕到站时都舍不得下车。

富士山特急（フジサン特急）

　　对于小朋友来说，这也许是前往富士山途中最有趣的经历。各种动作表情的富士山卡通形象绘满车体，最前方的1号车更是被设计为展望车厢，小朋友们不但可以从司机的视角眺望轨道和富士山，还能坐在舒适的长椅上玩玩具、读绘本，享受列车专为他们提供的便利。

富士山景观特急列车（富士山ビュー特急）

　　如果想在短短的40多分钟内体验高大上的富士山旅行，不妨预订这趟带有美味甜品的富士山景观特急列车，可以坐在明亮优雅的车厢内享受每季都会更换的精致甜品，比如由杧果布丁、当季巧克力蛋糕、水果三明治和马卡龙组成的甜蜜套餐。

　　此外，富士急行列车还有多种观光列车，无论你何时前往，总会有一款能打动你的行程。各趟列车的票价、时刻表、设施和预约方法，请见官网。

官网（含中文）www.fujikyu-railway.jp

日本人怎么过新年

  每年 12 月 31 日到次年 1 月 1 日，关注国际新闻的朋友，都会在电视上看到日本人跨年守岁的画面，以东京增上寺的跨年敲钟活动最有代表性。如果你恰巧选择在元旦前后去日本旅行，那么有很多地方都可以多多留意。

  日本现在已经完全采用阳历，连每年最重要的节日——新年，都按阳历度过。新年在日语中称为"正月"，狭义的正月是指 1 月的前三天或者前七天，广义的正月指整个 1 月。而被称为"大晦日"的 12 月 31 日，就像中国人的除夕一样，日本人普遍也要团聚守岁。NHK 的红白歌会就像中国的春晚，每年雷打不动。

  新年的传统食品丰富多彩，比如守岁时要吃荞麦面，新年期间要吃御节料理、年糕汤（杂煮）、七草粥等。这里特别要说的是御节料理，这是日本人在新年期间最重要的饮食形式，即用 2~5 层的多格食盒盛放各种各样的食物。全部食物都要在新年前准备好，这样新年期间可以不开伙，一家人在一起享用多重美味。过去，御节料理是考验家庭主妇烹饪水平的一大难关，食物既要保证味道，又要注意外形的精致美观。但现在，很多商场都会在新年时出售现成的御节料理，很多家庭为了省事，也不再拘泥于亲手完成的传统。

  除了饮食，新年期间的装饰也是必不可少的。比如镜饼，就是把大小不一的圆形年糕摆在一起，供奉神佛。还有住宅和店铺门前都要摆放的成对"门松"，由松、竹等做成，象征对年神的迎接。

  物质上的辞旧迎新必不可少，人的参与也很重要。除了像中国一样，给孩子适量的压岁钱（日本称"年玉"）之外，日本人还要互寄贺年卡，并且到神社或寺庙进行"初诣"，即新年最重要的参拜。随着网络、手机的发展，传统的贺年卡已经没有过去那么流行，但"初诣"是时代变迁代替不了的。东京都的浅草寺和明治神宫、名古屋的热田神宫、京都府的伏见稻荷大社、大阪府的住吉大社、千叶县的成田山新胜寺、福冈县的太宰府天满宫等热门寺社，每年新年期间都会有两三百万人参拜。

  当然，新年期间在日本旅行，也会有不少额外的烦恼。比如很多景点、店铺都会在新年前后闭门谢客，公共交通的节假日运行会减少班次。很多日本人都会回老家，导致飞机满员、火车拥挤、高速公路堵车，很多提前发售的车票被迅速抢空。这些都需要提前做足功课，格外注意。

  不过如果能在新年期间去日本，体验还是远远大于麻烦。吃上一份荞麦面，跟着人潮到附近的神社祈福，拍下与众不同的新年装饰，绝对不枉此行。

每逢新年就人山人海的成田山新胜寺离成田机场不远，寺院旁边的古风商店街以鳗鱼饭闻名。

镰 仓

在镰仓，你可能会……

拜访鹤冈八幡宫与镰仓大佛，拍下镰仓的标准相。

来一碗小银鱼盖饭，默默祈祷运气好到能在江之岛背后眺望富士山。

融入镰仓五山的绿意，哪怕只是假装做一天禅宗门人。

拥抱湘南海滨的帅哥辣妹，当然还有冬天凛冽的寒风。

跟着动漫的画面，连接你的过去、现在与未来。

以及，更多属于你的镰仓。

>>> 镰仓观光协会（日英双语）：trip-kamakura.com

交通时间提示	东京－镰仓（JR）：最快约 50 分钟
	新宿－片濑江之岛（小田急电铁）：最快约 1 小时 6 分钟

镰仓交通

首先乘坐 JR 到达镰仓、藤泽或大船站，或乘坐小田急电铁到达片濑江之岛或藤泽站，再换乘当地电车前往目的地。

江之电：拥有百年历史的江之电是镰仓最重要的风景。从镰仓到藤泽，全程共 15 站，镰仓的无限风光都集中在这条铁路沿线。单程票价 200 日元起，1 日券 800 日元。

官网（含中文）：www.enoden.co.jp

湘南单轨电车：连通江之岛和大船，是一条非常有特色的线路，采取顶部悬吊形式，路程短却趣味无穷。单程 180 日元起，1 日券 610 日元。

官网（含中文）：www.shonan-monorail.co.jp

⊙ 信步走镰仓

　　后面会介绍江之电沿线的鹤冈八幡宫、镰仓大佛、江之岛等，以及动画迷、文艺迷的朝圣之地，除此之外镰仓还有很多有趣的地方。

建长寺与镰仓五山散步

　　从 JR 镰仓站或北镰仓站下车，巡游建长寺、圆觉寺、寿福寺、净智寺、净妙寺，是镰仓重要的散步路线之一。五座寺院均为禅宗，合称"镰仓五山"。

　　其中，建长寺为日本最初的禅宗道场，受到很多西方游客的青睐。建长寺建于 1253 年，是镰仓幕府第五代执权北条时赖为迎接宋朝的高僧兰溪道隆而创建的，供奉地藏菩萨。

　　热爱电影的旅行者千万不要错圆觉寺，日本著名导演小津安二郎的墓就在这里。

官网：建长寺（日文）www.kenchoji.com，圆觉寺（日文）www.engakuji.or.jp

门票：建长寺 500 日元，圆觉寺 500 日元

开放时间：建长寺 8 点半～ 16 点半，圆觉寺 8 点半～ 16 点半（冬季至 16 点）

镰仓艺术追思

　　从江之电镰仓站前往镰仓文华馆，或从小田急电铁鹄沼海岸站前往聂耳纪念广场。这片海正是聂耳不幸遇难的地方。

　　镰仓文华馆（日英双语）：
www.tsurugaokamuseum.jp

镰仓吃喝玩乐

　　钻进镰仓站与鹤冈八幡宫之间的小町通，吃吃喝喝，走走逛逛，镰仓也有热热闹闹的一面。

　　镰仓小町商店会（日文）：
www.kamakura-komachi.com

一张图了解江之电

一条百年的江之电让人们在镰仓爱上铁道，这里有最美的铁道风景——沿海而行，穿山越洞，与人共生。

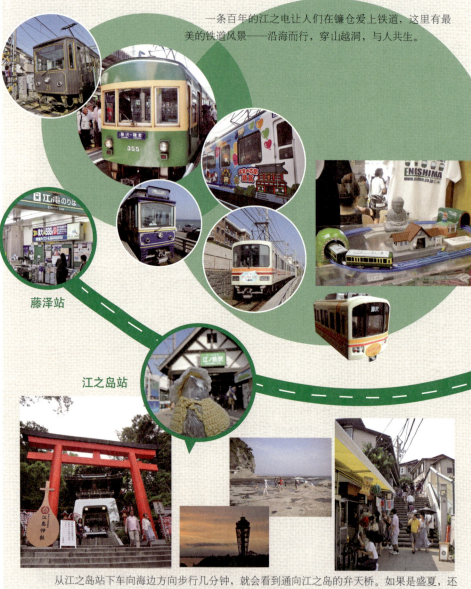

藤泽站

江之岛站

从江之岛站下车向海边方向步行几分钟，就会看到通向江之岛的弁天桥。如果是盛夏，还能看到很多在湘南海岸享受青春的帅哥辣妹。江之岛上有不少小景点，商店和餐馆更是数不胜数，慢慢玩儿可以消磨一整天。展望灯塔、岩屋、江岛神社和登山电梯是岛上的亮点，可以购买各种优惠套票。

江之岛·镰仓观光信息（含中文）：enokama.jp

极乐寺是个看似不起眼的小站，却拥有日本铁道迷推崇的秘境小站的一切元素，列为日本最经典的百座车站。出站后左拐，步行到斜坡顶端的成就院前，就会看到相模湾由比滨的绝美风景。每年6月，这里都会成为绣球花的海洋。

极乐寺站

八幡宫是祭祀八幡神，也就是"武神"的神社。距镰仓站步行15分钟的鹤冈八幡宫是日本三大八幡宫之一，由源义赖于1063年创立。源赖朝开创镰仓幕府后，鹤冈八幡宫进入了繁荣时期，并在江户时代达到全盛，后来明治政府的还俗命令和废佛运动让这里遭到毁灭性破坏。从镰仓站可沿参道"若宫大路"或小町通走到神社前。

镰仓站

长谷站

"日本三大佛"之一的镰仓大佛安放在距长谷站不远的高德院内。高11.3米，重约121吨，1252年建造，最初盖有佛堂，但在地震等灾害中破坏严重，最终成为露天佛像。高德院门票200日元，进入大佛内部20日元。大佛背后的窗户和佛前长期供奉的西瓜营造出轻松诙谐的氛围。

镰仓高校站

井上雄彦的《灌篮高手》是一代人的记忆，与长大后是否晋级为深度动漫迷无关。动画版《灌篮高手》片头曲中晴子和樱木隔着铁道挥手的一幕，正是发生在江之电镰仓高校前站的铁道口。镰仓高校也是陵南高中的原型。

伊　豆

在伊豆，你可能会……

看东京人如何迷恋热海，就像北京人曾经追捧北戴河。

直奔半岛最南端，在清新的下田思考近代的日本。

在芥末之乡购入各种芥末产品，至少也要就着芥末吃一次冰激凌。

爆发文艺青年的热情，追寻川端康成和小津安二郎的足迹。

东有伊东，西有修善寺，伊豆半岛的温泉只会让你难以取舍。

以及，更多属于你的伊豆。

》》》 伊豆市观光协会（含中文）：www.izushi.info
》》》 伊豆观光信息（日文）：izu-trip.com

交通时间提示	东京 – 热海（新干线）：最快约 38 分钟
	东京 – 三岛（新干线）：最快约 44 分钟

📖 伊豆交通

如果从东岸进入伊豆半岛，要先乘坐 JR 抵达热海、伊东，再换乘伊豆急行铁道南下（也有 JR 直通列车），抵达城崎海岸、河津、下田等地。

伊豆急行铁道：伊豆半岛东岸唯一的轨道交通，北起伊东，南至下田，单程 170 日元起，1 日券 1500 日元。

官网（含中文）：www.izukyu.co.jp

如果从西岸进入伊豆半岛，要先乘坐 JR（包括新干线）抵达三岛，再换乘伊豆箱根铁道的骏豆线前往修善寺等地。

伊豆箱根铁道：北起三岛，南至修善寺，单程 140 日元起，骏豆线＋周边巴士 1 日券 1200 日元。

官网（含中文）：www.izuhakone.co.jp/railway

在伊豆半岛内陆地区旅行要乘坐东海巴士。

官网（含中文）：www.tokaibus.jp

如果想一次深度游遍伊豆半岛，可以充分利用由伊豆急行、伊豆箱根铁道、S-pulse Dream Ferry 和东海自动车四家公司联合发售的"伊豆 DREAM PASS"。

官网（含中文）：www.izudreampass.com

🔵 信步走伊豆

热海

去热海，总想说一句"不能免俗"。因为这里实在是个"大俗地"，东京人热衷于到这里度假，就像北京人去北戴河一样。但既然来了伊豆半岛，不选择热海似乎又有些说不过去。大众文化强大的影响力，在热海表现得尤其突出。

热海市观光协会（含中文）：www.ataminews.gr.jp
热海温泉旅馆协会（含中文）：www.atamispa.com

回到 JR 热海站旁边的平和通商店街，再享受一下站前免费的"家康之汤"，泡脚放松。

与热闹的海滩相比，海边绿地空无一人。

散步路线：
JR 热海站→海边绿地与贯一阿宫雕像→海水浴场→起云阁→"热海银座"商店街→平和通商店街

热海真正意义上的"景点"起云阁，透过这栋高级别墅能看到近代日本贵族生活的模样，门票 510 日元。

修善寺

修善寺是闻名日本的温泉胜地，温泉旅馆鳞次栉比，寺庙、小桥、流水、足汤，到处都是适合休闲散步的小风景。乘坐伊豆箱根铁道抵达修善寺站后，还需换乘东海巴士或伊豆箱根巴士，约 10 分钟到达修善寺温泉。

修善寺温泉旅馆协会与观光信息（含中文）：shuzenji.info

散步路线：修禅寺→桂川→独钴之汤→桂桥→竹林小径

1.《伊豆的舞女》开篇主人公穿越的旧天城隧道。
2. 伊豆近代文学馆旁的井上靖旧宅。他因中国题材的历史小说闻名。

伊豆舞女之路

经典徒步路线"伊豆舞女之路"源于川端康成的《伊豆的舞女》，最核心的一段北起净莲瀑布，南至河津七瀑布，可以亲身体验小说中的场景。如果沿着主干道一直走，距离不到 13 公里，沿途有东海巴士运营，可根据体力和时间选择徒步区间。

徒步地图：*kanko.city.izu.shizuoka.jp/pdf/d2791_28.pdf*

散步路线：

河津站乘坐东海巴士至水生地下站（途经河津七瀑布）→旧天城隧道→二阶瀑布→乘坐东海巴士至昭和之森会馆→伊豆近代文学馆→乘坐东海巴士至修善寺（途经净莲瀑布）

伊豆半岛中部盛产芥末，冰激凌中也会大胆使用。

下田

下田是江户末期 1853 年"黑船来航"后江户幕府开放的首批港口，与北海道的函馆同时成为当时日本对外的门户。但比起声名远扬、发展为著名观光地的函馆，下田显得默默无闻。这里热闹又安静，有恰到好处的古迹和风景，非常适合旅行。

下田市观光协会（含中文）：

www.shimoda-city.info

散步路线：

伊豆急行铁道下田站→八幡山宝福寺→了仙寺→下田历史风情区→培理舰队来航纪念碑→安直楼→哈里斯足汤

更多关东

信步走关东：日光

　　曾在 JR 日光线的列车里看到宣传海报，上面写着 "NIKKO is NIPPON" ——日光就是日本。这句话多少带有夸张的宣传意味，但日光确实集合了各种日本元素：古老的神社、参天树林里的古建筑以及闻名世界的德川家康。

　　从东京出发，可以乘坐 JR 或东武铁道前往日光。如果没有 JR PASS 可用，那么购买东武铁道 2 日券比较划算。

　　东武铁道官网（含中文）：www.tobu.co.jp

　　JR 日光站和东武日光站相距仅几百米，从站前可步行 20 ~ 30 分钟前往景区，也可乘坐公交到神桥或西参道（离东照宫等主要景点都很近）。

　　日光市观光协会（含中文）：www.nikko-kankou.org

<table>
<tr><td rowspan="2">交通时间
提示</td><td>东京 ~ 日光（新干线 +JR）：最快约 1 小时 45 分钟</td></tr>
<tr><td>上野 ~ 日光（东武铁道）：最快约 1 小时 50 分钟</td></tr>
</table>

　　日光东照宫、二荒山神社、日光山轮王寺和神桥是日光主要的历史看点。其中安葬德川家康的东照宫主要建筑均由德川家光在 1636 年重修而成，华丽繁复的阳明门和神厩社上分别代表勿视、勿言、勿听的"三猿"雕刻最为著名。轮王寺的三佛堂是寺内最重要的建筑，也是东日本地区现存最大的木建筑，创建于平安时代。神桥坐落在大谷川上，是二荒山神社的一部分，也自认为是日本"三大奇桥"之一。

　　东照宫（日文）：www.toshogu.jp

　　二荒山神社（日文）：nikko.futarasan.jp

　　日光山轮王寺（日文）：www.rinnoji.or.jp

　　神桥（含中文）：www.shinkyo.net

信步走关东：秩父

被人戏称为"什么都没有"的埼玉县，其实隐藏着许多宝藏般的小众目的地，非常适合从东京出发进行短途游，秩父就是其中之一。这里有遍地盛开的芝樱，有丰富多彩的温泉，还有风景优美的漂流和优雅怀旧的铁道，无论哪个季节前来都有看点。同时，这里也是人气催泪动画《花名未闻》（我们仍未知道那天看见的花的名字）的背景舞台，几年来备受圣地巡礼旅行者们的喜爱。

秩父观光协会（日文）：www.chichibuji.gr.jp

从池袋或新宿乘坐西武铁道，能很方便地到达秩父，再根据具体行程，换乘秩父铁道、当地公交或步行，前往各个景点。西武铁道的西武秩父站是秩父的交通枢纽，站前有多路公交开往各地。

从西武秩父站步行300米，就是秩父铁道的御花畑站，换乘十分方便。秩父铁道也有秩父站，但与西武秩父站并不相邻，要特别注意。

西武铁道（含中文）：www.seiburailway.jp

秩父铁道（含中文）：www.chichibu-railway.co.jp

交通时间提示　池袋 – 西武秩父（西武铁道）：最快约1小时21分钟
新宿 – 西武秩父（西武铁道）：最快约1小时43分钟

每年4月下旬到5月上旬是秩父最漂亮的季节。从西武秩父站步行20分钟，爬到羊山公园的小山上，就能欣赏到如地毯般铺满整个地面的芝樱。芝樱的本名叫"针叶天蓝绣球"，并不是樱花，但喜爱樱花的日本人硬是给这种粉色系小花安上了樱花之名。日本国内有不止一个地方能欣赏到成片的芝樱，但秩父的羊山公园交通最方便。

若想进一步亲近大自然，可以搭乘秩父铁道前往长瀞站，然后步

行5分钟到码头参加漂流。长瀞的名物除了漂流还有刨冰，如果时间充裕，一定要在宝登山道旁的百年老店"阿佐美冷藏"慢慢品尝。同时，往返长瀞也可以选择秩父铁道运营的蒸汽机车 SL PALEO EXPRESS，感受这趟"距离东京都心最近的蒸汽机车"。

与西武秩父站同处一幢建筑中的站前温泉"祭之汤"是秩父最舒适的大众休闲场所，泡汤、美食和购物集中在一起，对旅行者来说十分便利。

祭之汤（日文）：www.seibu-leisure.co.jp/matsuri

每年12月2日和3日举行的秩父夜祭是日本三大曳山祭之一，部分花车平日就停放在秩父祭会馆中。会馆与秩父神社相邻，两地都值得参观。

秩父祭会馆（含中文）：www.chichibu-matsuri.jp

秩父神社（日文）：www.chichibu-jinja.or.jp

⦿ 信步走关东：铁道文化

日本的铁道文化丰富而厚重，每个地区都有自己的"重镇"。在关东地区较少为外国旅行者关注的埼玉县和群马县，各有一座出色的铁道博物馆，非常适合亲子共游，当然也是铁道迷的必去之处。

大宫铁道博物馆

JR 东日本修建的大宫铁道博物馆位于埼玉县大宫市，从东京站出发最快只要 40 分钟即可到达。馆内展示了日本铁道的百年变迁，可以零距离参观许多著名列车，欣赏庞大的铁道实景模型，从观景台看真正的新干线从博物馆旁飞驰而过，亲子还能共同乘坐迷你新干线，共同驾驶迷你列车，品尝特色主题餐和馆内限定的车站便当。

官网（含中文）：www.railway-museum.jp

交通：JR 大宫站换乘埼玉新都市交通（高架电车）至铁道博物馆站

开放时间：10 点～ 18 点，每周二及年末年初闭馆

门票：1330 日元

碓冰岭铁道文化村

这是一处有些偏僻的铁道博物馆，从东京站出发最快要 1 小时 40 分钟，很少有人注意到群马县在温泉之外还有如此有趣的地方。这里展示的列车普遍偏旧，且多放置在室外，但参观者却也因此能与列车有更加亲密的接触。各种各样的体验式列车是这里的亮点，包括在小小的高架桥上行走的 Abt 式列车、可以骑跨在上面的迷你列车等。在 3 月到 11 月的周末和法定节日（8 月每日），还能乘坐矿车式观光列车前往 2.6 公里外的碓冰岭之森公园交流馆泡温泉。

官网（日文）：www.usuitouge.com/bunkamura

交通：JR 横川站下车即到

开放时间：9 点～ 17 点（冬季至 16 点半），每周二（除 8 月）及年末年初闭馆

门票：500 日元，园内乘坐各类列车需另付车费

培理是谁？

在日本旅行时，培理是一个不时会出现在眼前的形象。培理是谁？为什么会被日本人纪念？

中学历史课本上有关"黑船"致使江户末期的日本"开国"的介绍，想必不少人还有印象。这一事件在日文中称为"黑船来航"。1853年，美国海军将领马修·培理（或译佩里）率舰队从如今的神奈川县横须贺市久里滨上岸，要求日本开国。次年，培理再次登陆日本，在如今静冈县下田市签订《日美和亲条约》，日本和美国由此开始不对等的外交。

之所以说到培理，不但因为在日本很多地方都可以看到纪念他的石碑和雕像，更因为他代表了日本人的观念。虽然没动一枪一炮，但培理毕竟是一个"入侵者"，至少他给日本带去的不是平等的外交关系。就像曾经胁迫清政府签订不平等条约的列强一样，其中不少人虽未烧杀抢掠，但中国人并不会因此纪念他们，除非他们有像拉贝那样特别显著的人道主义行为。

那么，日本人为什么要纪念培理呢？答案很简单：培理为日本带来了所谓的先进文明。

大和民族是个崇拜强者的民族，谁有特殊的才能，能完成普通人无法完成的事，就把谁当作传说。同样，在战争中，即便敌人再残忍，只要他是强大的，那么就不能憎恨他，只能学习和崇拜——当然一些个人会有憎恨的感情，但从国家和社会层面上不会有。

因此，作为将日本带向先进国家的英雄，培理广为日本人纪念也就理所应当。

值得思考的是，当年日本鼓吹脱亚入欧，甚至有福泽谕吉这样的人抛出"恶邻论"（请注意，这位日本近代著名人物至今仍在10000日元纸币上），为日本侵略找理由，培理这一形象在其中被运用得"炉火纯青"。当时的日本一方面把培理当作先进文明的引路者歌功颂德，另一方面又把他作为侵略者加以强调——日本之所以要侵略其他亚洲国家，就是要让它们免受被培理的黑船舰队侵略之苦。这样的说法听起来荒谬之极，在日本却毫不矛盾。

说句题外话——但也许并不是题外话：日本很多年轻人都会染发，不论男女，甚至有些做了父母后继续给刚会走路的孩子染。一个名牌大学的日本学生曾直截了当地跟我说："我们染发，就是为了看起来更像欧美人。"

（上图）静冈县下田市海边的培理纪念碑。
（右图）北海道函馆市电车上的培理装饰画。

散步，在东京的墓地

有次因为工作临时去东京，邀请方将酒店订在了日暮里附近。到达的当天下午无事，便穿过谷中银座商店街，迈上那段因夕阳而闻名的坡道，一直溜达到谷中陵园。谷中银座名声不小，因为纯粹的东京市井氛围而为人所知，果蔬超市、肉店、理发店、杂货店，还有门口摆着中老年服装的小铺，都是百姓生活的日常风景，却也因此吸引着许多人前来发掘东京那并不光鲜却暖意融融的一面。不过，在不远处的谷中陵园，一切都如预想般寂静。

谷中陵园的核心是德川庆喜墓，也就是德川家最后一代将军的长眠之地。两座圆形坟墓被栏杆包围，分别埋葬着德川庆喜和他的正室美贺子，大门上镶着德川家的家徽。庆喜在将军的位置上只坐了一年，大势已去，他只能接受时代的安排。

陵园里还安葬着一些重要的政界人物，比如大原重德和鸠山一郎。正值夏末秋初，从长裙下露出的脚踝阵阵发痒，路边的提示牌上几个大字甚是醒目：注意蚊虫！

这是我第一次在日本拜访大面积的墓地。散起步来，很快就忘了这是在东京。那时我正开始对东京都北部的都电荒川线感兴趣，便决定下次再来时，要去这条东京仅存的路面电车沿线的杂司谷陵园看看。

在欧洲的许多城市，墓地不仅是当地人的归宿，更是世界各地的游客追忆历史的地方。忘不了多年前在维也纳拜访贝多芬墓时的场景，夕阳西下，一束光恰巧照亮了墓碑的正面，就像他的音乐点亮过无数人的心灵。前往东京的杂司谷陵园，也不只是为了闲逛。

去杂司谷陵园那天晴空万里，步入陵园的范围，首先寻找的就是夏目漱石的墓碑。也许太宰治在如今这个时代更受欢迎，我自己也是太宰治的脑残书迷，然而夏目漱石作为站在日本近现代文学塔尖的人物，其地位是毋庸置疑的。整个墓碑就如同夏目漱石的作品般端正，下方是醒目的"夏目"二字，上方则刻有夏目漱石与妻子镜子的戒名"文献院古道漱石居士"和"圆明院清操净镜大姊"。

最初读夏目漱石的作品是在中学时代，选择的自然是《我是猫》的中译本——或者说那时也没有其他选择。硕士期间跨系上课，在日本现代文学精读课上读了《心》、《从那以后》等作品的

原文，开始对夏目漱石有了直观的印象。直到最近，由于工作原因，我终于拿起了《我是猫》的原文，才发现它并非像某些译本诠释得那么粗野和戏谑，反而处处充满了节制，所有的幽默、讽刺与怨言，都是那么彬彬有礼。就像夏目漱石的墓碑，庄重得无可挑剔。虽然夏目漱石的孙子曾表示很不喜欢这座石椅般的巨大墓碑，并推测低调的漱石应该也不会满意，但我站在译者与读者的角度，却觉得这样的姿态再合适不过。

与夏目漱石同眠在杂司谷陵园的，还有永井荷风、竹久梦二、小泉八云、岛村抱月、泉镜花等著名文学家和艺术家，对于文艺爱好者来说杂司谷陵园可算是一块圣地。然而那天下午，在依次拜访完这些名家的墓碑后，我注意到了另一块高大的墓碑。吸引我的不是墓碑本身——碑上的字猛一看并不容易辨认，而墓碑前竟然立着一个信箱一样的东西，上面有个小口，写着"名片箱"。

竟然有人死了以后也不忘收名片。我一边感叹，一边走上大道，准备离开陵园。就在这时，也许是看我不像扫墓者，一个擦肩而过的老太太叫住了我，问我是不是来参观的。我说是的，老太太随即说她是来给家族的先人 hideki 扫墓的，然后就指了指那个收名片的墓碑。她说，这位 hideki 当年就死在离陵园不远的监狱里，不过监狱也已经不复存在了。

日本人有个很奇特的习惯，生活里称呼别人时大都只称姓氏，不亲密到一定程度绝不叫名字。但是一谈到那些名人或祖辈，却往往直呼其名。hideki 这个发音，用汉字写出来有多种写法。而且老太太搭话搭得太突然，我脑子里迅速划过"秀树"、"英树"等几个名字，但并没有多想。

应和了两句，天色不早，我和老太太便各走各的路了。

上了地铁，我翻出照片放大仔细辨认，心里一个劲儿地默念着 hideki 这个发音。突然，我感觉后背一阵发凉，继而几乎要捶胸顿足，埋怨自己为什么在关键时刻脑子锈住了。

那个老太太口中的家族先人，是东条英机。

关西
KANSAI

京都 KYOTO

这里并非全城老街古巷，却在举手投足间保留着古都的韵律。静止的寺社，跃动的祭典，春夏秋冬，来多少次都不够，这就是京都。

大阪 OSAKA

既是乱糟糟、脏兮兮的，也是热热闹闹、趣味无穷的。从关西方言到乘扶梯站右侧，大阪人坚持自己的一切。或许你也该在购物之外，给这里多一些时间。

奈良 NARA

今天人们熟知的很多象征日本文化的元素，都源自奈良时代。淳朴、宁静、深厚，有种不易被发掘的美。别再限于奈良公园，去做个奈良的回头客吧。

城崎温泉 KINOSAKI SPA

泡温泉可以很享受，也可以很欢脱。在城崎体验"外汤巡游"，当晨练和夜生活都以温泉的面貌出现，你很难不爱上这里。

和歌山电铁
WAKAYAMA ELECTRIC RAILWAY

因猫咪站长小玉而萌动世界的地方铁道。乘坐五彩斑斓的各式主题列车前往贵志站，任谁都会心甘情愿做一次猫奴。

三言两语话关西

究竟去了多少次关西，已经懒得再数了。很多地方自己去了好几次，然后又陪家人去、和朋友去。别人问我：XX寺你是不是去过了？当我回答"嗯，已经去过五六次了"时，就会发现别说五六次，哪怕是十几次、二十次，都不会厌烦。恐怕因为这是关西，总也去不够的关西。

记得当年申请交换留学，本来想申请关西地区的大学，但因为没有合适的项目，最终在名古屋落脚，也是因为名古屋距离关西近，可以常来常往。有空就想往京都跑跑、去奈良转转，这是至今未变的心情。京都与奈良的寺庙和神社，怎么去都觉得意犹未尽。从城市里游客如织的热门遗产，到乡间无人光顾的古老遗存，为了拜访那些建筑与历史，我坐过大山里2小时才有1班的公共汽车，也曾经早上6点出门只为避开旅行团的高峰。关西的魅力在古籍里，更在乡野间。当文献中的名字突然出现在眼前，内心的惊喜只有自己知道。

当然，不止京都和奈良，还有滋贺县的琵琶湖、兵库县的姬路、和歌山县的高野山、三重县的伊势（严格说这里属于近畿不属于关西），以及横跨好几个府县的熊野古道，都是关西历史无言的承载。

至于大阪——这里的语气似乎有些不敬，但大阪之于我，始终都是微妙的。大阪有我的牵挂，一对住在这里的日本老夫妇，始终把我看作他们的孩子。但是该如何在这里找到更多亲切的感觉，也始终困扰着我。在那些必去的景点之外，我也走过不少与游客无缘的地方，有高楼大厦下绽放美丽樱花的小神社，也有阴暗巷子里让外来者有些望而却步的小餐馆，那样的大阪让我更有触动，但我仍然在寻找，期待有一天能找到流连大阪的理由。

我梦想能在关西度过一整个夏天。听着祇园祭的喧嚣，走得深一些、再深一些。在拥挤的游客之外，关西总能给人带来一些安静的、能与自己对话的空间。

京都府	www.kyoto-kankou.or.jp
大阪府	www.osaka-info.jp
奈良县	yamatoji.nara-kankou.or.jp
滋贺县	www.biwako-visitors.jp
三重县	www.kankomie.or.jp
兵库县	www.hyogo-tourism.jp
和歌山县	www.wakayama-kanko.or.jp

京　都

在京都，你可能会……

到金阁寺和清水寺打卡，欣赏京都的标准照。

租一套和服走街串巷，虽然现在穿和服拍照的多数都是外国人。

早上 7 点到达岚山，拍一张无人的竹林小径。

吃遍有关抹茶的各种美味，但有些店铺需要你排队足够耐心。

在鸭川边席地而坐，注意遵照传统保持相等距离。

以及，更多属于你的京都。

>> 京都市观光官网（含中文）：ja.kyoto.travel

📺 京都交通

在京都旅行，可能会利用以下交通工具。想了解各种路线、车站和优惠券的最新信息，进入各官网就能看到。

公交车

即"市バス"（市 BUS），是京都市最主要的交通工具，分为两种：一种是 230 日元单一价，另一种是按距离收费。700 日元的 1 日券从 2023 年 10 月 1 日起停售，2024 年 4 月 1 日起停用，请务必注意。

官网（含中文）：www.city.kyoto.lg.jp/kotsu

购票 & 乘车贴士：

购买 1 日券时一般附赠路线图，一定要拿日文版，乘车时对照汉字站名即可，英文版上都是各站的日文读音，反而看不懂。

另外，京都市内红绿灯较多，早晚高峰和旅游旺季经常堵车，车内也十分拥挤。

地铁

只有两条线路，乌丸线和东西线，呈十字形，单程票价 220 日元起，1 日券 800 日元。能到达的观光地有限。地铁和公交 1 日通票 1100 日元，如有需要可以多加利用。

官网（含中文）：www.city.kyoto.lg.jp/kotsu

通向石清水八幡宫的男山登山缆车。

京都府内轨道交通

①京福电铁

A、岚山电车：单程均一价 250 日元，是前往岚山的重要方式。

官网（日文）：www.keifuku.co.jp

B、叡山登山缆车 & 空中缆车：连接八濑站－比叡站－比叡山顶站，是从京都前往世界遗产比叡山延历寺的最佳方式，单程共 900 日元。

官网（日文）：www.keifuku.co.jp

②叡山电车

从出町柳站出发，在宝池站分成两条路线，分别前往京都北部的八濑比叡山口和贵船、鞍马。单程 220 日元起，1 日券 1200 日元。

官网（含中文）：eizandensha.co.jp

③京都丹后铁道

前往"日本三景"之一的天桥立的最重要交通方式，单程票价 150 日元起。

官网（日文）：trains.willer.co.jp

京都周边及城际轨道交通

①京阪电车

连接京都市、大阪市和大津市的重要私铁，单程 160 日元起，大津线 1 日券 700 日元。前往伏见稻荷大社、宇治地区和大津市内各主要景点都非常方便。

官网（含中文）：www.keihan.co.jp

②阪急电车

京都线和岚山线连接了京都市区繁华的河原町、岚山地区和大阪市北部交通枢纽梅田，单程 170 日元起。

官网（含中文）：www.hankyu.co.jp

③近畿铁道

简称近铁，是从京都站前往奈良的便利方式之一，可多利用相关的 1 日优惠券。

官网（含中文）：www.kintetsu.co.jp

④ JR

JR 京都站是京都的交通枢纽，可换乘京都地铁、近畿铁道和多趟公交。JR 在京都市中心没有路线，是从京都市来往大阪、奈良、大津等地的重要城际交通。

官网（含中文）：www.westjr.co.jp

宇治

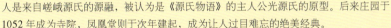

细数京都市周边的观光地，宇治在我心里始终排在首位。无论是古迹还是茶文化，宇治都值得拿出时间慢慢品味。

无与伦比的平等院是宇治的象征。宇治自平安时代初期就是贵族兴建庄园的宝地。平等院所在的地方最初也是庄园，第一任主人是来自嵯峨源氏的源融，被认为是《源氏物语》的主人公光源氏的原型。后来庄园于1052年成为寺院，凤凰堂则于次年建起，成为让人过目难忘的绝美经典。

◆官网（含中文）：www.byodoin.or.jp
◆开放时间：庭园 8 点半～ 17 点半，博物馆 9 点～ 17 点，凤凰堂内部 9 点 10 分开始在凤凰堂售票亭预约，9 点半开始参观，每 20 分钟由工作人员带进一组，每组不超过 50 人
◆门票：庭园＋博物馆 600 日元，凤凰堂内部 300 日元

即使需要排队等候，也千万不能错过凤凰堂的内部参观。堂内有一尊金色的阿弥陀如来坐像，背后的墙壁上画有极乐净土图。左右两侧的墙壁上方原先镶有 52 尊菩萨像，但现在只有一半保留在原位，另一半在博物馆内。菩萨多手执乐器，衣着轻盈飞于云端，很容易让人想到中国的飞天。另外，凤凰堂顶部有两只铜凤凰，殿堂的名字即来源于此。在一万日元纸币上可以看到这个图案。

在平等院之外，宇治还有许多适合散步的地方，比如——

宇治川上由橘岛和塔之岛组成的中之岛。

《源氏物语》"宇治十帖"的纪念雕像，光源氏的孙子匂宫和恋人浮舟在宇治川上乘船。

宇治上神社的本殿是日本现存最古老的神社建筑，为世界文化遗产。

宇治桥与宇治川畔的紫式部像，这里被称作"梦浮桥"广场，"梦浮桥"是《源氏物语》最后一章的题目。

乘坐 JR 和京阪电车都可到达宇治。更多有关宇治的信息，请参考：

>>> 宇治市观光协会（含中文）：www.kyoto-uji-kankou.or.jp

🔴 信步走京都

清水寺

清水寺起源于奈良时代末期的公元 778 年，名字来源于寺内音羽瀑布清冽的泉水，是京都最动人的景点之一，也是远眺京都市区的好地方。如果在京都只能游览一个地方，我会选择清水寺。

寺内最著名的莫过于清水大舞台，由数根柱子支撑在崖边，柱子最高 15 米，最粗直径 2.3 米。日语里有"从清水大舞台飞身跳下"的俗语，代表孤注一掷。

目前看到的清水寺本堂、大舞台等建筑都是江户时代初期的 1631 ~ 1633 年重建的。

官网（含中文）：www.kiyomizudera.or.jp
交通：京都市公交五条坂站或清水道站步行 10 分钟
开放时间：6 点 ~ 17 点半或 18 点（晚间开放日请见官网）
门票：300 日元（晚间 400 日元）

三十三间堂

这里也许是京都带给人最大震撼的地方，其称呼来源于本堂的建筑形制。整个本堂全长约 120 米，正面被柱子分割成 33 间（"间"是日本的计量单位，1 间约等于 1.8 米）。目前看到的本堂是 700 年前修建的。进入本堂，以中间的"中尊"佛像为中心，左右各供奉着 500 尊真人大小的佛像。1001 尊佛像让这里成了京都最隐秘的圣地。

本堂内不能拍照，也禁止大声说话，但这些注意事项也许不用提醒，因为人们恐怕会在进入瞬间震惊得说不出话，甚至难以举起手中的相机。

官网（日文）：www.sanjusangendo.jp
交通：京都市公交博物馆三十三间堂前站，或从京阪电车七条站徒步 7 分钟
开放时间：8 点 ~ 17 点（冬季 9 点 ~ 16 点）
门票：600 日元

金阁寺池边边永远人头攒动，稍不留神就会与别人"合影"。

金阁寺

金阁寺的正式名称是鹿苑寺，属于临济宗相国寺派。前身创建于 1224 年，后由足利义满于 1397 年改造，一度成为日本的政治中枢。1950 年，一个年轻僧人"为保存金阁寺极致之美"放火烧毁了金阁寺，后来三岛由纪夫以此为题写下了著名小说《金阁寺》。寺中金阁共 3 层，其中第 2 层和第 3 层贴着金箔，顶端有镀金的铜质凤凰。

官网（日文）：www.shokoku-ji.jp/k_about.html

交通：京都市公交金阁寺道站

开放时间：9 点 ~ 17 点

门票：400 日元

二条城

二条城是江户时代德川幕府的将军在京都的住所，由德川家康下令建造。1750 年，二条城天守阁遭到雷击化为灰烬，从此没有再建。1867 年，二条城见证了日本历史的重要转折：大正奉还。江户幕府第十五代将军德川庆喜将政权交还给明治天皇，就此奏响了明治维新的序曲。二之丸御殿是如今二条城的精华，是京都最值得参观的地方之一。

官网（含中文）：nijo-jocastle.city.kyoto.lg.jp

交通方式：京都市公交二条城前站，或地铁二条城前站

开放时间：8 点 45 分 ~ 17 点（二之丸御殿 9点 ~ 16 点）

门票：600 日元

伏见稻荷大社

伏见稻荷大社起源于奈良时代初期的公元 711 年。稻荷神是商业繁荣、家庭平安的保护神，形象是一只狐狸。日本有 3 万多家稻荷神社，伏见稻荷大社是总本社。这里的"千本鸟居"最有名，也就是从山下直通山上的橘红色鸟居长廊，经常出现在日本的对外观光宣传片中。下山时可以留意，每个鸟居背后都有公司或是个人的名字，以示他们曾经给神社捐钱。这种"上山向神，下山归人"的对比格外有趣。

从京阪电车伏见稻荷站或 JR 稻荷站下车，可以看到与神社风格一致的车站。如果持有 600 日元的京都市公交 1 日券，也可从京都站乘南 5 路前来，但平均每小时只有 1 班公交，要事先掌握好时刻表。

官网（含中文）：inari.jp

北野天满宫

创立于公元 947 年，祭祀对象是学问的象征——菅原道真，因此受到学生尤其是考生青睐。菅原道真是平安时代的贵族，身兼学者和政治家，擅长做汉诗。生前最高职位达到右大臣，但后来在宫廷斗争中被嫁祸无名之罪，流放到九州的太宰府，最终客死在那里。在平安时代"和魂汉才"是社会精英的象征，菅原道真正是其代表。北野天满宫的梅花和牛也非常有名。梅花

是菅原道真最喜爱的花，牛则与道真关系密切。

官网（含中文）：kitanotenmangu.or.jp

交通：京都市公交北野天满宫前站，或京福电铁白梅町站步行 5 分钟

贵船 · 鞍马

　　搭乘京都最具特色的叡山电车前往贵船·鞍马地区观光，旅途本身就是享受。从出町柳站出发，可以选择观光列车。为了方便乘客观赏路上的风景，车中一部分座位面朝窗外。红叶季节，电车会经过一段"红叶隧道"，夜晚还会亮灯，氛围非常好。

　　路上经过的一乘寺站是著名的宫本武藏和吉冈一门的决斗地，站台上有标志。吉冈一门最著名的吉冈宪法曾是室町幕府末代将军足利义昭的剑术老师，后来两个儿子清十郎和传七郎继承剑术，但先后死在与宫本武藏的决斗中。据说吉冈一门的数十人为了报仇，集体来到一乘寺与宫本武藏决斗，依旧未能获胜。

　　优雅的贵船神社也许是京都最有气氛、最有韵味的地方，起源年代不详。神社里祭祀的是水神。古时，日本人分别供奉白马和黑马，白马祈祷好天气，黑马祈祷降雨。后来，人们将马的形象画在木板上，代替真正的马，这也就是现在神社中常见的绘马的起源。

>>> 贵船神社官网（日英双语）: kifunejinja.jp
>>> 交通：叡山电车贵船口站步行 20 ~ 30 分钟，或从贵船口站换乘京都府巴士至贵船站

　　从贵船口继续乘坐叡山电车前往终点鞍马站，下车便是鞍马山地区。区域内的鞍马寺有仁王门、多宝塔、本殿金堂等诸多看点，还保存着被列为日本国宝的雕像，入山费500 日元，是京都深度旅行的绝佳选择。这里的鞍马山钢索铁道是日本最短的铁道。

>>> 鞍马寺官网（日文）: www.kuramadera.or.jp

贵船神社的红灯笼参道是京都北部最吸引人的风景。

岚山

一步一景的岚山，需要不吝时间慢慢欣赏。这里的樱花和红叶在全日本都赫赫有名，大小景点更是数不胜数。

世界遗产天龙寺创建于 1339 年，曾屡遭火灾，大方丈、曹源池和百花苑是这里的精华景观。开放时间 8 点半～17 点半，庭园门票 500 日元，诸堂追加 100 日元。

官网（含中文）：www.tenryuji.com

曾在《源氏物语》中出现过的野宫神社因带树皮的黑木鸟居闻名，建议清晨到达，

天龙寺是古建筑与自然的完美结合，值得花时间细细欣赏。

从东向西游览野宫神社和竹林小径，再进入龟山公园，欣赏周恩来总理的诗碑"雨中岚山"，最后走到岚山的象征——渡月桥。

嵯峨野观光铁道（嵯峨野トロッコ列車）即"岚山小火车"，恐怕是外国游客最熟悉的观光列车，可以欣赏保津峡的美丽风光。1 号车到 4 号车为封闭式车厢，车票提前 1 个月起售；5 号车为开放式车厢，车票为当日发售。

官网（含中文）：www.sagano-kanko.co.jp

交通：京福电铁岚山站，或阪急电铁岚山站，或京都市公交岚山站、岚山公园站、阪急岚山站前站、岚山天龙寺前站

龙安寺

创建于 1450 年，以"方丈庭园"的枯山水闻名世界。整个庭园用白沙铺成，15 块石头大致分为 5 组。无论从哪个角度看，都有一块石头被其他石头遮挡。

枯山水是日本室町时代兴起的庭园样式，用沙子、石头和树木等象征性地表现山水景观，是西方人心中对日本"禅"的认识。

一般认为龙安寺的枯山水是想表达母虎扶助小虎过河的场面。也有观点认为，5 组石头象征了中国的五岳，或者是禅宗的五山。

官网（日英双语）：www.ryoanji.jp

交通：京都市公交龙安寺前站，或立命馆大学前站步行 7 分钟，或京福电铁龙安寺站步行 7 分钟

开放时间：8 点～17 点（冬季 8 点半～16 点半）

门票：500 日元

京都历史小景

私房推荐·鸥

在京都的历史长河中，许多看似消失的风景，
其实都能找到它们或鲜明或隐蔽的痕迹。

东寺

以古代京都为舞台的动漫和
影视作品中经常出现的那座
高塔，就是东寺的五重塔，
高 55 米，是日本最高的木
建筑。

`官网`（含中文）www.toji.or.jp

`交通` 京都市公交东寺南门／东门／西门前站，近铁东寺
站步行 10 分钟，京都站步行 15-20 分钟

`开放时间`：5 点～ 17 点半（收费区域从 8 点半开始，冬
季至 16 点半）

`门票` 各个季节门票有别，请参考官方网站

本能寺

1582 年 6 月 21 日，织田信长的家臣
明智光秀起兵谋反，包围了织田信长
当时寄住的本能寺，信长最终在大火
中自杀，这就是"本能寺之变"。本
能寺原址位于油小路通和蛸药师通交
叉路口的东南，现有一块"本能寺迹"
的石碑。现址在寺町通北端路东，内
有织田信长墓。

`官网`（日文）www.kyoto-honnouji.jp

新选组：八木邸

誠

对于熟悉日本历史、动漫、游戏的
人来说，新选组是永恒的热门主题。
1863 年 3 月 16 日，新选组在位于如今四条大宫
壬生寺旁边的八木家成立；同年 9 月 18 日，芹泽
鸭等人在内斗中被斩杀于此地。1864 年 7 月 8 日
夜，当时负责维持京都治安的新选组袭击了在池
田屋集会的长州藩、土佐藩的尊王攘夷志士，一
战成名，近藤勇、土方岁三、冲田总司、斋藤一
等组员变得老少皆知。
如今，讲解员会在八木家中绘声绘色地为参观者
讲述惊心动魄的历史，最后再端上美味的屯所饼。
此外，还可以前往位于鸭川西侧三条路北的池田
屋遗迹，在主题居酒屋中品尝特色料理。

`官网`（日文）www.mibu-yagike.jp

`交通` 阪急电铁大宫站或京福电铁四条大宫站步行
10 分钟，或京都市公交壬生寺道站步行 1 分钟

`开放时间` 9 点～ 17 点

`门票` 1000 日元（附带抹茶和屯所饼）

在京都市区散步是一件很惬意的事。出现在眼前的，可能是久闻大名的寺社，也可能是名不见经传的小景。它们没有等级之分，缺少了任何一方，京都就不再是完整的京都。

京都市区的东部是京都散步的精华。从三年坂到银阁寺，既有古香古色的坂道，又有幽静迷人的小径。可以选择其中一部分慢慢体验，也可以一气呵成来一次精致的暴走。

START!
三年坂·二年坂

从清水寺门前出发，按三年坂、二年坂、一年坂的顺序一路向下，途中还可以看到八坂塔。坂道两侧各种店铺眼花缭乱，浓郁的传统风情满足了每个人对古都的想象。

POINT 2
八坂神社

从石塀小路西入口出来，向北不远就是八坂神社。这也许是京都市内最不可错过的神社，祭祀的素盏鸣尊是日本地位最高的天照大神的弟弟，代表"地祇"，与天照大神的"天神"相对，是神社所在的祇园地区的名称来源。

官网（日英双语）：
www.yasaka-jinja.or.jp

POINT 3
白川·花见小路

从八坂神社西门向西，左右两侧分别是花见小路和白川。白川是最能体现京都韵味的地区之一，石板路、老宅与樱花相互呼应，还有见到艺伎的机会。

POINT 1
石塀小路·宁宁之道

走出一年坂的北口，前方就是宁宁之道，附近可以看到很多人力车夫。石塀小路的东入口位于宁宁之道西侧，这里是"最京都"乃至"最日本"的地方。著名的高台寺则在宁宁之道东侧。

官网（含中文）：
www.kodaiji.com

POINT 4 鸭川或知恩院

　　逛完白川地区，你既可以向西来到鸭川边，结束这段散步，享受河畔的开阔与清凉，也可以向东前往知恩院，那里的三门和本堂均为日本国宝。

官网（日英双语）：www.chion-in.or.jp

POINT 5 南禅寺

　　从知恩院向东北方向步行，就是南禅寺。南禅寺创建于 1291 年，代表佛教中空、无相和无作的"三解脱门"简称"三门"，火灾后重建于 1628 年，和知恩院的三门同属日本的"三大门"。寺内最漂亮的景观恐怕要算琵琶湖疏水道"水路阁"，使用红砖筑成，是明治时期建筑的代表。

官网（日英双语）：www.nanzen.net

交通：京都市公交南禅寺・永观堂道站 / 东天王町站步行 10 分钟，或地铁蹴上站步行 10 分钟

开放时间：8 点 40 分～ 17 点（冬季至 16 点半）

门票：方丈庭园 500 日元，三门 500 日元，南禅院 300 日元

POINT 6 哲学之道

　　从南禅寺向北，经过因红叶闻名的永观堂，就是哲学之道的南入口。哲学之道全长 1.4 公里，名字来源于京都大学著名教授、哲学家西田几多郎（1870～1945），他生前经常在此散步。这里樱花和红叶都非常有名，是体验京都生活氛围的绝佳选择。

GOAL 银阁寺

　　银阁寺的正式名称是东山慈照寺，"银阁寺"一名来源于与之相对的金阁寺。这里的前身是室町幕府第八代将军足利义政于 1482 年开始建造的东山殿，后改为寺院，体现了足利义政终极的美学理想，即"简素枯淡"。

　　银阁寺传达了与金阁寺完全不同的氛围，建议每个旅行者都亲自到两个地方走一走，或许会有别样的对比体会。

官网（日文）：www.shokoku-ji.jp/g_about.html

交通：京都市公交银阁寺道站

开放时间：8 点半～ 17 点（冬季 9 点～ 16 点半）

门票：500 日元

京都的味道

优雅而自负的京料理，美味数不胜数。这里推荐的两家，不用花费太多，
便能品尝到京都味道的神髓。

猪田咖啡（イノダコーヒー）

　　"京都的早晨，从猪田咖啡的香气
开始。" 1940 年创业的猪田咖啡，已
经成为很多京都老饕心中最难割舍的
味道。尽管从京都最拥挤的清水寺三
年坂到东京寸土寸金的丸之内，都有
猪田咖啡分店的身影，但最值得拜访
的还是位于京都道祐町的本店。来一
杯"阿拉伯的珍珠"咖啡，再点一份
"京都早餐"或炸牛排三
明治，就能慢慢品味出
只有京都才有的氛围。

◆地址：京都府京都市中京区堺町通三条
　　　　下道祐町 140
◆交通：京都地铁御池乌丸站步行 10 分钟
◆官网（日英双语）：www.inoda-coffee.co.jp

稻（稲）

◆地址：（本店）京都市右京区嵯峨天
龙寺造路町 19，（北店）京都市右京
区嵯峨天龙寺北造路町 46-2
◆交通：岚山各站步行 3 到 10 分钟
◆官网（含中文）：
　www.kyo-ine.com/tofu

　　位于岚山地区的"稻"分为本店和北店，
本店就在天龙寺大门对面，北店则要再往北
走两三分钟。店内的各种套餐基本在 1600
日元到 2200 日元，包括豆腐衣、"飞龙头"
（将豆腐捣碎后与胡萝卜、莲藕、牛蒡等混
在一起炸制）、面筋田乐、汤豆腐、豆奶茶
碗蒸等多道美味的豆腐料理，店家自制的蕨
根粉饼更是味道惊艳。在岚山观光，千万不
要忘了在这里享用豆腐带来的惊喜。

私房推荐·观

大原三千院

如果你已经对京都市内那些热门景点的拥挤人潮感到烦躁甚至恐惧，那么完全可以多花一点儿交通时间，去探索位于京都市北部郊区的大原。

大原三千院的历史可以追溯到公元782～806年，据传由最澄创建于比叡山东塔南谷的一棵大山梨树下。后来寺址几经转移，寺名也数次改变。明治4年，三千院这一寺名得以确定，并在大原"安家落户"，成为京都市郊东北的一处清静之地。

即使在最热闹的旅行旺季，从大原公交站走向三千院的10分钟路程仍然会让人感到从容自在。在售票处买好门票后，参观者首先要脱掉鞋子，参观客殿、中书院和宸殿内部，再重新来到室外，感受有清园、聚碧园和往生极乐院组成的庭园之美。都说红叶季节是大原三千院最美的时候，但其实无论什么时候来这里，都能感受到大自然缤纷而绝妙的色彩组合。

地藏是大原三千院的象征。人们可以在境内的两个区域找到地藏可爱的身影：一组位于往生极乐院南侧的弁天池旁边，另一组位于石佛附近。地藏们大多已经在三千院内静立多年，身体斑斑驳驳，表面覆满了苔藓。但岁月的痕迹丝毫没有影响到它们的俏皮，有的托腮冥想，有的相依相偎，甚至还有的怀抱猫咪，不禁让人感叹连佛门净地都抵挡不住喵星人的入侵。严肃的寺院或许只能引起一部分人的参观兴趣，但是一旦有了可爱的地藏，整座寺院就会瞬间变得活泼起来，让更多人乐在其中。

说到活泼，大原三千院确实没有辜负人们的期待，不但以地藏为招牌，还专门为小朋友设计了6个盖章处，不同的印章上刻着不同的梵文，鼓励小朋友们走遍境内的每一个角落。我当时之所以会来参观大原三千院，也是女儿的主意——不到5岁的她，一眼就看中了旅行手册上三千院的地藏图片。而实际一来，发现不止有地藏，还有寺院中少见的对小朋友的关照。如此愉快的体验，自然会赢得跨越年龄的好感。

>>> 官网（日英双语）：www.sanzenin.or.jp
>>> 开放时间：9点～17点（冬季至16点半）
>>> 交通：从京都地铁国际会馆站乘坐京都市公交19路，或从京都站/出町柳站乘坐京都市公交17路至大原下车，步行10分钟
>>> 门票：700日元

如何欣赏神社

神社是日本最有特色的宗教建筑，也是日本人生活中不可缺少的一部分。在日本旅行时，很多人都会选择参观一些重要的神社，走在路上也经常与各种小神社擦肩而过。即使是不太了解神道教历史和日本神话的一般旅行者，也可以从以下几个方面体验到参观神社的乐趣。

①鸟居：象征着神社的入口，是神域与人间的分界线。如果按照基本形状划分，横柱与地面平行的为"神明鸟居"，上方横柱有弧度且中间有匾额的为"明神鸟居"。如果再按细节分，这两大类鸟居还可以分成若干种类。鸟居以木质为主，也有石质和铜质。

②拜殿：是参拜神社时向神明祈福的地方。人们一般都会站在拜殿前向钱箱内投钱、摇绳，并鞠躬、拍手，完成祈福之礼。与本殿相比，拜殿往往建得更大。但并不是所有神社都有拜殿，如伊势神宫、春日大社就没有。拜殿通常是人们能来到的最接近本殿的地方，因为各个神社的本殿基本不对外开放。

③本殿：神社的核心建筑，安放着宿有神灵的神体，不以人能进入为前提，往往规模较小。本殿的建筑样式多种多样，比较著名的有神明造（伊势神宫）、入母屋造下属的吉备津造（吉备津神社）和香椎造（香椎宫）、春日造（春日大社）、大社造（出云大社）、住吉造（住吉大社）等。伊势神宫本殿被称为"唯一神明造"，其建筑样式禁止其他神社使用。

④绘马：即神社里供人们写下心愿的木板，也许是神社里最让人感到亲切的元素。有一定规模的神社至少提供两种绘马，一种绘有当年的生肖，另一种则绘有代表该神社特色的图案。对于旅行者来说，绘马既可以用来祈福，也是很有特色的纪念品。

祈福前，先要在神社的净手处净手。净手处一般设有水池和长柄木勺。首先，用右手拿木勺舀水清洗左手，再换成左手拿木勺舀水清洗右手。其次，用右手拿木勺舀起水，倒入左手中，用手里的水漱口，千万不能直接用木勺往嘴里送水。最后，再次用右手拿木勺水清洗左手，然后将木勺垂直，用勺中剩下的水清洗长柄后放回原处。

来到神社的拜殿前，先要往钱箱里投入硬币，表示向神社奉纳钱财。然后两手抓住钱箱上方垂下来的粗绳子，使劲晃动三次，可以听到绳子上端的铃铛发出清脆的响声。投钱、摇绳后，就要行"二拜二拍手一拜"的礼仪，即面向拜殿先鞠两个躬，然后直起身子在胸前拍手两次，在心中默念愿望，最后再鞠一躬。

如果想购买护身符等，可以在上述礼仪完成后购买。其中有两样要注意：一是绘马，购买时工作人员一般会询问是否立即要写，如果不写，就将绘马装进袋子里出售，如果写，会交给购买者，可以到旁边专门绘绘马的地方（提供笔）写下心愿，挂在绘马处。二是抽签，如果抽到好签就要带走，如果抽到"凶"，就要系在神社里专门系下签的地方。

参观神社不妨从二十二社中选择。这一概念正式确立于公元1081年，囊括了当时近畿地区最重要的二十二座神社。如今它们有盛有衰，但都是日本神道教文化的代表。

上七社：伊势神宫、石清水八幡宫、贺茂神社（包括上贺茂神社和下鸭神社）、松尾大社、平野神社、伏见稻荷大社、春日大社

中七社：大原野神社、大神神社、石上神宫、大和神社、广濑大社、龙田大社、住吉大社

下八社：日吉大社、梅宫大社、吉田神社、广田神社、八坂神社、北野天满宫、丹生川上神社、贵船神社

大 阪

在大阪，你可能会……

登上现代化的大阪城天守阁，遥想当年的风起云涌。

不怕烟熏火燎，看师傅在滋滋作响的铁板上煎一份香气扑鼻的大阪烧。

从天王寺走到通天阁，在小巷里的炸串儿餐厅体味几十年的光阴。

迷失在心斋桥和道顿堀的人潮中，买买买直到商家打烊。

到环球影城或海游馆放空自己，沉浸在欢脱的世界中。

以及，更多属于你的大阪。

📺 大阪交通

在大阪旅行，可能会乘坐以下交通工具。想要了解各种路线、车站和优惠券的最新信息，进入各个官网就能看到。

JR 大阪站所在的综合商业设施"大阪站城"。

交通枢纽

大阪有 3 个交通枢纽，从北到南分别是新大阪、大阪和难波。其中，大阪又叫梅田，只是不同的轨道交通公司称呼不同。

新大阪的规模没有大阪和难波大，主要用于停靠新干线，从这里可以换乘普通的 JR 和地铁。大阪（梅田）是北部真正的交通枢纽，JR、地铁、阪神电车、阪急电铁等在此交汇。难波是南部交通枢纽，汇集了 JR、地铁、南海电铁、近畿铁道等。

大阪府内轨道交通

①地铁

大阪地铁共有 8 条路线，密度不逊于东京，是市内最主要的交通方式。单程 190 日元起，1 日券 820 日元（周末及法定假日 620 日元，含 NEW TRAM 和公交）。

官网（含中文）：www.osakametro.co.jp

此外还有一条不属于地铁的南港 PORT TOWN 线，爱称 NEW TRAM，但路线图和地铁画在一起，车费也一起计算，详细信息可查询官网。

②阪堺电车

大阪唯一的路面电车，单一票价 230 日元，1 日券 600 日元。路线呈 Y 字形，住吉站是核心换乘站。新世界·通天阁和住吉大社是阪堺电车途经的最主要观光地。

官网（含中文）：www.hankai.co.jp

③大阪单轨电车

位于大阪市北部，是收入吉尼斯世界纪录的世界最长单轨电车，单程 200 日元起。本线可达大阪伊丹机场和万博纪念公园（即世博会纪念公园），可在千里中央站换乘地铁进入大阪市区。另一条彩都线则从万博纪念公园站分出。

官网（含中文）：www.osaka-monorail.co.jp

大阪周边及城际轨道交通

① JR

大阪市内的 JR 也像东京山手线一样形成了一个大圆圈，叫"大阪环状线"。此外的 JR 路线主要呈放射状，向西开往神户和宝塚，向北是京都，向东是奈良，向南则是关西国际机场与和歌山。

官网（含中文）：www.westjr.co.jp

②京阪电车

连接京都、大津和大阪，在大阪的主要车站有淀屋桥、北滨、天满桥、京桥等。

官网（含中文）：www.keihan.co.jp

③阪急电铁

连通大阪、京都和兵库。梅田是阪急电铁最主要的车站。阪急电铁还出售和阪神电车共通的 1 日券，是前往神户观光的好选择。

官网（含中文）：www.hankyu.co.jp

④近畿铁道

简称近铁，在大阪的主要车站有难波、大阪上本町、鹤桥、大阪阿部野桥等，前往京都、神户、奈良和伊势都很方便。

官网（含中文）：www.kintetsu.co.jp

⑤阪神电车

连接大阪和神户，有阪神本线、阪神武库川线和阪神难波线 3 条路线。其中阪神本线是主干线路，西至神户元町站连接神户高速线，东至梅田与 JR、大阪地铁换乘，中途经过甲子园、三宫等重要站点。单程 160 日元起。

官网（含中文）：rail.hanshin.co.jp

⑥南海电铁

JR 之外连接关西国际机场和大阪市区的交通方式，有南海本线和高野线两条主线以及多条支线，是前往和歌山县名胜高野山的最重要线路，也可以前往和歌山市。单程 160 日元起，难波往返高野山的特急 2 日优惠券 3630 日元。

官网（含中文）：www.nankai.co.jp

信步走大阪

大阪城天守阁

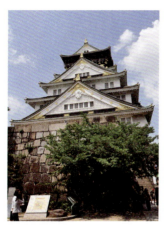

大阪城由丰臣秀吉主持修建。在德川家康崛起后，丰臣家族迎来了灭亡。1614 年的大阪冬之阵以议和告终，却未能阻止德川家康的脚步。1615 年，大阪夏之阵打响，丰臣家族从此告别历史，大阪城也在战火中烧毁。后来，大阪城屡建屡毁，已几乎不剩任何"古迹"，天守阁也是 1931 年重建的，虽然外观复古，但内部是标准的现代化建筑。

天守阁所在的大阪城公园还包括诸多观光设施，如西之丸庭园、大阪市立博物馆等，很适合家庭出游。

官网（含中文）：www.osakacastle.net

交通：地铁谷町四丁目站、天满桥站、森之宫站、大阪商务公园站，或 JR 森之宫站、大阪城公园站、大阪城北诘站，或京阪电车天满桥站

开放时间：9 点～ 17 点

门票：600 日元

四天王寺

四天王寺是"日本最古老的官方佛寺"，《日本书纪》中详细记述了其创建过程。公元 6 世纪左右，日本有两大势力：苏我氏和物部氏。苏我氏是"崇佛派"，提倡发展佛教，而物部氏则排斥佛教。两氏因此兵戈相向。此时著名的圣德太子站在苏我氏一方，并发誓只要苏我氏获胜，必为四天王造像，建立寺院供奉起来。后来苏我氏获胜，四天王寺也就按圣德太子的意愿动工兴建。

如今四天王寺中心伽蓝内的五重塔是 1959 年重建的第八代五重塔。

官网（日文）：www.shitennoji.or.jp

交通：地铁四天王寺前夕阳丘站步行 5 分钟、天王寺站步行 12 分钟，或 JR 天王四站步行 12 分钟，或近铁阿部野桥站徒步 14 分钟

开放时间：8 点半～ 16 点半（冬季至 16 点）

门票：中心伽蓝 300 日元，宝物馆 500 日元，庭园 300 日元

住吉大社

　　全日本约 2300 座住吉大社的总本社，主要祭祀神功皇后和合称住吉大神的底筒男命、中筒男命、表筒男命。神功皇后是仲哀天皇的皇后，根据日本现存最古文献《古事记》和《日本书纪》的记载，神功皇后时常被神灵附体，为神代言，是古代日本在引入律令制之前，也就是女性的政治和宗教地位尚未衰落之前最著名的"女王"。

　　可以特别留意模仿彩虹建造的反桥，象征着连接神界与人间。川端康成曾在《反桥》中写道："比起登桥，下桥时更可怕。"

官网（含中文）www.sumiyoshitaisha.net

交通：南海电铁住吉大社站步行 3 分钟、住吉东站步行 5 分钟，或阪堺电车住吉鸟居前站、住吉公园站步行 2 分钟

开放时间：6 点～ 17 点

道顿堀·心斋桥·美国村

　　商业天堂大阪最热闹、最有人气的逛街区域，就集中在道顿堀、心斋桥和美国村。假日期间这几个地方人山人海，密集程度让人绝望。但无论是否对购物感兴趣，都应该去看一看，很多标志性画面，比如道乐的大螃蟹、赤鬼的章鱼烧和格力高的广告牌，都是大阪文化的象征，也是体验大阪时不可或缺的一部分。

　　如果时间充裕，可乘坐道顿堀游船，换个角度观察这片商业圣地。也可乘坐大型折扣店"堂吉诃德"形状独特的摩天轮，从高空俯瞰大阪的繁华。

道顿堀交通：地铁或近铁日本桥站、难波站

心斋桥交通：地铁心斋桥站、四桥站

美国村交通：地铁心斋桥站、四桥站、难波站，或近铁、阪神电车、JR 难波站

新世界·通天阁

1903 年召开的劝业博览会是新世界繁荣的起点。崇拜西方的日本人选择了巴黎的埃菲尔铁塔作为模仿对象，建成了第一代通天阁。二战后的 1956 年，第二代通天阁重建，新世界在日本经济复苏与发展中维持着人气，直到 20 世纪 90 年代后逐渐受到冷落，成了"昔日繁华街"的代表。现在，这里是怀念旧大阪的好地方，也是体会大阪平民市井风情的绝佳去处。

新世界地区信息网（日文）：shinsekai.net

通天阁官网（含中文）：www.tsutenkaku.co.jp

交通：地铁惠美须町站步行 3 分钟、动物园前站步行 10 分钟，或阪堺电车惠美须町站步行 3 分钟，或 JR 新今宫站步行 10 分钟

通天阁：开放时间 9 点～21 点，门票 900 日元

万博纪念公园

1970 年，世博会首次在日本举行，与 1964 年的东京奥运会一起成为日本经济腾飞的标志。世博会结束后，绝大部分临时场馆都被拆除，只留下标志性建筑太阳塔，高 65 米，由日本著名艺术家冈本太郎设计，由于形状过于奇特，建成时曾受到不少诟病。

如今的万博纪念公园中有世博展馆、日本庭园、自然文化园和国立民族学博物馆等设施，非常适合一家人旅行。

官网（含中文）：www.expo70-park.jp

交通：大阪单轨电车万博纪念公园站

世博展馆：开放时间 10 点～17 点，门票 210 日元

日本庭园：开放时间 9 点半～17 点，与自然文化园通票 260 日元

自然文化园：开放时间 9 点半～17 点

国立民族学博物馆：开放时间 10 点～17 点，门票 580 日元

梅田小散步

梅田是大阪的交通枢纽。在旅行者看来，梅田等于复杂的大型车站和成片的购物区。其实钻进小巷，充满大阪风情的小街小景同样让人流连忘返。

曾根崎阿初天神通

这条带顶棚的商店街在繁华的梅田地区边缘，朴素而平易近人。街道形成于二战后，餐厅林立，充满市井风情，又不像新世界那么"土著"，第一次到访大阪也能轻松融入其中。

◆官网（含中文）：
www.ohatendori.com
◆交通：地铁东梅田站、梅田站、西梅田站，或阪急电铁、阪神电车梅田站，或 JR 大阪站，步行 5 到 10 分钟

北侧入口的阿初头像是商店街的象征。

下午的商店街，安静中透着家的温馨。

4 月樱花季刚过，境内的玉津稻荷神社还残留着樱花的影子。

◆官网（日英双语）：
www.tuyutenjin.com
◆交通：地铁东梅田站、梅田站、西梅田站，或阪急电铁、阪神电车梅田站，或 JR 大阪站、北新地站，步行 5 到 10 分钟

从形状到图案，绘马的每一个细节都讲述着爱的故事。

露天神社

据说有 1300 年历史，但真正让这里闻名日本的是 1703 年的阿初与德兵卫的故事。德兵卫是酱油店的二掌柜，因拒绝家人安排的婚约，后来又遭到朋友背叛，被逼至绝境，与恋人阿初在露天神社的树林中殉情。后来，近松门左卫门以这一事件为题材，创作了净琉璃《曾根崎心中》（"心中"意为殉情），歌舞伎也有同名剧目。

如今，这里被人亲切地称为"阿初天神"，是梅田一带赏樱的好地方，也是远近闻名的"恋人圣地"。

奈　良

在奈良，
你可能会……

去东大寺仰望大佛，并吐槽大佛殿的混乱和周边商品的戏谑。

在无与伦比的唐招提寺凭吊鉴真，再郑重地走进法隆寺的大门。

在小鹿们的包围中勇敢地购买小鹿仙贝，当然要提前收好贵重物品以免被吃掉。

尝一块朴素的柿叶寿司，喝一碗清淡的奈良茶粥。

在吉野山徒步，享受漫山遍野的樱花天国。

以及，更多属于你的奈良。

>> 奈良市观光官网（含中文）：narashikanko.or.jp

🖥 奈良交通

在奈良旅行，你可能会乘坐以下交通工具。想要了解各种路线、车站和优惠券的最新信息，进入以下各个官网就能看到。

近畿铁道

简称近铁，是奈良县内最主要的轨道交通，连接奈良市、天理、飞鸟、吉野、橿原神宫等地。近铁奈良站位于奈良公园西侧，出站后可步行前往东大寺、春日大社、兴福寺等奈良公园内的各个重要景点，比 JR 奈良站更方便。提供各种从周边前往奈良的优惠券。

官网（含中文）：www.kintetsu.co.jp

JR

JR 奈良站位于近铁奈良站西南方向，两站间步行约 20 分钟。JR 主要前往天理、樱井、高田、亩傍等地，属于深度游览线路。前往法隆寺也可以选择 JR 至法隆寺站下车后步行 20 分钟或换乘公交。

官网（含中文）：www.westjr.co.jp

公交

从近铁奈良站和 JR 奈良站前的公交总站都可以乘坐公交车前往奈良市内及奈良县内各地包括奈良公园、西之京、斑鸠等景点集中区域。

官网（含中文）：www.narakotsu.co.jp

📷 信步走奈良

东大寺

东大寺的历史就是日本全面接受佛教的历史。佛教的引入与普及改写了日本历史，成为日本文化中不可或缺的重要元素。

东大寺的前身金钟寺于公元 733 年建成。公元 749 年，东大寺的大佛开始铸造，克服重重困难后于 752 年举行了"开眼会"，外围的大殿也在 758 年竣工。

东大寺数次遭受战火袭扰，目前看到的大佛殿是建于 1709 年的第三代大佛殿。建议大家尽量在人少时去东大寺参观，才能感受到奈良时代的氛围。

东大寺官网（含中文）：www.todaiji.or.jp

交通：近铁奈良站步行 20 分钟，或巴士大佛殿春日大社前站步行 5 分钟

开放时间：东大寺 7 点半～17 点半（冬季 8 点～17 点），博物馆 9 点半～17 点半（冬季至 17 点）

门票：东大寺 600 日元，博物馆 600 日元，通票 1000 日元

春日大社

日本大约 1000 家春日神社的总本社。起源于公元 710 年，最初是藤原氏祭祀自家氏神的地方，公元 768 年形成共祭四神的局面，主要的社殿也在那时建造完成。历史上藤原氏最兴盛的时代，也是春日大社地位最高的时代。

宝物殿位于二之鸟居附近，展览内容会定期更换，但每次都是日本国宝级文物，很值得一看。万叶植物园则汇集了《万叶集》中登场的各种植物，还有春日荷茶屋，每月提供不同风味的应季万叶粥。

官网（含中文）：www.kasugataisha.or.jp

交通：近铁奈良站步行 25 分钟，或巴士春日大社本殿站

开放时间：本殿 6 点～18 点（冬季 6 点半～17 点），宝物殿 9 点～17 点，万叶植物园 9 点～17 点（冬季至 16 点半）

门票：本殿 500 日元，宝物殿 400 日元，万叶植物园 500 日元

唐招提寺

公元733年，普照和荣叡以"留学僧"的身份来到中国。742年，他们第一次在扬州的大明寺见到了鉴真。日本一直没有可以正式传戒的高僧，因此普照和荣叡询问鉴真，能否给他们推荐一位高僧，和他们一起回日本。但鉴真的弟子中没有人愿意去。结果鉴真决定自己接受邀请，前往日本，由此开始了漫长的东渡过程。

直到753年，鉴真经历了6次东渡，其中遭遇了各种困难，甚至在第5次时漂流到海南岛。当初邀请他的普照和荣叡，一个病死，一个离他北上。753年，鉴真终于渡日成功，并于次年来到了当时的都城奈良。那时，他已经双目失明。

在日本，鉴真度过了他人生的最后10年，为诸多皇族受戒，并正式制定了日本佛教的戒律，成为日本众僧尼的统领。他最初住在东大寺，759年搬至新创建的唐招提寺，这也使得唐招提寺从最开始就占据日本佛教"最高学府"的地位。763年，鉴真在唐招提寺圆寂。

唐招提寺金堂及堂内的卢舍那佛坐像、药师如来立像、千手观音立像等，都是日本的国宝。后方的讲堂也是日本国宝，原先是平城宫内的东朝集殿，后移至唐招提寺，是留存至今的唯一一座奈良时代宫廷建筑。安置鉴真雕像的御影堂则只在每年6月5日到7日对外开放。

春天是唐招提寺最美的季节，可在供华园欣赏来自鉴真故乡扬州的琼花。鉴真墓位于唐招提寺东北角，静谧清雅，鉴真能在这里长眠，让人欣慰。

>>> 官网（含中文）：www.toshodaiji.jp
>>> 交通：近铁西之京站步行10分钟，或公交唐招提寺站
>>> 开放时间：8点半～17点
>>> 门票：1000日元

药师寺

　　天武天皇开创的药师寺紧邻唐招提寺，是世界文化遗产。东塔是药师寺里唯一从奈良时代留存至今的建筑物，属于日本国宝。塔高约 34 米，是日本第四高的五重塔（大修预计 2020 年 4 月结束）。安置于金堂中的国宝药师三尊像是不折不扣的精品，大概制作于飞鸟时代后期到奈良时代，是药师寺的另一大看点。

官网（日文）：www.nara-yakushiji.com
交通：近铁西之京站，或公交药师寺站、西之京站、药师寺东口站
开放时间：8 点半～ 17 点
门票：1100 日元（玄奘三藏院不开放时为 800 日元）

法隆寺

　　法隆寺创建于公元 607 年，1400 多年来一直保持着建成时的样子，是日本第一处进入世界文化遗产名录的古迹。其中的西院伽蓝是世界现存最古老的木造建筑群，包括安放法隆寺本尊·金铜药师如来坐像的金堂和日本最古老的五重塔。就我个人的感受来讲，法隆寺在美感上并不占有优势，但它实在太古老，以至于不用逐一介绍每座建筑的价值，因为几乎每座建筑都是日本国宝。

　　东院伽蓝的核心是梦殿，是为纪念圣德太子而修建的。殿中安放着传说与圣德太子等身大小的救世观音像。

官网（日英双语）：www.horyuji.or.jp
交通：从 JR 法隆寺站步行 20 分钟或乘公交至法隆寺门前；从 JR 或近铁奈良站乘公交至法隆寺前
开放时间：8 点～ 17 点（冬季至 16 点半）
门票：1500 日元

从近铁奈良站向东走上几步，就进入了开放式的奈良公园。这里是奈良文化的中心，更是鹿的天堂。大多数游客会止步于东大寺的参观以及与小鹿的互动，匆匆半日就离开，有时还会困扰于游客过多。其实稍微多花一些时间，走向公园的深处，就可以远离喧闹，享受到只有奈良公园才有的、被古迹环抱的美好世界。

奈良公园指南（含中文）：www3.pref.nara.jp/park

如果既不想错过东大寺和春日大社等必看景点，又想深度探访奈良公园，建议一大早6、7点就迎着晨光出发，用1天时间完成这样的散步路线：

东大寺→戒坛堂→正仓院→钟楼→二月堂→法华堂（三月堂）→若草山→春日大社→奈良国立博物馆→兴福寺

戒坛堂、法华堂（三月堂）：开放时间、门票、官网同东大寺

二月堂：免费，全天开放（夜间注意保持安静）官网同东大寺

若草山：150日元 每年3月第3个周六到12月第2个周日可以登山

兴福寺：9点～17点，国宝馆·东金堂通票900日元，中金堂500日元

官网（含中文）：www.kohfukuji.com

奈良国立博物馆：9点半～17点，700日元（特别展另付）。

官网（含中文）：www.narahaku.go.jp

◀ 二月堂曾3次毁于大火，目前的建筑完成于1669年，是日本的国宝，最有名的是每年3月13日凌晨1点半左右举行的"お水取り"仪式，这项仪式是法会"修二会"的最重要环节，法会从公元752年以来每年举行，从未间断。

◀ 兴福寺是奈良公园的重要景点中距离近铁奈良站最近的一个，前身是位于飞鸟的"厩坂寺"，随着迁都而移到奈良，是法相宗的大本山，收藏有诸多珍贵佛像。国宝东金堂和五重塔也是奈良的标志之一。

▲ 从法华堂继续向南，就会看到若草山的售票处。登山道平缓又不单调，半小时足以悠闲登顶。从山顶可以俯瞰巨大的东大寺大佛堂顶部。

129

奈良县乡野散步

在历史悠久的奈良，有很多安静而又生动的散步道。从奈良市郊区到奈良县的乡间，每一条散步道都诉说着一千多年来的历史沉浮。没有奈良就没有京都，没有后来为世界所知的日本。深入奈良的乡间，才能感受到奈良的真正魅力。

飞鸟散步

"飞鸟时代"即公元 592～694 年，飞鸟地区先后建过诸多皇家宫殿，是当时日本政治、文化的中心，佛教文化更是在飞鸟时期得到了巨大的发展。

乘坐近铁在飞鸟站下车，徒步结合周游巴士，可以用半天到 1 天时间轻松参观飞鸟。

◆巴士参考：www.narakotsu.co.jp/rosen/ticket/asuka_free.html
◆飞鸟京观光协会（日英双语）：www.asukakyo.jp
◆国营飞鸟历史公园（含中文）：www.asuka-park.jp

散步 / 乘车路线 ▶ 飞鸟站 ▶ 高松塚 ▶ 天武天皇·持统天皇陵 ▶ 橘寺
▶ 川原寺遗迹 ▶ 飞鸟寺 ▶ 石舞台古坟 ▶ 冈寺

橘寺相传是圣德太子建立的七大寺之一，本堂外有象征圣德太子的马。圣德太子又名厩户皇子，传说他是在马厩里出生的。圣德太子诞生地的纪念碑则在寺外。开放时间：9 点～17 点，门票：350 日元

冈寺据说是在英年早逝的草壁皇子（662～689 年）生前居住的冈宫遗址上建立的。目前看到的仁王门建于 1612 年，本堂建于 1805 年，里面安放着如意轮观音坐像。寺内的鲜花很美，还可以俯瞰飞鸟地区。开放时间：8 点～17 点（冬季至 16 点半），门票：300 日元

飞鸟寺是日本最古老的寺院之一，由苏我马子创建，曾兴盛一时。本堂内的飞鸟大佛最初铸造于公元 606 年，后来毁于雷劈，现在的大佛只有个别部分来自最初的铸造。大佛长脸、杏核眼，是当时佛像的典型特征。开放时间：9 点～17 点半（冬季至 17 点），门票：350 日元

石舞台古坟位于国营飞鸟历史公园内，是日本最大的方形古坟。如今人们看到的是巨石垒成的墓室，称为"横穴式墓室"。但是当初，墓室是被埋在坟包里的。目前最有力的说法认为墓主人是苏我马子。开放时间：8 点半～17 点，门票：250 日元

山边道散步

　　山边道，日文写作"山辺の道"，是日本最古老的道路之一，全长约35公里，途经天理、樱井、三轮等地，古迹遍布，几乎都有千余年的历史。整条步道宁静、朴素，是体验截至奈良时代的古日本文化及日本当代乡间风光的最佳选择。

　　在山边道徒步，可以配合沿线的JR，将铁道之旅与徒步相结合，哪怕只有1天时间，也可以选择感兴趣的古迹体验山边道某一区间的风情。可从当地官网下载徒步地图，一路上也要注意路边的指示牌。

◆天理市观光协会（日文）：kanko-tenri.jp
◆樱井市观光信息（日文）：sakurai-kankou.jimdo.com
◆橿原市观光协会（日英双语）：www.kashihara-kanko.or.jp

散步路线（最佳区间）　天理站　▶　石上神宫　▶　永久寺遗迹　▶　大和神社　▶　长柄站　▶　三轮站　▶　大神神社　▶　三轮站　▶　畝傍站　▶　藤原京遗址　▶　大和三山

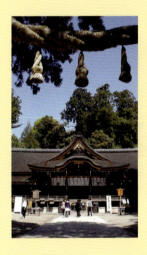

　　石上神宫是日本最古老的神社之一，祭祀的是古代日本重要氏族物部氏的总氏神。鸡是石上神宫的象征，不少鸡在境内自由散步。目前看到的楼门建于1318年，拜殿建于1018年，是日本最古老的神社拜殿。

　　大神神社祭祀大物主神，没有实体的本殿，而是将拜殿背后的三轮山作为神体。从JR三轮站铁轨上方的通道向两侧看，一侧是三轮山，另一侧则是作为神社真正入口的巨大鸟居。

　　站在藤原京遗址中央，可以眺望"大和三山"，即北面的耳成山、西面的亩傍山（畝傍山）和东面的天香久山。"三山"是三座小山包，但在历史上地位非常重要，《万叶集》中有"顾我大和国，群山紧相连。唯有香具山，秀美非一般"的诗句。

奈良町

　　奈良町位于近铁奈良站以南，街区内可以看到不少江户时代末期的町家房屋，样式十分传统，门面窄，但进深很长，朝向街道的格子窗起到了很好的隐蔽作用，外人无法看见室内，屋里的人却能清晰地看到街头的情形。整个地区游客稀少，古朴宁静，一些别具一格的小景点和餐厅、商店点缀其中，非常适合散步休闲，度过充满古都风情的奈良假日。

>>> 官网（日文）：www.naramachiinfo.jp

奈良町资料馆：可以看到从江户到明治时代奈良町居民生活用具和民俗文化资料。🕐 10点～16点　💴 免费

庚申堂：奈良的庚申信仰源于1300年前人们祈祷自己能远离疾病之苦，如今屋檐下挂着无数红色的"身代申"，人们把愿望写在上面。

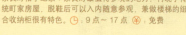

奈良町格子之家：奈良町最值得参观的地方，再现了传统町家房屋，脱鞋后可以入内随意参观，兼做楼梯的组合收纳柜很有特色。🕐 9点～17点　💴 免费

御灵神社：祈求良缘的神社，可爱的心形绘马让人印象深刻。如果在4月到访，一定要看看境内华丽的八重樱。🕐 9点～17点　💴 免费

　　到了奈良，一定要品尝柿叶寿司，最推荐的当属1861年开业的老字号平宗。可以外带经典的鲑鱼和青花鱼柿叶寿司，也可以在店内品尝包含著名的奈良茶粥在内的各种套餐。堂食店位于奈良町，另有外卖店位于近铁奈良站东侧和JR奈良站。

>>> 官网（含中文）：www.hiraso.jp

奈良经典路线·吉野山

吉野山是日本妇孺皆知的赏樱胜地，也是世界遗产"纪伊山地的灵场与参诣道"的一部分，以"一目千本"的樱花闻名，就是"一眼可以看到上千棵樱花树"。这里的樱花季游人如织，但如果选工作日前往，比起京都的热门景区还是要舒适得多。

近畿铁道是通往吉野山的唯一轨道交通。旅行者需要在近铁吉野站下车，然后换乘吉野山空中缆车或步行上山。缆车单程 3 分钟、450 日元，往返 800 日元。平日里，常规的巴士在山下的吉野神宫到山上最深处的奥千本口间运营，但在樱花季和其他特殊活动间会有所变更，其中樱花季只往返于竹林院前和奥千本口，且中途不停，单程 400 日元。详细信息可参考官网。

吉野山观光协会（日英双语）：www.yoshinoyama-sakura.jp

简朴的近铁吉野站是近铁吉野线的终点。从站台上就可以看到山上的樱花。

出近铁吉野站直走 1 分钟就是缆车站，罐头般的车厢摇摇晃晃忙碌不停。

我的吉野山一日路线

←到达吉野山的最大亮点：雄伟壮观的世界遗产金峰山寺。这里拥有 1300 年的历史，本堂藏王堂是日本的国宝，气势不输给东大寺。直到 2022 年，堂内一般不公开的 3 尊蓝色金刚藏王权现立像都会定期开放（包含樱花季）。🕐 藏王堂 8 点半～16 点半 💴 藏王堂 800 日元（特别开放 1600 日元）

↑如果在樱花季节来到吉野山，不妨沿缆车站旁边的"七曲坂"徒步上山。这条路坡度平缓，沿途正好穿越"下千本"区域，樱花漫天，只需 20 到 30 分钟就能走完。

→离开藏王堂，继续沿热闹的街道向前，几分钟后就会看到世界文化遗产吉水神社的鸟居。在日本的南北朝时代（1336-1392），这里曾是南朝后醍醐天皇的御所，书院保存至今，内部再现了当年的布置。同时，这里也是热门赏樱地。境内可以看到中千本到上千本的壮观樱花林，参道旁还可回望樱花掩映的藏王堂。🕐 9 点～17 点 💴 神社 200 日元，书院 400 日元

↑到达山上后，首先要穿过吉野山的总门"黑门"，再从高大的青铜鸟居下经过，这一段路不过 10～15 分钟，但两旁的店铺肯定会让不少人驻足。

133

↑吉水神社鸟居两旁有很多餐厅，可以在这一带吃午饭。葛粉乌冬面、柿叶寿司和葛粉甜点是这里的"必食"。

↑从吉水神社继续步行5～10分钟，就是竹林院前巴士站。在樱花季，可以从这里乘坐中巴直达奥千本口，但需要留出半小时以上的排队时间。

↑在奥千本口下车，爬上一条陡坡，就是世界文化遗产金峰神社，如今这里显得孤零零的，鸟居上挂的"修行门"匾额倒是让人印象深刻。⏰ 7点～16点 ¥ 义经藏身塔200日元

←在吉野山散步，上山会感到疲惫，但下山格外轻松，推荐上山坐车下山步行。从奥千本口穿越参天树林，可以在安静清凉中走上30分钟，直到吉野水分神社。

←世界遗产吉野水分神社是吉野山最美的建筑风景，社殿在院落一侧排成一行，仿佛与世隔绝，是休息、沉思的好地方。⏰ 8点～16点（4月至17点）

↑看到小小的藏王堂，一时很难相信距离已经如此之远。但实际走起来很轻松，一路都是目不暇接的樱花美景，边走边拍，1个小时就可以回到吉水神社一带。蜿蜒的山路将人流拉开，即使在赏花旺季也没有拥堵感。

←时间已近傍晚，赏花的人群陆续返回。如果想要深度体验，也可以在山上的旅馆住一晚，感受最完整的吉野山气息。

→如果还有时间，如意轮寺也是赏樱的绝佳选择。

如何欣赏日本的城郭

在日本旅行，欣赏城郭是不可或缺的一环，如何在诸多看似一致的城郭中发现各自的特色与美，需要事先对日本城郭的建筑样式与现状有基本了解。

日本的城郭建筑起源于日本的战国时代，江户时代达到鼎盛。明治维新后，很多城郭被废，加上各种天灾和战火，如今看到的城郭大多为二战后乃至近些年重建，外表复古，内部现代。全日本只有12座城郭的天守阁为非当代产物，分别是弘前城、松本城、丸冈城、犬山城、彦根城、姬路城、松江城、备中松山城、丸龟城、松山城、宇和岛城、高知城。其中姬路、松本、彦根和犬山4座为日本国宝。

欣赏城郭时，可以特别留意以下几个元素。

天守阁：城郭中最核心、最气派的建筑，按建筑样式分为望楼型和层塔型。4座国宝天守阁都属于望楼型，即最上方是一座小型望楼。层塔型更像下宽上窄的塔楼，更有统一感，名古屋城、弘前城等都是层塔型的代表。

橹：一般位于城郭上，用于防御或瞭望，规模比天守阁要小。在许多天守阁已经消失或经过重建的城郭里，保留下来的橹就成了最重要的文物。按照形状，橹可分为三重橹、二重橹、平橹、隅橹、多闻橹、重箱橹等。按用途区分，可以分为月见橹、太鼓橹、富士见橹、物见橹等。在一些未建天守阁或天守阁早早被毁的城郭中，三重橹就会转变成天守阁，如弘前城、丸龟城等。

门：一座标准的城郭，从外围的三之丸经二之丸到达本丸，要经过数道门。一般的正门会被称为"大手门"或"追手门"。

石垣：即城墙，按照石块切割的手法、堆积方法和外观分为不同种类。

堀：环绕在城墙外的沟渠，像护城河一样积水的称为水堀，没有水的则称为空堀。大部分沟渠都为人工挖掘，但也有部分城郭是依附天然河道、沟渠而建。

此外，按照所处地形，城郭可以分为山城和平城。山城是指建在山顶上的城郭，平城则为建在平原或丘陵地带的城郭。其中，在平原的丘陵或小山包上修建的城郭称为平山城。

参观城郭时，如果是古建筑，无论天守阁还是橹，一般都需要脱鞋或穿鞋套入内参观，且建筑内部展览往往比较简单。如果是现代复建的建筑，则可以直接入内，展览也相对复杂，有的还配有现代化的电梯方便游客上下。

1. 日本最美的城池之一松本城。　2. 名古屋城层塔式天守阁。　3. 彦根城的最大亮点是精彩的博物馆。　4. 堪称拥有最小天守阁的丸龟城。　5. 犬山城因建于木曾川边的小丘上而又名"白帝城"。　6. 弘前城的三重橹即为天守阁。

城崎温泉

在城崎温泉，你可能会……

即使把自己泡发，也要完成7处外汤巡游。

穿着浴衣走在桥畔，或是搭乘缆车一览众山小。

把自己的胃撑到最大，捧着螃蟹和各路海鲜大快朵颐。

放弃休假中的懒觉，早上7点就去温泉门口排队。

夜晚11点，仍然是这座热闹小镇街头购物的一分子。

以及，更多属于你的城崎温泉。

>>> 城崎温泉观光协会（日英双语）：www.kinosaki-spa.gr.jp

交通时间提示

京都－城崎温泉（JR）：最快约2小时20分钟

大阪－城崎温泉（JR）：最快约2小时50分钟

🚆 城崎交通

　　JR 城崎温泉站是城崎的交通门户。城崎温泉镇很小，从 JR 站走到最远端的鸿之汤和城崎缆车，也只需15到20分钟。如果在城崎住宿，下车后可以向站前的工作人员报上旅馆的名字，会有车免费接送。

JR 城崎温泉站前的广场上有巨大的螃蟹眼睛、蟹钳和蟹脚。

🔘 信步走城崎

外汤巡游

"外汤巡游"是在城崎享受温泉最重要的方式，要带着"即使泡发了也在所不惜"的觉悟，才能真正爱上城崎、爱上泡汤。城崎共有 7 处外汤，分别是一之汤（一の汤）、里之汤（さとの湯）、地藏汤（地蔵湯）、柳汤（柳湯）、御所之汤（御所の湯）、曼陀罗汤（まんだら湯）和鸿之汤（鸿の湯），各个汤的入场费用均为 800 日元，但镇上的旅馆一般都会为住客免费提供价值 1500 日元的"外汤巡游"通票"ゆめぱ"，可在入住后到次日上午 10 点间使用。

"一之汤"有"天下第一汤"之名，洞窟温泉是这里的特色。

各个外汤皆有不同，且每周轮流休息，详见观光协会网站。

"柳汤"最小，但古香古色，氛围极佳。

最漂亮的外汤"御所之汤"，因历史上皇族曾来泡汤而得名。

最古老的"鸿之汤"据说有 1400 年历史，充满朴素风情。

城崎缆车

城崎缆车位于小镇的一端，由当地出身的著名实业家太田垣士郎主持修建，于 1963 年开业。缆车共设山下、温泉寺和山顶三站，可以中途下车参观寺庙和城崎美术馆。而山顶站的主要功能就是俯瞰城崎温泉镇和不远处的日本海，设有展望台和出售甜品的休息处。

官网（含中文）: kinosaki-ropeway.jp

费用：山下～温泉寺单程 380 日元，往返 750 日元；山下～山顶单程 620 日元，往返 1200 日元（温泉寺站可下车）

开放时间：上行 9：10 ～ 16：50，每 20 分钟 1 班，高峰期间隔缩短；下行末班 17：10；中午 12：30 的班次仅在周日和法定节日运营

温泉寺站里陪孙辈玩耍的老人让这里充满温情。

山顶的展望台上可以看到"造型飘逸"的城崎温泉镇。

城崎美味

城崎温泉的美味，在街边的店铺里，也在深藏不露的旅馆里。这里为大家推荐三家美味，几乎代表了城崎的最高水准。

海中苑（海中苑）

在以螃蟹和各种海鲜闻名的城崎，一定不能错过这家叫"海中苑"的餐厅，本店和站前店都采取一楼卖鲜鱼、二楼经营餐厅的模式，菜单也一样。其中的刺身船分量惊人，各种刺身异常新鲜，鲜美的味道难以用语言形容。

> 地址 本店兵库县丰冈市城崎町汤岛 132，站前店兵库县丰冈市城崎町汤岛 89
> 交通 从 JR 城崎温泉步行至站前店 1 分钟，至本店 3 分钟

圆山果寮（円山菓寮）

位于柳叶飘摇的大谿川畔，是一家专营日本传统的油炸点心花林糖（かりんとう）的店铺，花林糖包装精致，口味多达 30 多种，非常适合买来送人。但其实这家店最受欢迎的是盛在大木盆里的温泉布丁，用新鲜牛奶、鸡蛋和生奶油制成，入口难忘。

> 地址 兵库县丰冈市城崎町汤岛 665
> 交通 JR 城崎温泉站步行 10 分钟
> 官网（日文）www.maruyamakaryo.com

喜乐（喜楽）

这家温泉旅馆在日本乐天上的评价高达 4.55 分，餐食尤其出色，晚餐绝对让人吃到扶墙都难出的程度。但马牛和螃蟹的鲜美组合已经足够诱人，厨师的精湛手艺更是充分体现在每一道料理中，添加了柚子皮的汤堪称绝品。

> 地址 兵库县丰冈市城崎町汤岛 495
> 交通 JR 城崎温泉站步行 15 分钟，
> 有免费接站服务
> 官网（日文）www.yado-kiraku.com

琵琶湖

在琵琶湖，你可能会……

探访昙花一现的古都大津，同情它"悲催的人生"。

搭乘古老的坂本登山缆车，寻找世界遗产比叡山延历寺的全新角度。

入住一家湖景温泉旅馆，沉浸在琵琶湖静谧的日落与日出中。

乘坐游船徜徉琵琶湖上，感受竹生岛的神秘氛围。

在琵琶湖博物馆中了解日本最大湖泊的生态变迁，感受自然的气息。

以及，更多属于你的琵琶湖。

>>> 琵琶湖观光信息（含中文）：www.biwako-visitors.jp

交通时间提示

京都 – 大津（JR）：最快约 9 分钟
京都 – 长滨（新干线换乘 JR 新快速）：最快约 38 分钟

📖 琵琶湖交通

　　琵琶湖的交通非常简单，JR 环绕一周，再搭配京阪电车、近江铁道的私铁，可以轻松到达各个目的地。从京都前往琵琶湖十分快捷，新干线也从琵琶湖东侧驶过，并在米原停靠。

石山坂本线上行驶着涂装各异的列车。

　　大津市内的京阪电车石山坂本线为路面电车，串连起大津市内主要景点，是琵琶湖畔最动人的铁道风景。通往比叡山的坂本登山缆车铺设于 1927 年，全长 2025 米，处处充满怀旧色彩，途中可以看到平安时期著名歌人纪贯之的坟墓以及充满趣味的轨道铺设方式，更可以在树丛间眺望蔚蓝的琵琶湖。

　　坂本登山缆车官网（含中文）：www.sakamoto-cable.jp

末丛生的 11 分钟登山缆车之旅。　延历寺站是琵琶湖的绝佳眺望平台。　温馨古朴的坂本站内。　坂本站站房外古风依存。

◎ 信步走琵琶湖

大津

作为滋贺县的行政中心，与京都距离很近的大津就如同一座不为人知的宝藏，隐藏着许多历史悠久的景点，游客却远没有京都那么多，非常适合静下心来，去感受时光留下的痕迹。

琵琶湖大津观光协会（含中文）：otsu.or.jp

近江神宫

站在宽阔的台阶下，仰望高大的红色楼门，这就是近江神宫最经典的角度。神宫创建于 1940 年，祭神为迁都大津的天智天皇，是一座年代较新的神社，但是庄严典雅的造型让这里与其他货真价实的古迹齐名，成为大津的门面之一。同时，这里也是百人一首竞技歌牌的圣地，每年日本竞技歌牌的名人战・女王战和全日本各年龄段的学生大赛都会在这里举行。

官网（含中文）：oumijingu.org
交通：京阪电车近江神宫前站步行 9 分钟，
　　　或 JR 大津京站步行 20 分钟
开放时间：境内 6 点～ 18 点，
　　　　　时计馆・宝物馆 9 点半～ 16 点
门票：时计馆・宝物馆 300 日元

石山寺

位于京阪电车石山坂本线的南端，据说初创于公元 747 年。在平安时代，宫廷女性为供奉观音的寺庙参拜、读经并住宿是非常流行的活动，紫式部、清少纳言、和泉式部等一代女性文人都到访过石山寺，将这里直接写入作品。

东大门旁边的青鬼（石山寺中兴之祖朗澄死后的化身）、国宝级的本堂和建于 1194 年的日本最古多宝塔是石山寺的看点。

官网（日文）：www.ishiyamadera.or.jp
交通：京阪电车石山寺站步行 10 分钟
开放时间：8 点～ 16 点半
门票：600 日元

比叡山延历寺

世界文化遗产延历寺是日本天台宗的总本山，由著名僧人、曾到中国天台山学法的最澄创建于平安时代初期的 788 年，824 年正式定名为延历寺，与和歌山县的高野山金刚峰寺并称为平安时代的佛教中心。

延历寺最有名的地方，无疑是这里"名僧辈出"：法然、亲鸾、荣西、道元、日莲……每个名字在日本佛教界都如雷贯耳，比叡山也被称为"日本佛教的母山"。延历寺的核心是建于 1642 年的日本国宝根本中堂，堂内供奉着药师如来。可在比叡山里留半天到 1 天的时间，慢慢欣赏山内的各处风景（根本中堂从 2016 年进入 10 年大修）。

官网（含中文）：www.hieizan.or.jp
交通：（大津侧）坂本登山缆车延历寺站，或（京都侧）叡山空中缆车比叡山顶站。山内可以步行，也可乘坐巴士
开放时间：东塔地区 8 点半～ 16 点半（冬季 9 点～ 16 点），西塔·横川地区 9 点～ 16 点（冬季 9 点半～ 15 点半）
门票：东塔·西塔·横川共通 1000 日元，国宝殿 500 日元

- -

日吉大社

全日本约 3800 座日吉、日枝、山王神社的总本社，平安时代曾是为京都除灾的"鬼门"。日本高僧最澄在比叡山建立延历寺后成为延历寺的保护神，日吉大社的地位进一步提高。战国时代深受丰臣秀吉的重视，因为丰臣秀吉小名"日吉丸"，绰号"猴子"，而猴子又是日吉大社的重要象征。建于 1586 年的西本宫本殿是日本的国宝，供奉着大己贵神。带尖顶的山王鸟居则是这里的另一大特色。

官网（含中文）：hiyoshitaisha.jp
交通：京阪电车坂本比叡山口站步行 10 分钟
开放时间：9 点～ 16 点半
门票：300 日元

不输给贵船神社的红灯笼。

西本宫樱门屋檐下四角有猴子雕像。

长滨

如果说琵琶湖西岸看大津，那么东岸就要看长滨。从陆地上丰富多彩的观光资源到湖面上以渡轮相通的竹生岛，长滨值得多花几天时间慢慢游览。

长滨·米原·奥琵琶湖观光信息（含中文）: kitabiwako.jp

竹生岛

"有神明居住的岛屿"——登上竹生岛前，参观者或许还很难理解这句话的含义。但只要一踏上岛屿，就能感受到神明营造的氛围。竹生岛位于琵琶湖北部，是湖上的第二大岛，建有宝严寺和都久夫须麻神社。岛上没有常驻居民，无论是寺院神社的工作人员，还是纪念品店的店员，每天都需要乘坐渡轮上下班。

宝严寺最重要的建筑是唐门。这座门属于桃山样式唐门的代表，已被指定为日本国宝。而都久夫须麻神社的看点则在于无与伦比的湖景和非常特殊的祈福方式：进入神社前先购买小陶盘，将心愿写在陶盘上，走到拜殿后，用力将陶盘扔向湖边的鸟居，如果陶盘穿鸟居而过，心愿就会达成。

门票：入岛费 400 日元，宝严寺宝物殿 300 日元
交通：长滨港一年四季皆有渡轮往返竹生岛，
　　　另外根据季节也可从今津港或彦根港往返
宝严寺官网（日英双语）: www.chikubushima.jp
琵琶湖汽船官网（含中文）: www.biwakokisen.co.jp
近江 MARINE 游船官网（含中文）:
www.ohmitetudo.co.jp/marine

长滨市内

长滨市内的观光资源多姿多彩，第一次了解这座小城的旅行者会赞叹不已。如果在樱花季前来，不能错过的是位于琵琶湖畔的赏樱胜地长滨城天守阁（历史博物馆），虽然是当代重建，但 1537 年，丰臣秀吉正是在这里筑起城郭，登上历史舞台。

从湖畔跨过 JR 长滨站，继续往市中心走，会进入"黑壁广场"地区。其中的标志性建筑黑壁玻璃馆建于 1900 年，是一座木结构的洋房。与日本许多城市里老城区呈现出的白、红等颜色相对，长滨的主色调是"黑"，多了一份神秘与优雅。

如果喜爱铁道，一定不能错过 JR 长滨站南侧的长滨铁道广场。这座小巧的铁道博物馆的所在地是 1882 年建成的旧长滨站，是日本现存最古老的站房。

彦根城

　　与姫路城和松本城相比，同样身为日本国宝级城郭的彦根城可以说是默默无闻的。但这样的知名度也为彦根城创造了极佳的参观环境，再加上登城便可眺望琵琶湖，风景着实不可多得。

　　彦根城天守阁已经经历了400余年的风雨。与其他城郭的结构不同，作为彦根城入口的天平橹高高建于地面之上，人们需要先从对面的石台爬上一座桥，才能沿桥进入本丸。战争一旦发生，便可从城内放下桥体，使敌军难以进入本丸。如今彦根城早已成了景点，优美的桥体也成了彦根城的象征。

　　在参观包括天守阁在内的城郭建筑之余，千万不要忽略了城下的彦根城博物馆。这座水准极高的博物馆展示了藩主井伊家的各种传家宝物，从能乐面具到生活用品，无不呈现出井伊家的艺术品味，让人感受到江户时代的日本传统之美。另外还可以到毗邻彦根城的玄宫园散步，拍下池水中天守阁的美丽倒影。

门票：彦根城·玄宫园 800 日元，博物馆 500 日元，三设施通票 1200 日元
开放时间：8 点半～ 17 点
交通：JR 彦根站步行 15 分钟
官网（含中文）：hikonecastle.com

琵琶湖博物馆

　　琵琶湖博物馆的最大特点，就是可以在参观展览的同时眺望真正的琵琶湖。博物馆就建在琵琶湖畔，沿着伸出博物馆的步道走向湖边，或是结束参观后绕到建筑后方，都能与琵琶湖亲密接触，拍下动人的湖畔风景。

　　博物馆内的展览丰富多彩，共有 7 个常设展室，外加不定期的特展。其中有 3 个展室展现了琵琶湖从 400 万年前到今天的历史，讲述了琵琶湖的形成过程，以及人类活动给琵琶湖带来的生态与人文影响。另外，馆内还拥有日本国内最大的淡水生物展览，能够近距离观察包括鱼类在内的各种以琵琶湖为家的生物。

　　同时，琵琶湖博物馆还设置了分别面向成年人和儿童的 DISCOVERY 房间，参观者有充分的空间和条件学习有关琵琶湖的知识，体验琵琶湖的生态环境。

门票：800 日元
开放时间：9 点半～ 17 点
交通：JR 草津站乘坐公交至琵琶湖博物馆站
官网（日文）：www.biwahaku.jp

伊势神宫

在伊势，你可能会……

了解日本现存最古老的文献《日本书纪》，阅读日本曾经使用的汉文。

重新认识日本的神社气质，从朴素中感受纯粹。

在热闹的商店街回归世间，感受神域与世俗的奇妙对比。

遵守参观顺序，先赴外宫，再访内宫。

了解日本人的心灵故乡，追溯参拜者的执着历史。

以及，更多属于你的伊势。

>>> 伊势神宫官网（含中文）：www.isejingu.or.jp

交通时间提示	京都－伊势市（近铁）：最快约 2 小时

🖥 伊势神宫交通

　　伊势神宫位于伊势市，JR 和近畿铁道都在伊势市站停靠，除此之外，近铁宇治山田站和五十铃川站也是拜访伊势神宫的主要站点。

　　伊势神宫的参观顺序为先外宫、后内宫，再逛逛内宫旁边热闹的商店街"おはらい町"。内宫与外宫之间，以及两地与各个车站之间，均有公交车运行。其中外宫与伊势市和宇治山田两站间可步行，需要 5 ~ 10 分钟。

📖 信步走伊势

●○伊势神宫外宫

▶ 1. 从伊势市站沿参道步行几分钟，就是外宫的入口。这里是参拜伊势神宫的起点，祭祀的是丰受大御神，是主管食物与谷物的神。

▲ 2. 跨过火除桥，就是外宫的第一鸟居。鸟居旁边有净手的地方。

▲ 3. 穿过第二鸟居，右边是神乐殿。根据参拜者的要求及奉纳的金额，这里会进行单独的祈祷活动。

▲ 4. 外宫的本殿，也就是正宫，外面高大的围墙与树木有着其他神社没有的肃穆。

◀ 5. 从正宫正面的鸟居进去，就是禁止照相的区域了。无论是外宫还是内宫，"遮遮掩掩"或许是对伊势神宫最准确的形容。所有游人都只能跨过第一道门，再向里的两进院落是禁止入内的。人们只能站在第二道门前，透过门上悬挂的白帘子望向院落中的鸟居与社殿模糊的轮廓，然后祈福，或是站在两侧向内窥探。

○●伊势神宫内宫

▲ 1. 进入内宫之前，首先看到的是周边设施的高度统一：从派出所到电话亭，无一不是古朴的木建筑，只为不打扰内宫的大环境。

▲ 2. 樱花季节的宇治桥无疑是最美的。宇治桥横跨在五十铃川上，跨过这座桥，就象征从人间到了神域。桥全长 101.8 米，两侧的鸟居高度都将近 7 米 5。走过宇治桥，就到了樱花烂漫的内宫境内。

▲ 3. 内宫也和外宫一样，有第一鸟居和第二鸟居，形式朴素。走过第二鸟居，就是御馔殿、神乐殿等建筑。御馔即向神供奉食物。

▲ 4. 内宫正宫入口。内宫正宫建在一组台阶的尽头。人们可以站在台阶上拍照，但再往里走就是摄影的禁区了。透过帘子看内部鸟居的影子的确是一种很奇妙的体验。尽管只能望见后方本殿的房檐，这种隐藏起来的美，却能让人感到更多的通透与宁静。甚至有那么一瞬间，我真的确信，神就在那里。

▶ 5. 提到伊势神宫，就必须解释一下"式年迁宫"这个概念。从公元 690 年开始，每 20 年（中间有长达 120 年的中断以及数次延长），伊势神宫都会重建一次，包括外宫和内宫的正宫在内，各个别宫、鸟居、桥梁、社殿等均要重新建造。至于为什么要迁宫，以及频率为什么是 20 年，至今仍没有明确答案。最近一次迁宫是 2013 年的第 62 次迁宫，近铁京都站等地方也都贴出了海报。

▲ 7. 内宫境内还有很多小神社和净手的池子，每一处都彰显出简洁无瑕的风格。

▼ 6. 内宫正宫的式年迁宫用地就在正宫旁边，不过围墙很高，什么也看不到。但内宫境内荒祭宫的式年迁宫用地可以看得很清楚，石子地面非常纯净。

146

如何欣赏寺庙

在日本旅行，参观寺庙必不可少。有人乐此不疲，但也有人觉得看多了会审美疲劳，或是不知该从哪里入手欣赏。欣赏寺庙时，可以注意哪些看点呢？

①寺院的建筑组成

有一定规模的寺院往往由山门、佛殿（安放佛像的殿堂）、讲堂（讲经的殿堂）、方丈（住持、长老的居所）、库里（寺院的厨房或住持及家人居住的地方）、佛塔等几部分组成。进入寺院后可以按一定顺序依次参观，方丈、库里等地方一般观光者无法入内，但可以留意建筑外观。

②山门

即寺院的入口，其中大型寺院（各个宗派的总本山）的山门一般称为"三门"，如京都南禅寺、知恩院、东福寺的三门都宏伟壮观。山门左右两侧立有仁王像、四天王像等威风凛凛的雕像，门自身的样式也各有特色，往往是寺院中的重点保护对象。许多大型山门二层都供有佛像，部分可以登门参观。

③佛殿

佛殿是寺院的中心，供奉着祭祀的主要佛像，一般称为"本堂"或"金堂"，也有"释迦堂"、"药师堂"、"阿弥陀堂"等多种称呼。在一些中国风浓厚的寺庙里，还有和中国一致的"大雄宝殿"一名存在。大部分寺院只有一座佛殿，奈良县著名的室生寺和当麻寺各自都有一座金堂和一座本堂，且除了当麻寺的金堂是重要文化财，其余三座都是日本国宝。

④讲堂

在日本的寺院中，佛塔、佛殿和讲堂是构成伽蓝的三大要素。如果按建筑的重要性排序，讲堂仅次于佛殿，是寺院的住持或高僧向一般僧侣和大众讲经说法的地方，内部一般都供有佛像，是参观寺院时不可错过的看点。

⑤佛塔

日本寺院的佛塔与中式佛塔截然不同，一般认为其源于中国的阁楼式建筑。多重塔是日本最常见的佛塔样式，以三重塔和五重塔居多，历史上也曾有不少七重塔及更高的多重塔，几乎都毁于各种灾难，保留至今层数最多的木塔是奈良县谈山神社（曾为妙乐寺）的十三重塔。多宝塔也是日本佛塔的重要样式，滋贺县石山寺与和歌山县根来寺的多宝塔最著名。一般的佛塔都禁止入内参观，但会在特别时期或大修前打开一层的门，供游客观赏。

富山县城端町善德寺——典型的日本地方小型寺庙，可以看到标准的二层山门、本堂、库里等建筑。

🔘 信步走关西：神户

　　洋楼、唐人街、港口……神户的一切重要元素，似乎都是外向的、非日本的。在 20 世纪日本经济高速发展的时期，神户港曾是东亚地区最大的港口，也是日本最重要的重工业城市。经历了 1995 年阪神大地震的伤痛，神户如今已是日本宜居都市的代表。

神户国际观光博览协会（含中文）：
www.feel-kobe.jp

　　三宫站是神户的枢纽，阪神电车、JR 和阪急电铁都在此站停靠。元町站也是重要的车站，神户站则位于城市西侧，不在市中心。如果乘坐新干线，要去三宫站北面的新神户站，两站间有地铁连接。在市中心观光可以步行，或选择观光巴士 "CITY LOOP"。

CITY LOOP 官网（日英双语）：www.shinkibus.co.jp/bus/cityloop
神户地铁官网（含中文）：www.city.kobe.lg.jp/kurashi/access/kotsukyoku

> **交通时间提示**　大阪（梅田）– 三宫（JR/ 阪神电车）：最快约 21 分钟 /31 分钟

神户市区

　　神户的风景由西式洋楼、唐人街和现代都会建筑组成。如果想参观西方人 100 多年前在神户留下的仿若欧洲小镇的建筑群，可以前往北野异人馆地区，鱼鳞之家、风见鸡之馆、萌黄之馆、山手八番馆、旧中国领事馆等。

官网（含中文）：www.kobeijinkan.com

　　如果想感受唐人街文化，可以前往日本三大唐人街之一的南京町，在那里品尝只有日本才有的中国菜。

官网（日文）：www.nankinmachi.or.jp

　　如果想体验港口都市的休闲，可以前往神户港，参观神户港塔、海洋博物馆等，还能乘坐摩天轮。

神户港塔（含中文）：www.kobe-port-tower.com
神户海洋博物馆（含中文）：kobe-maritime-museum.com

六甲山

摩耶登山缆车站。

前往神户市北部的六甲山，就像去箱根看富士山一样，也是多种交通方式的大集结。光是上下山的缆车，就有六甲有马空中缆车、六甲登山缆车、摩耶空中缆车、摩耶登山缆车共4种，再加上连接各个景点和缆车站的巴士，做起功课来颇费工夫。然而这也是六甲山的魅力，正因为存在如此多样的交通方式，旅行者才能拥有丰富的体验。

六甲登山缆车（含中文）: www.rokkosan.com/cable
六甲有马空中缆车（日英双语）: koberope.jp/rokko
摩耶空中缆车·登山缆车（日英双语）: koberope.jp/maya
六甲摩耶空中摆渡巴士（日文）:
www.rokkosan.net/access/sky_bus

从山林上空划过的六甲有马空中缆车。

从摩耶空中缆车星之站旁的掬星台眺望神户市区。

六甲山上分布着大大小小各类景点，值得一去的有六甲 Garden Terrace 展望台、六甲八音盒博物馆、六甲高山植物园、六甲雪公园等，还有面对各个年龄段游客的多种户外拓展类设施。可以参考上述各缆车运营方的官网推荐，也可以参考以下网站：

六甲山信息网（含中文）: www.rokkosan.com

六甲山牧场

在观光农业较为发达的日本，很多地方都有观光牧场，六甲山牧场算是其中的佼佼者。如果想充分感受六甲山牧场的乐趣，一定要在行前查好牧场内各种体验项目的时间和注意事项，熟悉牧场地图，免得进去一趟，只是从一扇大门散步到另一扇大门。

六甲山牧场内饲养着牛、羊、马、兔子、鸭子、豚鼠、迷你猪等比较容易接触的动物，游客可以给小牛喂奶，也可以给小兔子喂胡萝卜，还能在牧场内的草坪或道路上与羊擦肩而过。此外，食物制作体验教室里还开设了冰激凌、黄油、奶酪、冻酸奶、奶酪挞等美食课程，基本不需要提前预约，非常便利。

门票: 旺季 600 日元，淡季 400 日元
开放时间: 9 点～ 17 点半（冬季至 17 点）
交通: 六甲摩耶空中摆渡巴士六甲山牧场站
官网（日文）: www.rokkosan.net

关于神户有马温泉及日本三名泉，详见第 240 页。

⦿ 信步走关西：高野山

世界遗产高野山位于和歌山县北部，堪称宗教都市。其中的金刚峰寺与京都的东寺齐名，是真言宗祖师空海（弘法大师）进行宗教活动的重要据点。这里是真言密教的圣地，对空海的信徒们来说也是圣山，在明治时代之前严格限制女性进入。

高野山官网（日英双语）：www.koyasan.or.jp
高野山观光协会（日英双语）：www.shukubo.net
南海电铁高野山信息页（日文）：otent-nankai.jp/area/kouyasan

前往高野山，最方便的是从大阪难波乘坐南海电铁抵达极乐桥站，再转乘登山缆车抵达高野山站，最后乘山内的巴士前往各个寺院和景点。南海电铁出售相关 PASS，可以多加利用。

交通时间提示	难波－高野山（南海电铁＋缆车）：最快约 1 小时 35 分钟

高野山的主要景点有金刚峰寺、根本大塔、金堂、奥之院、女人堂等，还可以参加受戒的体验活动，或预约住在寺院里，感受日本僧人的生活。各处开放时间基本为 8 点半～ 17 点，包含受戒体验在内的通票 2500 日元，也可单独购票。

金刚峰寺

正门建于 1593 年的金刚峰寺是高野山的核心，如果参观高野山的时间有限，建议优先选择金刚峰寺细细体验。

根本大塔

位于高野山核心檀场伽蓝的根本大塔是日本最初的多宝塔，因为炫目的橘色而成了最显眼的建筑，而大塔斜前方的金堂从平安时代中期开始就是高野山的总本堂。不过两座建筑都已是近一个世纪的重建产物。

奥之院

从一之桥向奥之院深处走 2 公里，就是空海的圆寂之地。周围散布着约 20 万座墓石和纪念碑，高大的杉树遮天蔽日，是个散步、静思的好地方。

🔘 信步走关西：白滨温泉

日本的三古汤——道后、有马和白滨，是很多人在选择温泉时的标杆。其中的白滨温泉曾出现在《日本书纪》和《万叶集》等古籍中，有1300多年的历史。由于紧靠大海，这里没有传统日式温泉的氛围，显得开放而活泼，更像是度假海滩，所以可能难以满足向往传统的人。但这并不意味着这里缺少日本特色——比如紧邻大海的崎之汤，就是一处独一无二的绝景温泉，也是吸引我来到白滨温泉的理由。

白滨观光协会（含中文）：www.nankishirahama.jp

前往白滨温泉，需要乘坐 JR 到达白滨站，再换乘明光巴士前往各个景点、温泉和酒店。

明光巴士官网（日英双语）：meikobus.jp

交通时间提示	
新大阪 – 白滨（JR）：最快约 2 小时 20 分钟	
和歌山 – 白滨（JR）：最快约 1 小时 16 分钟	

广阔的海滩和多样的岩石构成了白滨的自然风光，圆月岛、三段壁、千叠敷等都是白滨的著名景点，还可以到西日本最大的海鲜市场とれとれ市场（toretore）大快朵颐。

崎之汤是白滨最让人难忘的露天温泉。整个温泉面向大海，男汤和女汤都分为三层，逐层向下，最后一层与大海齐平。泡在温泉中，背靠最外围的岩石，时不时会有浪花溅到头顶上。门票 500 日元，从明光巴士汤崎站步行 10 分钟即到。

圆月岛是白滨的象征之一，天气晴好时非常适合欣赏日落，一定要提前占好摄影的机位。

白良滨沙滩长约 640 米，铺满了白色的细沙。夏天以外虽然不能游泳，却可以欣赏到白良滨最美的风光。到了暑期，这里就像下饺子一样，被各色遮阳伞和密集的人流覆盖。

🔘 信步走关西：姬路城

2009～2015年，姬路城经历了"平成年间的大修理"，我拜访姬路城的计划也一拖再拖。原本2010年就想前往参观，但又觉得既然看不到天守阁，不如干脆等到修好再去，肯定还有机会。当时日本自由行还未开放，"机会"只是心中美好的愿景，没想到在大修结束后不到1个月，真的站在了姬路城下，在蓝天白云间看到了最美的"白鹭"。

姬路城的吉祥物戴着天守阁的帽子，是个白白胖胖的女孩。

如果在日本只参观一座城池，毫无疑问要选择姬路城。姬路城顶着世界文化遗产和日本四座国宝城之一的光环，堪称日本第一名城。只要你站在它的面前，就会知道这样的称呼名副其实。

从大阪或神户前往姬路城十分方便，可以乘坐JR或山阳电车到达姬路站，再步行约20分钟或乘坐公交即到姬路城。

交通时间提示 大阪－姬路（JR）：最快约57分钟
三宫－姬路（JR）：最快约37分钟

修葺一新的姬路城天守在蓝天白云下格外耀眼，这里会让人对日本的城池有全新认识。

姬路城建于1346年，如今看到的大天守为1609年建成，周围环绕着3座小天守，这样的"连立式天守"是姬路城的最大特征。自古以来，这里就被奉为"不战、不烧之城"，没有遭受过任何灾祸，比日本其他任何城池都保存得更为完整。

如果时间有限，可以选择从入口直通大天守的参观路线。若时间充裕，还可以在西之丸等区域慢慢欣赏城中的其他建筑，从不同角度眺望大天守的风采。早上9点开门即入城是最好的选择，否则一旦客流高峰到来，只能排队缓缓进入大天守，对参观和拍照的影响都很大。

官网（含中文）：www.city.himeji.lg.jp/guide/castle
开放时间：9点～17点
门票：1000日元

通向天守群的道路迂回曲折，墙上保留着防御设施。

从天守阁俯瞰西之丸，不禁感叹姬路城的完整性。

152

和歌山电铁

私房推荐.古川

无论你是铁道迷还是猫奴，或者只是日本文化的爱好者，专程拜访因猫咪站长小玉而闻名世界的和歌山电铁，都会不虚此行。小玉在 2015 年 6 月不幸去世，现在由小玉二世和小玉四世分别值守贵志站和伊太祈曾站。

>>> 和歌山电铁官网（含中文）: www.wakayama-dentetsu.co.jp

STEP 1

多姿多彩的主题列车让乘坐和歌山电铁的每一段旅程都非常有趣。可以在车上借绘本、玩扭蛋，小宝宝也有自己的专属空间。

STEP 2

如今的贵志站，连站舍的屋顶都加上了猫耳朵。下车后可以先拜一拜站台上纪念小玉站长的神社，再到站舍内拜访小玉二世。

STEP 3

在贵志站，买买买和吃吃吃必不可少。纪念品商店里可以购买到小玉的各种周边，候车室内的小玉咖啡出售各种包含小玉形象和猫咪元素的饮料、点心与热狗。

STEP 4

如果时间充裕，别忘了在中途的伊太祈曾站停留片刻，去看看更加圆滚滚也更加活泼的小玉四世。

日本"祭"文化

对日本文化略知一二的朋友应该都知道,日本有各种各样的"祭",有的类似中国的庙会,有的类似花车游行,无一不是维系当地社会人情、发动全民参与的重要活动。其中,京都的祇园祭最著名、最具代表性。

祇园祭究竟有多么重要,从日本的各类"三大祭"中就可以看出来。

日本三大祭:京都祇园祭、大阪天神祭、东京山王祭

京都三大祭:祇园祭、葵祭、时代祭

日本三大曳山祭:京都祇园祭、岐阜县高山祭、埼玉县秩父夜祭

日本三大山车祭:京都祇园祭、岐阜县高山祭、滋贺县长滨曳山祭

祇园祭从 7 月 1 日开始,到 7 月 31 日结束,其间会举行大大小小的各种活动。其中最重要的就是 7 月 17 日的"山鉾巡行"(前祭)。如果用最通俗的话来解释,"山"和"鉾"都是日本特有的"花车"类型,"鉾"的顶部竖有又尖又细的长杆,而"山"没有。这样的巡游起源于公元 869 年,后来逐渐形成祇园祭,最初的目的是祛病除灾。如今的祇园祭"山鉾巡行"共有 10 座"鉾"和 23 座"山"参加,分为前祭和后祭(7 月 24 日),其中参加前祭的有 23 座,参加后祭的有 10 座。每座"山"和"鉾"都截然不同,各有各的名称与装饰,其中不少来源于古代中国的故事。

以下是 33 座山鉾:

长刀鉾、函谷鉾、鸡鉾、月鉾、绫伞鉾、四条伞鉾、菊水鉾、放下鉾、船鉾、大船鉾

岩户山、保昌山、郭巨山、伯牙山、芦刈山、油天神山、木贼山、太子山、白乐天山、孟宗山、占出山、山伏山、霰天神山、螳螂山

北观音山、桥弁庆山、鲤山、净妙山、黑主山、役行者山、铃鹿山、八幡山、南观音山

在每年前祭的"山鉾巡行"中,长刀鉾都会排在整个巡行队伍的第一个,其他"山"和"鉾"的顺序则年年有变。每年 7 月 17 日的上午 9 点,长刀鉾都会从京都四条乌丸路口出发,拉开整个巡行的大幕。此时京都的相关街道全部戒严,观看的人群挤满了两侧的人行道,大楼的阳台上也都站满了人。在京都市政府前等重要观看地点,还会设有收费的观众席,需要提前预约购票。

那么,如何更好地在人山人海中体验祇园祭(前祭)呢?

step1:掌握各个"山"和"鉾"的停靠位置。

首先,要到位于 JR 京都站 2 层的旅游咨询中心拿一张"山鉾巡行"的彩图,上面会标注各个"山"和"鉾"在巡行的前几天停靠的位置,以及巡行当天的路线和时间。

step2:近距离接触"山"和"鉾"。

巡行时,"山"和"鉾"都在路中心行走,行人只能在人行道上挤来挤去,无法近距离观察细节。要想"亲密接触",必须在巡行之前寻找机会。这样的机会有两个。一是利用 7 月 14 日到 7 月 16 日,这 3 天晚上,京都会有临时的"庙会",市中心的街上挂起灯笼,摆出摊位。这 3 天分别叫宵宵宵山、宵宵山和宵山。此时,"山"和"鉾"已经按地图的位置摆好,可以近距离观看。二是利用 7 月 17 日,也就是巡行当天的早上,可以五六点就来到"山"和"鉾"停靠的区域,站在旁边观看最后的准备工作,包括最后的清理、装饰以及参加巡行的人员最后的演练。这也是了解、观察各个山鉾的最好机会。

step3：观看长刀鉾的出发。

早上看完巡行的准备工作，就可以沿着四条通向西，来到长刀鉾出发的四条乌丸路口。无论如何也要在 8 点半之前赶到路口，否则路口就会封闭，无法再横穿乌丸通。穿过乌丸通后，站在路口的东北角，那里是观看长刀鉾出发的最好位置。如果再向东走，虽然也能看到长刀鉾，但看不清最关键的"生稚儿"（即真人的孩子，其他山鉾都是人偶）登上长刀鉾的场面了。建议就在那里等待 9 点的巡行开始。

step4：跟随巡行队伍。

巡行一开始，考验灵活性的时候就到了。从出发一直到四条河原町路口，一定要紧跟长刀鉾。因为在半路上，长刀鉾会进行"确认签位"（在高仓通路口和堺町通路口之间）和"切绳"（在堺町通路口和寺町路口之间）这两个重要的仪式。这段路的人会多得根本无法前行，一定要见缝插针，拿好地图，必要的时候从北面的小巷里绕。

9 点 45 分左右，长刀鉾会率先到达四条河原町路口，然后转弯向北，沿河原町通一直北上，10 点 30 分左右到达御池河原町路口，随后向左转，经京都市政府门口，沿御池通西行，直到 11 点 35 分左右回到新町通。

从 9 点 45 分到 11 点 35 分，长刀鉾没有什么重要的仪式，只是途中会停下几次休息。这时就可以轻松下来，在原地多等等，看看跟在长刀鉾后面的各个山鉾。等到最后一个南观音山巡行完毕，大概要到下午 1 点 25 分。

7 月 24 日的后祭是 2014 年才恢复的，之前的 21 日到 23 日同样有宵山。

除了最具代表性的祇园祭，日本的"祭"还有其他各种形式：

1	
	2
3	4	5
6	7

1. 岐阜县郡上八幡的"八幡踊り"让每一个游客都可以参与其中。

2. 富山县井波町的舞蹈更有表演的味道。

3. 名古屋港花火大会可以观赏盛大的烟火。

4. 富山县成端町善德寺的虫干法会每年都男女老少聚集。

5. 京都清水寺六斋念佛的狂言表演。

6. 静冈县下田市的太鼓祭充满小城市的简朴。

7. 静冈县三岛市的三岛祭将整个城市变为彩色灯笼的节日。

我的日本朋友

我是从大三开始学日语的，之前的第一外语是英语，专业也是中国文学，跟日语搭不上半点儿关系。然而一读起日语的辅修课程来，便觉得这正是我想学的那门外语。究竟是因为从小就对日本文学比较感兴趣，还是因为长年对动画的热爱，我也说不清楚，只是就此喜欢上了去日本旅行。

当年学日语的第一件事，就是提醒自己不要重蹈学英语的覆辙。从小学开始接触的英语，直到初三毕业都是哑巴，要不是高中遇到全英语授课的老师让我半年过了口语关，恐怕现在还张不开嘴。所以从学日语的第一个月，我就拜托日语系的朋友帮我找了日本留学生做语伴。从那以后直到今天，我每周和语伴见面畅聊一次，从未间断，只为保持日语环境和语感。

一年又一年，语伴也换了一位又一位。当初他们有的是来读学位，有的是来交换留学，还有的就是进修中文，其中很多人如今已经工作，有大学教授，有自由记者，有企业职员，遍布各行各业，有的甚至还成了我现在工作中的合作伙伴。缘分总是很神奇的。

其实在大一和大二时，我也有过类似的英语语伴。但那样的交流总有种隔阂，无论如何都无法深入。然而从第一位日语语伴开始，我就发现了明显的不同。

我最要好的一位日本朋友当年是东京大学过来的交换生，在北京留学两年间从未回过日本。我们几乎每周见面学习两次，一半时间全说中文，另一半时间全说日语。不知从什么时候起，我们变得无话不谈。寒假时一起去西安旅行，她不善步行，每天回到酒店都是趴倒在床上，第二天早上还要我把她拽起来。我自认为属于女生中饭量比较豪爽的，然而还是敌不过她在我家一连吃掉 5 个鼓鼓囊囊的春饼卷合菜，砂锅居一份 9 个芥末墩，更是被她直接消灭 7 个。我们相识已经十年，都经历了毕业、结婚、就职，又都升级做了母亲。这本《自游日本》在 2015 年初第一次面世时，她直接从中国网购到日本。后来我生了孩子，她又在日本买了礼物寄到我家。她的孩子 6 个月时，我去她家看望，进门前她跟我说孩子认生，见到陌生人肯定要哭，让我不要介意，结果小宝宝一直很兴奋，拉着我的手指笑得非常开心。

所谓语言的不同、文化的差异，其实只要一句"合得来"，就什么都能够克服。就像现在用微信聊天时，我打中文，她打日文，反正对方看得懂，省事就好。

我的日本朋友们并不都是所谓的"亲中"，他们来中国留学，到头来都是凭借着"感兴趣"。就像我自己对日本，很多人都问我"你肯定喜欢日本吧"，我的回答永远都是"不"。不是"喜欢"，而是"感兴趣"——有好有恶，才会看得更深。同样，因为"感兴趣"而相识，才会产生更多有趣的交流，并最终成为终生之交。

我学日语刚满一年的时候，我的日语老师为我介绍了个导游的私活儿，让我带着她的日本学生在北京玩儿几天。这位学生是一位日本老人，家住大阪，退休后来中国学习了一年汉语，然后又带着老伴儿来旅游。那时我的日语水平简直不堪回首，老爷子的中文水平也半斤八两，总之就那么凑合下来了。然而老两口回国后，我们并没有断了联系，逢年过节就会发发邮件。后来我去交换留学，再后来又常去日本旅行，每次到大阪，我们都会相约一起吃饭。老两口无儿无女，有一次坐在地铁上，老太太竟然掏出一枚戒指，说是年轻时戴的，膝下无后代，就送给我了。最近的一次见面，面对已过而立之年的我，老爷子从大口袋里掏出各种零食送给我，老太太则在一旁数落他干吗买这些。

以前每次发邮件，老爷子总会毫不客气地指出我日语哪里写得还不地道。有次我在东京给他们打电话聊天，事后老爷子专门发来邮件说：你现在的日语说得就像日本的年轻人一样了。

至今，这都是最让我开心的一句肯定。

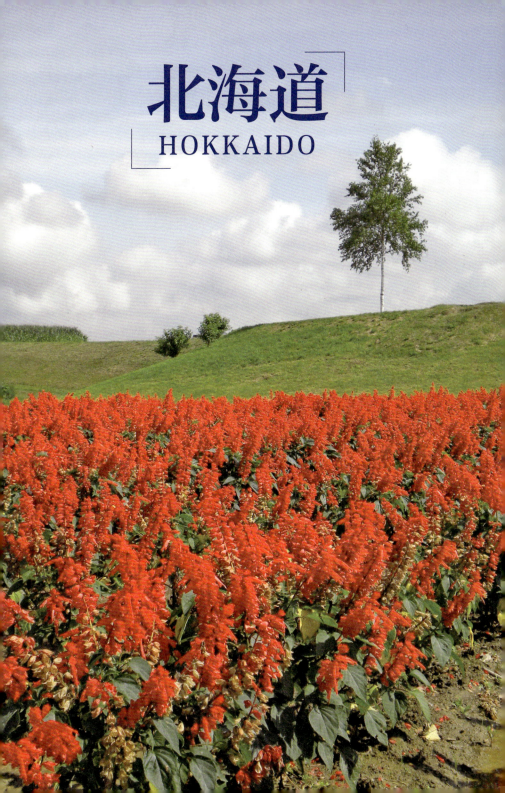

北海道
HOKKAIDO

札幌 SAPPORO

　　来到北海道，似乎怎么都避不开札幌。要在这里乘飞机、坐火车，更要在这里享受北国都市的温柔夏日与热闹冬季。

函馆 HAKODATE

　　北海道最值得一去的城市。西式洋楼在日本的观光地中并不少见，但函馆的洋楼却充满跃动的灵气，无与伦比的夜景更是人们在这里至少留宿一晚的理由。

小樽 OTARU

即使是大家都去的小樽，每个人也都能找到不一样的色彩。剁手族有琳琅的小店，铁道迷有雀跃的博物馆，吃货更有诱惑满满的寿司一条街。

稚内 WAKKANAI

感受北海道的"偏远"，除了道东，道北也是很好的选择。来到日本最北端的城市稚内，天气最好时甚至能遥望库页岛。

铁道旅行 RAILWAY

日本各处的铁道旅行都有不同的乐趣，但对我来说，北海道是让我从普通乘客变成铁道迷的地方。

三言两语话北海道

为什么要去北海道？对于大部分国内的旅行者来说，认识北海道，源于《非诚勿扰》。连绵起伏的丘陵，空旷宁静的小站，北海道一下子成了很多人心中的伊甸园。电影上映后，北海道瞬间变成了东京、京都、大阪之外的最热门选择，人们甚至直飞北海道，只为了寻找电影里的感觉。

《非诚勿扰》我看过，也非常喜欢，但还没有打动我到那个地步。真正让我毫不犹豫地要去北海道的，是由一部部动画串联起的北海道印象。

最开始是《向北》。很老的片子，讲述几个生活在北海道的女子的故事。那时还在上中学，对日本的了解还很肤浅，却牢牢地记住了片子的主题歌，直到现在还能哼出曲调。

后来是《蜂蜜与四叶草》，稚内的风景深深刻在了脑中。

最终起到决定性作用的，是《魔法使的注意事项～夏之空～》。出生在美瑛丘陵上农家的小空到东京学习魔法，最后又回到家乡，平静地接受了命运的残酷。虚构的内容，却有着无比写实的背景。东京与北海道的一点一滴都被原封不动地呈现了出来。从那时起，我就决定去北海道，而且一定要到美瑛，在那高低起伏的农田中慢慢行走，和那里的农家打招呼，亲眼看看小空生长的地方。

2010 年 8 月，愿望终于实现。在美瑛徒步的两天，干农活的大叔大婶会笑呵呵地高声问我"你一个人旅行吗"，午后空旷的丘陵上，会忽然响起不知从哪里传来的柔美曲调。独自漫步在原野上，整个北海道仿佛为我独享。

如今 8 年过去，略有遗憾，我的脚步始终停留在北部、中部和南部。希望下一次的北海道之行，我能奔向道东，去看看网走的流冰和钏路湿原，去看看神秘的摩周湖，去看看日本最东边的车站东根室站，完成铁道迷的又一个浪漫愿望。在充满自然原初风貌的北海道，永远有事物能带给人最朴素的思索。

北海道观光振兴机构官网（含中文） | www.visit-hokkaido.jp

札幌·小樽

在札幌·小樽，你可能会……

享受札幌恰到好处的繁华，在花园般的市中心轻松漫步。

冬天里瞄准冰雪节，感受札幌的北国灵魂。

流连于鲜美的寿司和精致的店铺，在小樽享受逛吃人生。

在大学校园里深呼吸，但不去打扰专注的学子。

在小樽运河拍下标准照，领教日本观光业的超强包装能力。

以及，更多属于你的札幌·小樽。

>>> 札幌观光协会（含中文）：www.sapporo.travel
>>> 札幌观光信息网（日英双语）：sapporo-kankou.jp
>>> 小樽观光协会（含中文）：otaru.gr.jp

交通时间提示　札幌 – 小樽：最快约 32 分钟

📖 札幌·小樽交通

札幌的交通枢纽是 JR 札幌站，札幌市内的主要景点都可以从札幌站步行到达，去稍远的地方则可选择札幌市地铁和路面电车。

札幌市地铁·路面电车官网（含中文）：
www.city.sapporo.jp/st

JR 小樽站是小樽的交通枢纽，从小樽站可以步行前往小樽的主要景点和热门逛街地区。

🎯 信步走札幌

北海道厅旧本厅舍

从札幌站一直向南，走到北三条通向右拐，就是北海道厅的旧本厅舍。红砖色的厅舍建于1888年，据说是以当时"北海道开拓使顾问"凯普隆的故乡马里兰州议事厅和马萨诸塞州议事厅为蓝本修建的。如今这里正在进行大规模翻修，未来预计将以旅游资讯中心和历史文化展厅的双重身份面向公众开放。

大通公园

这里是札幌的休闲散步中心，花坛、喷泉和行道树依次排开。札幌市的地标之一札幌电视塔就坐落在公园的最东边，高147.2米，建于1957年，当初是真正的信号发射塔，但现在只作为观光景点存在，从展望台上可以俯瞰整个大通公园。天气好的时候，电梯登塔后可以从塔外的楼梯走下来。

电视塔官网（含中文）：www.tv-tower.co.jp
电视塔开放时间：9点～22点（10月至4月9点半～21点半）
电视塔门票：1000日元，夜间可再次使用的两次票1500日元，与札幌市钟楼通票1080日元

钟楼

札幌市钟楼就在札幌电视塔西北不远处，是札幌的另一个地标。钟楼建于1878年，当时是北海道大学的前身札幌农学校的演武场，也是举行开学典礼、毕业典礼等重要仪式的地方。钟楼本身是日本同类建筑中最古老的。

官网（日英双语）：sapporoshi-tokeidai.jp
开放时间：8点45分～17点10分
门票：200日元，与札幌电视塔通票1080日元

北海道大学

从札幌站向西北方步行 10 分钟，就是成立于 1876 年的北海道大学（当时叫札幌农学校）。学校创始人克拉克博士的雕像一直是校园内最重要的风景。他那句 "BOYS, BE AMBITIOUS" 不管有着怎样的时代背景，都是一句让人热血沸腾的 "校训"。校内最重要的建筑包括古河讲堂、原昆虫学标本室、综合博物馆等。《武士道》的作者新渡户稻造是札幌农学校的第二期

学生，因此雕像也立在校园中。另外，1912 年种植的白杨行道树堪称最有名的景观。

官网（含中文）：www.hokudai.ac.jp

小樽经典路线

1. 从 1934 年落成的 JR 小樽站出发。

2. 沿 JR 小樽站前的大道一直走，右边最先经过的是小樽重要的商店街 "都通り" 的入口。

3. 再向前走，就是对铁道迷来说非常重要的景点：北海道最初的铁道手宫线，建于 1880 年。如今手宫线已经废除，只是静静地从小樽市内穿过，供大家慢慢感受过去的风光。

4. 越过铁道，一直走到运河前的路口，左边的一排老建筑就是建于 1890 ~ 1894 年的旧小樽仓库。这里如今是小樽市运河博物馆、小樽运河工艺馆等设施的所在地。

5. 小樽最大的观光地：小樽运河。在无数有关北海道的旅游宣传上，小樽运河常常和富良野的薰衣草田并排而立。旅游部门把小樽运河包装得美轮美奂，让人有种"整个小樽市都是这样"的感觉。其实，小樽运河只有短短一段，走几步就到头。最佳的照相地是在桥上拍摄仅有的那段运河和旁边的老仓库。站在那里才会明白为什么小樽所有的宣传照片都是那个画面，因为只有那个画面可拍。

6. 从拍摄标准运河景观的桥上再次回到马路对面，向里走一个路口，就进入了小樽最热闹的地区。这里是喜爱各种玻璃制品和装饰品的购物者的天堂，精致的店铺多得数不过来。其中很多店铺名字里都带有"硝子"二字，意即玻璃，如"大正硝子馆"、"北一硝子三号馆"等。

7. 这片店铺集中的区域处处散发着小巧可爱的感觉，萌物自然也不少。喵星人汪星人各种星人让人恨不得想把它们都抱回家。接下来在小樽的时间，一般就都由各个旅行者的逛街欲望决定。

富良野·美瑛

在富良野·美瑛，你可能会……

挑选最好的 7 月，把薰衣草和各种花田一次看遍。

被花草制品的香气包围，在富田农场的商店里买到手软。

带着对田园的向往，品尝应季时蔬的新鲜美味。

任花开花谢，只想骑一辆自行车，甚至用双脚丈量美瑛之丘。

住在前不着村后不着店的民宿，只为夜晚的星空与清晨的朝阳。

以及，更多属于你的富良野·美瑛。

>> 富良野观光协会（含中文）：www.furanotourism.com
>> 美瑛观光协会（含中文）：www.biei-hokkaido.jp

交通时间提示

札幌 – 富良野/美瑛（JR）：最快约 1 小时 40 分钟 /2 小时
旭川 – 富良野/美瑛（JR）：最快约 69 分钟 /32 分钟

🚆 富良野·美瑛交通

富良野·美瑛地区主要 JR 站周围的观光花田：

富良野站：富良野高地薰衣草之森（ハイランドふらのラベンダーの森）

上富良野站：日出公园薰衣草园（日の出公園ラベンダー園）、FLOWER LAND 上富良野（フラワランドかみふらの）

中富良野站：富田农场（ファーム富田）、北星山町营薰衣草园（北星山町営ラベンダー園）

薰衣草临时车站：富田农场（ファーム富田）

美马牛站：四季彩之丘（四季彩の丘）

也可以选择从札幌或 JR 富良野站、美瑛站出发的观光巴士一日游，巴士会途经富良野和美瑛地区的主要观光地，并会留出一定的时间下车游玩。

◉ 信步走富良野

富田农场

　　富田农场是富良野地区乃至整个北海道最有代表性的薰衣草花田。开发得非常完备，停车场和各种休闲购物设施一应俱全。农场本身不收门票，主要收入来自餐饮业和商品开发。来富田农场的旅游团和个人游客都很多，还好花田不能入内，因此并不影响拍照效果。这里出售各种蜜瓜制品，可爱的蜂蜜布丁值得一尝。餐厅的咖喱饭分量不大，但应季时蔬和薰衣草汽水的搭配很有特色。农场的商店对于喜欢薰衣草及鲜花制品的人来说堪称天堂，薰衣草茶、香皂、精油等都可以买到，还有很多别致的干花制品。

官网〔含中文〕：www.farm-tomita.co.jp
交通：JR 中富良野站步行 20 分钟，或 JR 薰衣草临时车站步行 7 分钟

北星山町营薰衣草园

　　北星山町营薰衣草园位于北星山的斜坡上，最好在薰衣草盛开的 7 月来这里，否则可能会觉得有些荒凉。不过比起那些人流涌动的热门花田，这里能让人感受到北海道乡间真正的宁静。可以先沿着山坡下方的步道近距离欣赏花田，然后再搭上座椅式的空中小缆车掠过花田上方，从空中俯瞰这片大自然中的彩色地毯。最后来到山坡顶部，脚下的花田、街道、房屋和远处的山峦尽收视野之中，充满了北海道大地的独特魅力。

交通：JR 中富良野站步行 10 分钟
缆车票价：往返 400 日元

美瑛经典路线

1.早晨从温馨的 JR 美瑛站出发向右，沿街道向西南方向前行。不到 10 分钟，眼前会出现红色的钢架桥。从桥上走过，就进入了乡间徒步。

2.先沿公路走一段，虽然路上车很少，但还是要注意安全。这样的路况持续 10 分钟左右，就可以跨过铁道前往另一侧。

3.丘陵地貌逐渐显现，沿途有不少农户和民宿，不时可以看到惬意的动物。慢行 1 个小时后来到新荣之丘展望台上。一棵树，两张长椅，是最典型的风景。新荣之丘的花田面积很小，但展望视野很不错。孤零零的树与房子，无时无刻不呈现出北海道的专属风景。

4.从新荣之丘展望台沿原路稍微折回并向左拐，走上 30～40 分钟，就到了非常有北海道特色的景点，圣诞树。在北海道，一棵树或一排树，只要周围没有什么干扰，都会顺利地成为旅游指南积极宣传的拍照地，广告或电影也会选择这样的风景。

169

5. 沿圣诞树前的路向 JR 美马牛站方向走，会经过"かんのファーム"，一处面积不大值得停留的花田。自驾者可以直接把车开到花田中停下，享受这路边难得的彩色空间。

6. 抵达可爱的 JR 美马牛站，站对面有小卖部可以买冷饮解暑。

7. 跨过铁道，不久后就会经过美马牛小学。学校门口有禁止入内的告示牌，无法靠近，可以在参观完四季彩之丘和"一棵白杨树"后从学校后方的道路近距离欣赏。

8. 四季彩之丘是美瑛地区最美的花田，从 JR 美马牛站步行 25 分钟即到。这里没有固定的门票，入口处设有捐款箱，附带的商店有点陈旧，但是餐厅的咖喱饭很实惠。花田其实不大，但步步是风景。行动不便的老人参观花田也很便利。田间的路上有观光车来回运行，会在几个最漂亮的角度停车，供大家下车拍照。

官网（含中文）www.shikisainooka.jp

9. 从美马牛小学正门向前，大十字路口向右是"一棵白杨树"。最初能在路右侧的丘陵背后看到白杨树的身影，然后沿白杨树前的泥泞小路走进田地深处，就能看到一棵白杨树矗立在一片向日葵对面。

10. 徒步至此，可以另选道路，从美马牛小学背后绕回 JR 美马牛站，也可以根据时间继续远行，前往拓真馆、千代田之丘、三爱之丘等，最后走回 JR 美瑛站。

函　馆

在函馆，你可能会……

早早登上函馆山，只为夜幕降临时无与伦比的万家灯火。

发挥吃货的本性，在早市的店铺中流连忘返。

选一条心仪的坂道，眺望函馆港的岁月沉浮。

成为历史的追随者，在五稜郭或洋馆间倾听已逝的声音。

稍微延伸脚步，在汤之川享受温泉之趣。

以及，更多属于你的函馆。

>>> 函馆市观光信息网（含中文）：www.hakobura.jp

| 交通时间提示 | 东京 – 新函馆北斗（新干线）：最快约 4 小时 2 分钟
札幌 – 函馆（JR）：最快约 3 小时 27 分钟 |

🖥 函馆交通

　　JR 函馆站是函馆市的交通枢纽，乘坐 JR 前往北海道内其他地区，都要在这里乘车。

　　前往函馆市内各地区，可从站前换乘函馆市电。函馆市电有两条线路，2 号线从谷地头站出发，5 号线从"函馆どつく前"站出发，两条线从十字街站开始并行，经过函馆站前站、五稜郭公园前站等主要站点，一直到达终点汤之川。

官网（含中文）：
www.city.hakodate.hokkaido.jp/bunya/hakodateshiden/

　　如果从本州方向乘坐新干线来到函馆，需要在新函馆北斗站下车转乘 JR 的特急、快速或普通列车，最快 15 分钟即可到达函馆。

信步走函馆

五稜郭

日本两座五角星形城郭之一，始建于 1857 年。当时函馆（旧名"箱馆"）刚刚开港，为了加强防御，设立政府所在地，德川家定下令模仿欧洲的星形城堡修建了五稜郭。这里是"箱馆战争"的发生地：1868 年，拥护幕府的一派败退至北海道，在函馆建立"虾夷共和国"，但半年后便投降，其中最有名的新选组成员土方岁三也死在这里。

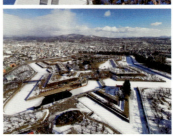

战争结束后，五稜郭的官方作用并未发挥多久，1914 年成为公园，1964 年建起观光塔，箱馆奉行所也于 2010 年完整复原。现在这里已成综合景点，既可登塔俯瞰，也可在城中休闲漫步。

五稜郭塔官网（含中文）：www.goryokaku-tower.co.jp
箱馆奉行所官网（日英双语）：www.hakodate-bugyosho.jp
交通：市电五稜郭公园前站步行 15 分钟
开放时间：五稜郭塔 8 点～ 19 点（冬季 9 点～ 18 点），箱馆奉行所 9 点～ 18 点（冬季至 17 点）
门票：五稜郭塔 1000 日元，箱馆奉行所 500 日元

金森红砖仓库

函馆的标志景点之一，也是日本人对"红砖仓库"这种事物狂热爱好的典型反映。原本土气的红砖建筑，在精心包装下都成了当今日本最时髦的地方之一。函馆的金森红砖仓库由来自大分县的实业家渡边熊四郎创建，1869 年以"金森森屋洋物店"的名义开业。随着业务不断扩张和仓储业、造船业的发展，仓库规模最大时达到 21 座。后来的近 100 年间，仓库历经火灾与重建，在上个世纪末逐步改装，设立美术馆、商店、餐厅与演出会场，变成了体验日式西洋风情的好去处，也非常适合喜欢逛小店的人。

官网（含中文）：www.hakodate-kanemori.com
交通：函馆市电十字街站步行 2 分钟，或 JR 函馆站步行 15 分钟

函馆美味

函馆的美味海鲜自然不用提，其实在函馆周边，还隐藏着许多吃过一次就念念不忘的美味。

沼之家（沼の家）

　　从函馆站乘坐 JR 四十分钟，就能到达大沼公园，享受大沼湖、小沼湖和驹岳组成的湖光山色。

官网（日文）www.onuma-guide.com

　　走出 JR 大沼公园站，千万不要错过站旁赫赫有名的百年老店"沼之家"。这里出售各种特色食品，其中包括酱油和豆沙两种口味混合的团子，小盒 390 日元，大盒 650 日元。一直对团子不太感冒的我第一次由衷地感叹"团子真好吃"。

◆地址：北海道龟田郡七饭町大沼町 145
◆交通：JR 大沼公园站步行 1 分钟

鱿鱼饭阿部商店(いかめし 阿部商店）

　　要说全日本最有名的车站便当是哪个，阿部商店的鱿鱼饭肯定是候补之一。500 日元的鱿鱼饭看似朴素，但味道秒杀同类料理，连年在东京的车站便当大会中销量排名第一。在 JR 森站候车室里的 KIOSK 便利店买一盒尚还温热的鱿鱼饭，坐在旁边慢慢享受，是北海道铁道旅行中最让人回味的时光。

◆交通：JR 森站站内
◆官网（日文）：www.ikameshi.co.jp

函馆早市·盖饭横丁市场

函馆早市和盖饭横丁市场是吃货和海鲜爱好者的天堂，每年都能迎来将近 200 万客人。因为是早市，店铺多在 5、6 点开门，可以一大早就去享用海鲜大餐。这里的海鲜饭吃起来更加"自由"，食客可以从店内提供的多种海鲜中选择自己喜欢的食材进行组合，食材的种类、数量不同，价格也会随之变动。比起菜单固定的一般店铺，在这里吃海鲜饭很有"定制"的感觉。

官网（含中文）：www.hakodate-asaichi.com

交通：函馆市电函馆站前站，或 JR 函馆站

函馆山散步

函馆山上散布着大大小小的洋房、教堂和多姿多彩的坂道，非常适合一边散步一边感受函馆的魅力，可以重点关注的地方有：八幡坂、元町公园、旧开拓使函馆支厅书籍库、旧北海道厅函馆支厅厅舍、旧函馆区公会堂、函馆东正教会、天主教元町教会。

1. 从金森红砖仓库前的海边朝函馆山方向走，可以看到为纪念开发北海道第一步设立的雕像。

2. 从函馆港边向上延伸的八幡坂直指函馆山，是函馆市内最有代表性的坡道。到达最上方后，可以站在道路正中央向下俯瞰。这里是最有函馆味道的角度，函馆港就在坡道尽头的远方。

3. 从八幡坂顶端向右转，沿着小路向元町公园方向走，一路上可爱的小店和餐厅鳞次栉比。

4. 元町公园附近安静的街道仿佛与世隔绝，颇有欧洲风味。

5. 位于元町公园内的旧开拓使函馆支厅书籍库，建于 1880 年。

6. 同样在元町公园内，建于 1909 年的旧北海道厅函馆支厅厅舍。

7. 建于 1910 年的旧函馆区公会堂。

8. 明治时期开拓函馆的四天王像，从左到右分别是今井市右卫门、平田文右卫门、渡边熊四郎和平塚石藏。

9. 从元町公园出来往回走，去看两座标志性的教堂。首先是日本最古老的东正教会，最初建于 1858 年，后毁于火灾，1916 年重建。

函馆山夜景

空中缆车划过民宅上方。

傍晚余光中的函馆。

去函馆之前听说函馆的夜景是日本三大夜景之一，甚至被列入世界三大夜景，真的满腹怀疑。但亲眼看到之后，我只想说：函馆的夜景，是旅行者一生必看一次的景色。

函馆的夜景之所以让人感动，是因为那里不是我们通常概念中的"建筑的夜景"。像香港、纽约、东京，夜景都很出名，都是依靠无数现代化建筑和夜间繁华的街道人群组成的。但函馆完全不同。函馆是自然与生活的夜景。首先，函馆市的地理构造十分特殊，这样的地形成就了夜景的独特形状。其次，函馆没有高楼大厦，建筑比较稀疏，人口也不稠密，大海、半岛、小山等自然的轮廓与居民家中的点点灯光汇聚到一起，让人完全沉浸在最恬淡的幸福感中。这样的夜景不是金钱或现代技术的堆砌，而是最朴素的生活图景与自然的恩赐。

在夏天的黄金季节或旅游旺季，天气晴好时，如果想在最好的位置欣赏函馆从披着阳光到沉入灯火中的全过程，需要至少在山顶待 3 个小时。比如 7 点半左右天黑，最好在 5 点半就到达山顶，如果不在那时占位，就很难看到、拍到满意的景色了。等到 7 点多，天色渐渐黑下来，你就会发现身后站着密密麻麻的人群，庆幸之前的两个小时没有白等。旅行团大多在天黑后上山，那时观景台上的人像潮水一样，挤到缆车站都要费一番工夫。所以想要真正体会函馆夜景的美，就要舍得花时间。

其实，根本没有舍得不舍得。当你目睹夜景慢慢出现的全过程，你就会觉得，别说站 3 个小时，就算站一天，都是值得的。

官网（含中文，可以查询日落时刻）：www.334.co.jp
函馆山空中缆车站：函馆市电十字街站步行 5 分钟
¥ 单程 1200 日元，往返 1800 日元
其他登山方式：从 JR 函馆站或市电十字街站乘坐登山巴士，或步行上山

稚 内

在稚内，你可能会……

走下火车的瞬间，感叹自己的日本旅行进入了新纪元。

或急或缓地登上稚内公园，看日本人如何定义历史过往。

奔赴日本的最北端，在纪念碑前放空大脑。

学习稚内的日语发音 wakkanai，了解它在阿伊努语中意为"冰冷的水泽"。

拉长假期，从稚内迈向利尻和礼文。

以及，更多属于你的稚内。

>> 稚内·利尻·礼文观光信息（含中文）：www.north-hokkaido.com

交通时间提示

札幌 – 稚内（JR）：最快约 5 小时 10 分钟
旭川 – 稚内（JR）：最快约 3 小时 40 分钟

📋 稚内交通

　　JR 稚内站是稚内市的交通枢纽，前往宗谷岬等景点的公交车就在站前的巴士中心始发，公交和高速巴士都由宗谷巴士运营。

　　官网（含中文）：www.soyabus.co.jp

📷 信步走稚内

北门神社·稚内港北拱形防波堤

　　创建于 1785 年，于 1896 年移到现在的位置，是稚内最重要的神社，从 JR 稚内站步行 15 分钟。

　　稚内港北拱形防波堤的古罗马式设计与整个城市的风格不太协调。

眺望大海的间宫林藏。

朴素的最北端食堂。

在这里可以买到抵达日本最北端证明。

宗谷岬

这里是日本最北端。

圆锥形雕塑位于北纬 45 度 31 分 14 秒，是日本最北端的标志。从 JR 稚内站到宗谷岬的公交班次很少（时刻表参考宗谷巴士官网），单程 50 分钟，可以在稚内站前的巴士总站购买往返票，共 2500 日元。

宗谷岬立有间宫林藏的雕像。间宫林藏是江户时代后期的探险家，以对库页岛的探险而闻名，在闭关锁国的江户时代分外惹目。在最北端标志旁边的商店里，还可以买到抵达日本最北端的证明。

稚内公园

稚内市最重要的景点，沿北门神社本殿后方的台阶向上即可到达。公园内的"冰雪之门"纪念日本的侵略扩张史，即在日俄战争后到二战结束，日本曾占领库页岛的南部，那里在日语中称为"桦太"，由此可以看到日本人的心态。直到现在，像"全国桦太联盟"这样的组织还在积极宣传，认为库页岛南部是日本固有领土，连同南千岛群岛一起，都应该让"侵略者"俄罗斯拱手归还。

在冰雪之门旁边立于 1963 年的石碑上，写着这样的文字："人们从这里渡海前往桦太，又从桦太回来。二战结束，这扇门便牢牢紧锁。此后十八年，对故乡的思念难以停止。为了安抚在桦太逝去的诸多同胞的灵魂，在这片可以肉眼望见桦太的土地上，在木原丰治郎和笹井安一的热情支持与全国收复桦太联盟的赞成下，借助全国的温暖相助，我们在这里立下纪念碑。"碑文的落款则是当时的稚内市市长。

这里还有另一块"烈士"纪念碑，纪念的是在前苏联"入侵""桦太"时"牺牲"的九个女子。碑上的文字同样让人感慨："诸位，这是最后了。永别，永别。"

从冰雪之门可以俯瞰稚内市区。

去日本做一次动漫朝圣

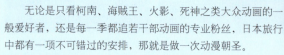

《名侦探柯南》2010 年在广岛与 2013 年在长崎的活动。

　　无论是只看柯南、海贼王、火影、死神之类大众动画的一般爱好者，还是每一季都追若干部动画的专业粉丝，日本旅行中都有一项不可错过的安排，那就是做一次动漫朝圣。

　　说到动漫朝圣，其实有很多层级和类型。最简单的当然就是逛逛动漫店，买些周边产品。其次是参观相关的博物馆或者漫画家的故乡，如东京都三鹰市的吉卜力美术馆、神奈川县川崎市的藤子·F·不二雄博物馆、静冈县清水市的樱桃小丸子天地、鸟取县北荣町的青山刚昌故乡馆等。如果再晋一级，就是到动画的取景地一探究竟了。

　　和很多日剧、电影一样，日本有些动画、漫画也会在现实生活中取景。当年《灌篮高手》在镰仓取景时，这种行为还没那么大张旗鼓，但是近几年的动画完全不同，很多地方都把荣登动画背景作为自己的旅游宣传点，花很大心思吸引游客。

　　镰仓这种热门地区就不用说了，除了《灌篮高手》，还有《青花》《青之文学》等优秀作品青睐，我正是通过这些画面了解了江之岛和极乐寺。北海道也是动画取景的热门地，《魔法使的注意事项～夏之空～》展现了美瑛的纯净广阔，《蜂蜜与四叶草》让日本最北端的稚内进入了我的行程，还有《向北》《银之匙》《只想告诉你》《我们的存在》等。东京、京都、大阪等地更不用说了，无数景观多次出现在大小众动画中，数不胜数。

　　如果是校园题材的动画、漫画，那么必备的修学旅行的情节更是展现日本各地风光的绝佳舞台。远的如当年《水果篮子》里的奈良，近的如《中二病也要谈恋爱》第 2 季里的鹿儿岛。同时，《名侦探柯南》每年也都会安排一些风景名胜出境，当地也会配合开展一些柯南的主题活动。2010 年去广岛和 2013 年去长崎时，我都正好赶上活动。

　　很多并非一线旅游地的小城也常常因为某部动漫作品而成为动漫迷的朝圣地。比如《TRUE TEARS》选择的富山县东砺波郡成端町、《冰果》的背景舞台岐阜县高山市、《夏色奇迹》的故事发生地静冈县下田市。当然，做得最绝的当属京都动画旗下的《幸运星》，主人公们直接到京都动画的总部朝圣，让很多粉丝跟风而来，我这个京都动画的死忠粉也未能免俗。

因《你的名字》而成名的 JR 飞驒古川站。

京都久美滨神谷太刀宫境内的巨石吸引了不少《鬼灭之刃》的粉丝前来拍照。

到京都动画总部朝圣。

关于和服的几句闲谈

如今去日本旅行，穿着和服走街串巷地拍照似乎成了很多女孩子的必选项目，以至于有人说，在京都东山祇园地区遇到的和服女子，十有八九不是日本人。

东亚人穿和服，基本没有什么违和感，只不过能从面容和气质的微妙感觉上看出，哦，那是日本人，这是中国人。但是西方女性穿和服就不一样了，当然也有西方面孔可以把和服穿得美到逆天，但是在京都这样的观光城市走一走，要不就是双腿叉开往路边一站，完全失去了和服的线条与节制，要不就是从胸部到臀部的尺寸太过肆意，超出了和服可以控制的范围。我丝毫没有贬低西方人的意思，但是每种民族服装都有它对应的群体，不适合就是不适合。

我第一次穿和服是在 2010 年夏天，也就是交换留学期间，准确地说穿的是夏季和服，也就是浴衣。商场里的浴衣动辄上万，路边平价小店 3 千日元的浴衣花色俗不可耐，最后在日本朋友的推荐下，我到优衣库花了 5 千多日元买了一套浴衣，又在马笼宿旅行时花 1 千日元购入一双硬邦邦的传统木屐。为了在 7 月下旬穿着这套行头去名古屋港看花火大会，我整整一个月都将木屐当拖鞋穿，只为让双脚适应。后来我发现这种练习简直作用非凡，不但看花火大会时没觉得累，连去郡上八幡逛了大半天又跳了几小时的郡上舞都撑下来了，尽管半夜回名古屋时已经全然不会走路。

住过温泉旅馆的朋友肯定都体验过浴衣，但那只不过是最简单的版本。正规的浴衣虽然没有和服那么复杂，穿起来却也颇费工夫。优衣库出售的浴衣包装里附有详细的穿着步骤和腰带的各种打结方法，自己一边看图一边穿，怎么也要花上半个小时。

不过，在当年穿好浴衣的一刹那，我一下子明白了什么才是日本女性的姿态。双腿被浴衣紧紧裹住，只能碎步向前，连上厕所都有些麻烦。日本女性就是这样将自己包裹在这种约束中，并收敛起内心的世界。

我一直都这么认为，直到 2014 年接到一本书的翻译，书名叫《和服之韵》。

那是我第一次翻译散文，而且之前并不太了解和服，其中包含许多专有名词和概念，翻译难度很大，极其费时。况且我自己并不属于恋物之人，时常对日本人在生活物件和装饰上的矫情颇不耐烦。刚开始翻译时，我是带着一种警惕之心的，或者说不自觉地就把自己隔离在了外围。

然而《和服之韵》不是这样的作品。作者清野惠里子出生在群马县沼田市，并非自幼喜欢和服。母亲去世后，她整理母亲留下的和服，突然就打开了新世界的大门。

　　在书里，作者这样写道："与和服的相遇是一切的开始。对母亲留下的和服拆旧翻新成了改变的契机，我的生活因此发生了巨大变化。这么说或许有些夸张，但与和服的相遇，确实让我得以有机会回顾自己在这片土地上生活的五十年。"

　　"回顾自己在这片土地上生活的五十年"——这句话一下子吸引了我。作者并非和服专家出身，没有那么多条条框框的认识，一切全凭感性，却也由此看到了打动人的东西。和服在日本社会中无处不在，从孩子到老年人都可以穿着，而且不会引人侧目。这样的日常风景究竟透露着什么？当我们作为外国人体验完和服时，是就止步于此，还是能将它作为一个入口，从全新的角度去观察日本这个国家？

　　《和服之韵》中有很多身穿和服的女性照片，相信读过的人都会觉得她们很美，但她们没有一个是专业模特，而是来自各行各业，有餐厅老板，有大学教授，也有舞蹈老师。旅行中，我们很可能就会遇到这样的穿和服者。她们都是日本传统文化在现代社会的传播者，文化的浸染让她们随时能撑起和服的气场。和服也正是由于她们的存在，才能传承至今。看到她们，仿佛看到了什么是真正的"匠人精神"：那并不是什么高端大气的词，而是每个人都可以做到的"态度端正"与"内心热爱"。和服为这一精神做了最好的注解，在日本女性那里，和服与其说是节制，不如说是在日本的传统中释放自我的最好选择。

　　"和服成了我第一个可以积极表现自我的领域。"

　　我不是和服专家，在译过《和服之韵》后也并没有变得想跟随作者的脚步。但是我愿意继续观察那些身着和服的身影，继续观察日本的日常。

九州
KYUSHU

福冈 FUKUOKA

　　九州的门户，也是一座容易被误认为毫无个性的舒适都市。多花些时间，走进历史悠久的神社，坐进热热闹闹的街边小摊，去感受博多文化的精髓。

熊本 KUMAMOTO

　　不要只因为熊本熊部长才去熊本，这里有挺拔的城郭、优美的庭园和顶级的拉面，还可以将脚步延伸到更广阔的阿苏大地。

鹿儿岛 KAGOSHIMA

在新干线能到达的最南端城市里，樱岛火山早就成了当地人不可缺少的陪伴。在市内看看火山，或去指宿蒸个砂，感受略有不同的日本。

别府 BEPPU

在这座建在温泉之上的城市里，"汤"占据了一切。观汤、吃汤、泡汤，连夜景都由汤的热气组成。别府有多种玩法，可以匆匆而过，也可以乐不思蜀。

长崎 NAGASAKI

到底留几天在长崎比较合适——也许无论几天都不合适，因为总想再来。在这座东西方融汇的城市里，感受风景与生活的愉悦色彩。

三言两语话九州

　　九州是日本文化的发源地之一，是日本历史各个时期对外交流的重要通道。这里有让中国旅行者感到无比亲切的汉倭奴国王金印，有鲜美的活造鱿鱼与马肉刺身，有雄伟开阔的火山与闻名日本的温泉，有水天一色的碧蓝海岸和淳朴宁静的田园风光。旅行中想找到的各种风景，九州都会一一呈现。

　　九州是日本与东亚和西方的交汇处。如果盘点九州的特色，日本传统的城郭和神社赫然在列，唐人街和日式特色中餐当然不能忽视，教堂和洋房更是不可错过的历史遗产。这里自古就是日本最重要的门户，只要行前做足功课，就可以在九州旅行中从神话时代一直体验到昭和复兴。

　　从 2012 年第一次去九州开始，几次下来，7 个县逐一拜访。在大部分的时间里，九州始终是安静、舒缓的，即使是在游客越来越多的今天，九州也依旧保留着许许多多纯粹的空间。只选自己想去的地方，如果摩肩接踵，就坦然接受，专注于风景；如果游人寥寥，就暗自欣喜，充分享受。

　　最近一次和女儿的九州之旅，需要从关西直接前往南九州的宫崎。正当我为交通方式和预算苦恼时，女儿的愿望点醒了我——她一直想乘坐能够过夜的轮船，而神户和宫崎之间恰巧有夕发朝至的渡轮，省钱省时。拿着白菜价的船票登船，我知道女儿又带着我"开发"了一项新的体验。从海上驶入九州，仿佛又打开了一个新的角度。

　　九州很近——离日本本州很近，离中国也很近。多走几次，总会走出不一样的宽度。

九州观光推进机构	www.welcomekyushu.jp
福冈县观光联盟	www.crossroadfukuoka.jp
长崎县观光联盟	www.nagasaki-tabinet.com
大分县观光信息	www.visit-oita.jp
熊本县观光联盟	kumanago.jp
宫崎县观光博览协会	www.kanko-miyazaki.jp
鹿儿岛县观光联盟	www.kagoshima-kankou.com
冲绳县观光博览局	www.okinawastory.jp
佐贺县观光联盟	www.asobo-saga.jp

福冈·太宰府

在福冈·太宰府，你可能会……

在太宰府天满宫拜拜菅原道真，哪怕已经毕业多年。

倾倒于博多的美食，从众人皆知的拉面到本地人才熟悉的路边摊。

感受福冈的繁华，或是运河城的商业气息，或是博多祇园山笠的火热人潮。

了解曾经的"太宰府"在外交和国防上的地位，熟悉这个"远端朝廷"。

拜访那些并不知名却有趣的神社，从栉田神社到宗像大社。

以及，更多属于你的福冈·太宰府。

▶▶▶ 福冈市官方城市指南（含中文）：yokanavi.com
▶▶▶ 太宰府观光协会（含中文）：www.dazaifu.org

🖥 福冈·太宰府交通

JR博多站是福冈市的交通枢纽，可以从这里乘坐包括新干线在内的JR往来九州各地和日本其他地区。在福冈市和太宰府观光，主要会用到以下交通。

福冈市地铁

福冈地铁有三条路线，连接了博多、祇园、中洲川端、天神、福冈机场等重要地区和枢纽，1日券640日元。
官网（含中文）：subway.city.fukuoka.lg.jp

西日本铁道

简称西铁，是福冈县重要的私铁，有天神大牟田线和贝塚线两条干线，通过福冈市地铁箱崎线相连。从天神乘西铁向南可到达太宰府，单程约30分钟。前往太宰府和柳川旅行时，如果时间合适，还可乘坐观光列车"旅人"和"水都"，票价与普通列车相同，详见西铁官网。
官网（含中文）：www.nishitetsu.jp/train

◎ 信步走太宰府

太宰府天满宫

太宰府天满宫与京都的北野天满宫一起，是日本所有天满宫的总本社。与北野天满宫一样，这里祭祀"学问之神"菅原道真，是修学旅行的热门景点。

公元 901 年，菅原道真因藤原时平陷害，左迁至太宰府，903 年在此地去世。因运送遗体的牛车在安乐寺前停滞不前，便在寺内修建陵庙。后来太宰府一带疫病和恶劣天气情况严重，朝廷认为是菅原道真的灵魂在作祟，于是在安乐寺中的墓地上修建社殿，拉开了太宰府天满宫的序幕。

梅花是太宰府天满宫的象征，梅枝饼也是到这里的必尝之物。此外、宝物殿和菅公历史馆同样不可错过，可以了解菅原道真这个人物在日本人心中的地位。

官网（含中文）：www.dazaifutenmangu.or.jp

交通：西铁太宰府站步行 5 分钟

开放时间：天满宫 6 点～19 点（冬季 6 点半，夏季至 19 点半），宝物殿和菅公历史馆 9 点～16 点半

门票：宝物殿 400 日元，菅公历史馆 200 日元，宝物殿＋菅公历史馆＋九州国立博物馆（常展）通票 1000 日元

太宰府遗迹

以太宰府政厅迹（又称"都府楼迹"）为核心，面貌和奈良的平城京遗迹极为相似，都是只有一大片空地供人想象。平城京由于地位更重要，加上这几年的重视，复原了个别主要建筑，而太宰府的复原只停留在遗迹旁边的说明板上。现在人们能够看到的地基都是公元 10 世纪重建时期留下的，如果想更深入地了解这一地区的历史与考古挖掘情况，可以到旁边的太宰府展示馆参观。

官网（日文）：www.kotodazaifu.net

太宰府展示馆信息：9 点～16 点半开放，门票免费

九州国立博物馆

九州重要的博物馆之一，常设展览以"大海之道，亚洲之路"为主题，强调九州在历史上作为重要门户，为日本和亚洲其他国家的交流做出了巨大贡献。展览从绳文时代开始，涉及渡来人、遣唐使、海洋贸易、基督教传入等多个关键词，对于想了解九州历史的人来说，非常值得一看。

官网（含中文）：www.kyuhaku.jp

交通：西铁太宰府站步行 10 分钟

开放时间：9 点半 ～ 17 点

门票：常展 700 日元

光明禅寺·定远馆

对于中国的旅行者来说，参观光明禅寺和定远馆让人心痛。定远馆这个名称恐怕会让很多人为之一惊，没错，这里的"定远"就是指 1895 年在甲午战争中沉没的定远舰。1896 年，定远舰的残骸被打捞上来，一些部件成了众议院议员小野隆助宅邸的一部分，取名"定远馆"，后来先后成为当地的民营公司和太宰府天满宫的财产。如今，这里最

显眼的莫过于门口的铁门，上面布满了甲午战争时留下的弹孔。此外，光明禅寺放置收费箱的桌子，正是当年定远舰舰长的办公桌。这座寺院创建于 1273 年，以庭园中的红叶闻名。

光明禅寺信息：9 点 ～ 17 点开放，门票 200 日元

1. 定远馆毫不起眼的门口很容易被忽视。2. 铁门上的甲午战争弹孔触目惊心。3. 光明禅寺内的枯山水庭园。4. 在寺内找了一圈，才发现办公桌就在门口。

福冈的神社

　　来到福冈，很多人都会吃吃拉面，逛逛博多运河城，却很少有人注意这座城市内外的历史风景。其实，福冈有不少在日本地位重要的神社，比如三大八幡宫之一的筥崎宫、祭祀神功皇后和仲哀天皇的香椎宫等。而这里要推荐的，是两座即使没有背景知识也能感受到其魅力的神社。

栉田神社

　　位于中洲川端地区的栉田神社被称为"博多的总镇守"，深受福冈人的喜爱。每年 7 月 1 日到 15 日，福冈人都会为栉田神社里供奉的素盏呜尊举行祇园祭，名为"博多祇园山笠"，至今已有 700 多年的历史，是世界非物质文化遗产。即使没机会目睹热闹的祭典，也能随时在栉田神社里看到高大华丽的山笠。

◆交通：地铁中洲川端站或祇园站步行 5 分钟
◆博多祇园山笠官网（含中文）：
　www.hakatayamakasa.com

宗像大社·边津宫

　　2017 年入选世界文化遗产的宗像大社，是一座非常特殊的神社，分为冲津宫、中津宫和边津宫，祭祀宗像三女神。

　　冲津宫位于距离岸边 49 公里冲之岛上，自古以来禁止女性出入，每年只有少数经过抽签选出的男性在大祭当天可以上岛。但成为世界遗产后，从 2018 年起，一般身份的男性也失去了申请上岛的机会，只有神职人员可以。

　　中津宫位于距离岸边 11 公里的大岛上，可以乘船上岛参拜。如果天气好，还能从岛上的冲津宫遥拜所远远参拜冲津宫。

　　边津宫位于福冈市和北九州市之间的宗像市，除了参拜，更重要的是可以参观神宝馆，里面收藏着冲之岛出土的约 8 万件文物，全部都被指定为日本国宝。

◆交通：（边津宫）JR 东乡站换乘公交至宗像大社前；（中津宫）JR 东乡站换乘公交至神凑波止场，再换乘渡轮至大岛港
◆开放时间：神宝馆 9 点～16 点半
◆门票：神宝馆 800 日元
◆官网（日文）：www.munakata-taisha.or.jp

福冈的平民美食

福冈是九州的美食之都，花上好几天，也只能把主要类型品尝一次。但这里要介绍的不是其中某一种，而是高性价比与高回头率的福冈本地餐厅。

HIRAO（ひらお）

HIRAO 是福冈超人气天妇罗连锁店，以定食形式为主，天妇罗＋米饭＋味噌汤，价格几乎都在 1000 日元以下。不同定食搭配不同的天妇罗，如最受欢迎的"お好み定食"990 日元（部分分店 1040 日元），天妇罗包括虾、鱿鱼、白身鱼、猪肉和 3 种蔬菜，现炸现吃，美味诱人。此外，餐桌上还有 4 种小菜免费畅吃，味道毫不输给正餐，是下饭的绝品。

HIRAO 在福冈有多家分店，包括天神、福冈机场、贝塚等地，详情见官网。

◆地址：各家分店地址请见官网
◆交通：各家分店的交通方式请见官网
◆官网（日文）：www.hirao-foods.net

KAJISHIKA（かじしか）

◆地址：福冈县福冈市博多区奈良屋町 5-14
◆交通：地铁中洲川端站或吴服町站步行 5 分钟
◆营业时间：18:00 ～ 24:00

福冈的屋台饮食文化闻名全日本。屋台，就是街边的小吃摊，可谓福冈平民美食的精髓。福冈市中心每晚都会有不少屋台出摊。

但在 2017 年 3 月，一批颇有历史的知名屋台莫名其妙没能通过审查而被迫关张，其中就包括人气极高的 KAJISHIKA。后来，KAJISHIKA 另租店铺，变成居酒屋继续营业，原来使用的屋台也摆放在新店里。这家店由一家人经营，店主热情豪爽，每当有客人进店，店主便会组织店内已有客人集体鼓掌欢迎。店内回头客很多，即使是外地来的游客，也能迅速融入店内热烈又轻松的氛围中。

各种蔬菜和肉类串烧是这家店的代表，单品 300 ～ 500 日元的居多，也有 600 日元的拉面等。

熊　本

在熊本，你可能会……

冲向部长的办公室，为这只萌熊奉献荷包。

远眺修复中的熊本城，希望地震的影响尽快消除。

在马肉刺身、拉面和辣莲藕中记住熊本的味道。

乘坐冒烟的 SL 列车前往人吉，感受九州最火热的铁道文化。

将脚步伸展到阿苏山下，投入活火山带来的壮观自然。

以及，更多属于你的熊本。

▶▶▶ 熊本市观光指南（含中文）：kumamoto-guide.jp

交通时间提示　博多 – 熊本（新干线）：最快约 32 分钟

🖥 熊本交通

　　JR 熊本站是熊本市的交通枢纽，新干线和其他 JR 列车均在此停靠。从站前可乘坐熊本市电前往熊本市内各地。熊本市电单程 180 日元，1 日券 500 日元，A 线从田崎桥出发，经 JR 熊本站，B 线从上熊本站前出发，两条线从辛岛町开始并行，经熊本城、水前寺公园等重要景点，一直抵达终点健军町。

官网（含中文）：www.kotsu-kumamoto.jp
　　如果前往熊本码头，可从站前乘坐公交。熊本码头每天有多班渡轮前往长崎县的岛原。
熊本渡轮（含中文）：www.kumamotoferry.co.jp
九商渡轮（含中文）：www.kyusho-ferry.co.jp

信步走熊本

熊本城

日本的"三名城"之一（其余两座为名古屋城和大阪城，或名古屋城和姬路城），始建于1469～1487年，江户时代初期由加藤清正改修，奠定了后世为人熟知的样子。1632年，细川忠利入城接替加藤家，细川这个名门由此与熊本密切相连。

熊本城以壮阔的大小天守阁闻名。1876年的西南战争让天守阁毁于战火，现在看到的天守阁重建于1960年，站在顶层可以远眺阿苏山。重建的本丸御殿深处的"昭君之间"，里面的拉门和屏风上复原了以王昭君故事为主题的绘画。如果想看到更加原初的熊本城风貌，可以关注免于战火的宇土橹等建筑。

遗憾的是，在2016年的地震中，熊本城受损严重，目前仍处于修缮中。天守阁已于2022年修复完毕重新开放，但是宇土橹、本丸御殿和石垣的修复预计还需要20～30年的时间。

官网（含中文）：kumamoto-guide.jp/kumamoto-castle
交通：熊本市电熊本城·市役所前站步行3分钟
开放时间：9点～17点
门票：800日元

水前寺成趣园

前身是熊本藩初代藩主细川忠利于1636年设立的水前寺御茶屋，后来逐渐由后人扩建至现在的模样，"成趣"一名来自陶渊明的《归去来辞》"园日涉以成趣"。庭园在明治初期一度荒废，后来建立祭祀细川家历代藩主的出水神社，使得庭园重回繁荣。与日本"三名园"（冈山后乐园、金泽兼六园、水户偕乐园）相比，这里名气没有那么大，但典型的日式庭园风景仍值得一赏。

官网（日文）：www.suizenji.or.jp
交通：熊本市电水前寺公园停留场站步行2分钟
开放时间：7点半～18点（冬季8点半～17点）
门票：400日元

细川忠利与细川藤孝铜像。

秋阳尚暖鸭自知。

庭园里的小丘也逃不过富士山的形状。

在熊本"追熊"

私房推荐·观

如果说 10 年前人们去熊本旅行，为的是熊本城或阿苏火山，那么现在人们被熊本吸引，多半是因为那只胖乎乎的熊本熊。在日本无数的地方吉祥物中，熊本熊堪称一枝独秀，拥有其他吉祥物难以匹敌的世界级影响力。只要到了熊本市，似乎就必须要去拜访一下这位部长才算圆满。

>>> 熊本熊官网（含中文）：kumamon-official.jp

与熊本熊相关的最著名"景点"，要属"熊本熊广场"（くまモンスクエア）。名字虽然叫广场，但实际是一处室内设施，位于熊本市中心テトリアくまもと大楼的 1 层，部长的办公室和表演舞台就在这里，还有商店出售丰富多彩的周边产品。游客们可以坐在部长的办公桌前，在留言簿上写下对部长的喜爱。

◆熊本熊广场官网（日英双语）：
 www.kumamon-sq.jp
◆开放时间：10 点～ 19 点
◆交通：熊本市电水道町站

想和熊本熊亲密接触，最为人熟知的方式就是在熊本熊广场看表演。但表演并非每天都有，熊本熊经常有"出差"的时候。一定要提前在官网上确认熊本熊的日程表，如果时间允许，不妨结合部长的日程来一次"计划外的旅行"，说不定会有意外惊喜。

熊本县的八代市就是我在"追熊"时意外拜访的目的地。那天熊本熊到八代市出差，表演的地点是位于八代市商店街里的熊本熊周边商品专卖店"熊南 STATION"。与熊本熊广场相比，这里的游客要少很多，与熊本熊合影也非常方便。而且店内还有一项非常特殊的服务：只要提前在商店官网预约，就能在店内及商店街上与各种熊本熊商品合影，然后当场将照片制作成徽章，每次可以制作 4 枚，费用 1000 日元。

>>> 熊南 STATION 官网（日文）：
 kumanan-station.com

此外，熊本县内的两家私铁—熊本电气铁道和肥萨橙子铁道，都推出了熊本熊主题列车，可以在官网查询详细信息：

>>> 熊本电气铁道（含中文）：www.kumamotodentetsu.co.jp
>>> 肥萨橙子铁道（含中文）：www.hs-orange.com

鹿儿岛

在鹿儿岛，你可能会……

从各个角度眺望樱岛火山，了解这座与火山共生的城市。

走进萨摩的历史，历数百余年前的划时代记忆。

在五彩斑斓的天文馆大吃白熊刨冰，以及任何你想吃的东西。

体验与福冈相似又不同的路边摊文化，从此想做回头客。

在指宿"活埋"自己，尝试天然蒸砂的魔力。

以及，更多属于你的鹿儿岛。

>>> 鹿儿岛市观光协会（含中文）：www.kagoshima-yokanavi.jp

交通时间提示
博多 – 鹿儿岛中央（新干线）：最快约 76 分钟
鹿儿岛中央 – 指宿（JR）：最快约 50 分钟

🖥 鹿儿岛交通

鹿儿岛中央站是鹿儿岛的交通枢纽，也是九州新干线的终点。另外还有鹿儿岛站，千万不要和鹿儿岛中央站弄混。

鹿儿岛市电有两条线路，从鹿儿岛中央站前往最热闹的商业街"天文馆通"非常方便。如果前往仙严园和城山公园，则需要乘坐 CITY VIEW 等巴士。市电和巴士均可到达水族馆和樱岛渡轮码头附近，但市电需从水族馆口站步行约 8 分钟。

官网（含中文）：www.kotsu-city-kagoshima.jp

连接鹿儿岛市和樱岛的渡轮从水族馆旁的码头出发，普通渡轮单程 15 分钟，24 小时运行，白天班次密集。另有观光渡轮。

官网（含中文）：www.city.kagoshima.lg.jp/sakurajima-ferry

信步走鹿儿岛

仙严园

仙严园是 1658 年由岛津家第 19 代当家岛津光久建造的别墅，从庭园中便能将锦江湾和樱岛火山的壮观景色尽收眼底，这样的全景式风光是其他庭园无法相比的。从江户时代末期到近代，仙严园成了专门迎接贵宾的地方，从日本的皇族到日本国内外的重要客人，很多名人都曾到访过这里。

如果在鹿儿岛市只能参观一个景点，毫无疑问仙严园是首选。这里除了古老的宅邸、优

美的庭园，还有名列世界遗产的工业革命遗迹。庭园内甚至展示着鹿儿岛人用来收集樱岛火山灰的"克灰袋"，呈现出鹿儿岛人与众不同的日常生活。

官网（含中文）www.senganen.jp
开放时间：8 点半～ 17 点半
门票：庭园、尚古集成馆、御殿通票 1500 日元
交通：巴士仙严园前站

城山公园

城山公园位于鹿儿岛市中心，是一座海拔 107 米的小山，山顶的展望台可以眺望壮丽的樱岛火山和鹿儿岛市区风景，夜景也很不错。这里是鹿儿岛市第一座公园，配有完备的散步道，在山下还能参观萨摩义士碑和"维新三杰"之一，萨摩番武士西乡隆盛的雕像。
交通：巴士城山站

樱岛

　　留出至少半天时间登上樱岛参观，会为鹿儿岛之旅留下难忘的回忆。乘坐渡轮抵达樱岛后，最方便的观光方式是乘坐樱岛 ISLAND VIEW 巴士，可以在一个小时内走访鸟岛展望所、赤水展望广场和汤之平展望所，每处均有短暂停车时间供乘客下车参观。如果想环绕整个樱岛，可以选择定期观光巴士，参观黑神埋没鸟居等更深度的景点。

　　樱岛的不少观光设施都集中在樱岛港的步行范围内。若想泡汤放松，可以选择"国民宿舍彩虹樱岛"，390 日元即可享受海景温泉。还有"樱岛熔岩海滨公园"全长 100 米的足汤，面前是锦江湾，背后就是樱岛火山。更可以在"火之岛恩惠馆"享受超值午餐。

　　樱岛观光官网（含中文）：www.sakurajima.gr.jp

指宿

　　想在鹿儿岛玩得更尽兴，可以前往指宿一日游。指宿并非什么观光胜地，却拥有独一无二的海滨蒸砂。指宿市的蒸砂会馆"砂乐"是世界上唯一的天然蒸砂温泉，蒸砂场是利用沙滩下面埋藏的天然温泉修建的。花上 1100 日元，便可以既躺在沙滩上蒸砂，又享受传统的室内温泉。蒸砂就是穿着浴衣埋在热乎乎的砂子中，在 10 分钟的时间里从沉重到舒适，再到浑身冒汗，最后唰地起身，感受海风拂面的惬意。

　　从鹿儿岛往返指宿，可以选择每天运行的观光列车"指宿的玉手箱"。离指宿不远的西大山站是 JR 在日本最南端的车站，铁道迷可以顺道前往。

　　指宿市观光协会（含中文）：
　　www.ibusuki.or.jp
　　蒸砂会馆砂乐（日英双语）：
　　sa-raku.sakura.ne.jp

鹿儿岛的热情美味

在 JR 鹿儿岛中央站东口的斜对面，曾经有一处由 25 家店铺组成的"鹿儿岛屋台村"。"ぶえんもゆかり"就位于屋台村的南侧入口。

第一次来鹿儿岛时，发现这家店评价很好，价位相对低廉，便和同伴选择了这里。第一天在这里吃晚饭，我们的胃就被牢牢地抓住了：无论是种类丰富的刺身拼盘，还是鲜美的"づけ丼"（用腌制的生鱼碎块做的盖饭），价格都在 1000 日元以内，味道更是无可挑剔。结账后，我们嚼了热情的女老板赠送的泡泡糖，把糖纸放在桌上就离开了。

第二天晚饭，我们忍不住又跑过来，点了芥末章鱼、拉面和茶泡饭。500 日元的茶泡饭原本以为只有一小份，端上来却是一大碗，里面搭配了实实在在的鱼肉和鲜美的汤汁，吃得我们只觉遗憾：为什么不在鹿儿岛再住一晚。

结账时，老板又递上两块泡泡糖。剥开糖纸，我突然发现里面写着"中奖"。正在惊讶，老板举着两块比泡泡糖大好几倍的巧克力走过来，笑眯眯地说："昨天你也中奖了，没发现吧？这是两份礼物。"

如今，由于屋台村的位置调整，这家店也搬到了加治屋町，不过交通依旧方便，可以从 JR 鹿儿岛中央站步行前往，也可以坐两站路面电车。在物价普遍上涨的现在，这家店依旧保持着极高的性价比。

◆地址：鹿儿岛县鹿儿岛市加治屋町 1-7
◆交通：JR 鹿儿岛中央站步行 10 分钟，
　　　　或鹿儿岛市电加治屋町站步行 2 分钟

别 府

在别府，你可能会……

了解油屋熊八的故事，明白什么叫作"山看富士，海看濑户内，汤看别府"。

躲开旅游团，找一处风景美丽的私汤享受时光。

用温泉蒸饭，或者在夜间爬上黑漆漆的山道，眺望不可思议的蒸汽夜景。

在别府完成"地狱"巡游，看遍千奇百怪的温泉设施。

混迹在当地人中间，端着洗漱用具做一回不怕烫的大众浴场客人。

以及，更多属于你的别府。

▶▶▶ 别府市观光协会（含中文）：kyokai.beppu-navi.jp

交通时间提示　博多 – 别府（JR）：最快约 1 小时 50 分钟

别府交通

　　JR 别府站是别府市的交通枢纽，站前的夸张雕像表现了张开双手欢迎游客的油屋熊八，正是此人的诸多举措，让别府在 20 世纪前期就成了闻名日本的观光胜地。

　　前往别府市内各景点，包括"地狱巡游"中的各个"地狱"，都需要从别府站前乘坐巴士。负责巴士运营的是龟之井巴士公司，可以在以下网站查到路线和时刻表信息。

　　龟之井巴士官网（日文）：www.kamenoibus.com
　　别府巴士指南（日文）：www.beppuni.com

🔶 信步走别府

地狱巡游

　　地狱巡游"地獄めぐり"是指巡游别府市内的 7 处独特的温泉景观，几乎每个来到别府的游客都不会错过。这些温泉色彩丰富，形态各异，都属于高温的观赏温泉。

官网（含中文）：www.beppu-jigoku.com

开放时间：8 点～ 17 点

门票：通票 2200 日元，各地狱另有单独门票

　　如果要巡游全部 7 处温泉，可以参考以下顺序，需 4 ～ 5 小时：

　　①从 JR 别府站乘坐巴士，在海地狱前站下车，步行游览海地狱、鬼石坊主地狱、灶地狱、鬼山地狱、白池地狱，最后到达巴士铁轮站。

　　②从铁轮站乘坐巴士，在血池地狱前站下车，步行游览血池地狱和龙卷地狱。

　　③步行约 20 分钟至 JR 龟川站，或乘坐巴士返回 JR 别府站。

　　如果时间紧张，参观其中最精华的海地狱和灶地狱即可。

鬼石坊主地狱灰色泥浆般的温泉咕嘟咕嘟冒泡。很有特色。设有足汤和单独的温泉洗浴设施"鬼石之汤"。

海地狱因蓝色的温泉和巨大的睡莲而闻名，园内设有足汤，还可以品尝用温泉热气蒸制的极乐馒头。

鬼山地狱的特色就在于利用温泉热气饲养鳄鱼，现在能看到约 100 头各个品种的大小鳄鱼。

灶地狱是温泉类型最丰富的地狱，除了观赏各色温泉，还能喝温泉水、体验手脚蒸汽温泉、泡足汤。

白池地狱带有老旧观光设施的典型特征，园内可以看到热带鱼和乡土绘画，展览条件也极其有限。

红通通的血池地狱游人攒动，巨大的纪念品商店一看就是为了旅行团而设，但也不乏有趣的商品。

龙卷地狱的间歇泉每 30 ～ 40 分钟喷出一次，每次 6 ～ 10 分钟，要么很走运正好赶上，要么就等待。

竹瓦温泉

创建于 1879 年的竹瓦温泉是别府最著名的公共浴场，最初为竹葺屋顶，后改为瓦葺，因此得名竹瓦温泉。现在人们看到的建筑是 1938 年建成的，高大端庄的日式传统外观是别府的象征。但与豪华的外表相比，竹瓦温泉的内部相当朴素，男女浴室各只有一个温泉池，也没有淋浴设备，抬头仰望高高的天花板，仿佛回到了几十年前。更重要的是，这里并非纯粹的旅游景点，每天仍有很多当地人来这里泡澡，氛围极佳。要注意的是，竹瓦温泉水温较高，泡进温泉池前务必先用池水浇身，充分适应，量力而行。

温泉斜对面的竹瓦小路带有木质顶棚，是日本现存最古老的商店街。

开放时间：6 点半～ 22 点半，蒸砂 8 点～ 22 点半

门票：100 日元，蒸砂 1030 日元

交通：JR 别府站步行 10 分钟

温泉热气展望台

在别府市内散步，尤其是在地狱巡游的过程中，喷出温泉热气的设施随处可见。在 JR 别府大学站和铁轮温泉地区正中间的大观山町一带，有一处温泉热气展望台（湯けむり展望台），可以从高处眺望铁轮温泉等别府市内各处温泉升起的腾腾热气，白天和夜晚都有欣赏价值。

不过，由于通向展望台的道路复杂，地图软件也无法明确导航，需在到达别府后询问旅游咨询中心或所住酒店，选择合适的交通方式前往。从 JR 别府大学站步行到展望台，在道路熟悉的情况下至少需要 30 分钟。千万不要错过路旁并不明显的指示牌。

最温暖的车站便当

在别府著名的竹瓦温泉对面，有一家"相貌平平"的咖啡厅，叫TAKEYA。一般游客并不会把目光投向这里，然而朴素的店铺内却隐藏着一款温暖人心的车站便当——民子的梦（たみこの夢弁当）。

民子，是居住在附近的水口民子老奶奶。这家TAKEYA咖啡厅，就是她家经营的。咖啡厅旁边是日本现存最古老的商店街"竹瓦小路"，年代久远，需要维修保护。为了筹集资金，当地居民组织过募捐，但民子老奶奶选择了更加积极的方式——通过出售便当赚钱，守护故乡的风景。

十几年来，民子老奶奶充分利用当地应季食材，坚持制作这款充满"妈妈味道"的特色便当。后来，80多岁的她摔了一跤、行动不便，就把这项任务交给了儿媳。这款便当参加过九州一年一度的车站便当大会，采用古朴的竹皮花纹纸盒包装，从别府特色的炸鸡块、丰后牛肉，再到香喷喷的别府湾小鱼干和饱满的冬菇，完全就是一餐别府母亲亲手制作的家常菜。再配上TAKEYA的自制咖喱面包和老字号"盐月堂老铺"的柚子羊羹，美味至极。

日本的一位广播作家曾写道：

人们总觉得"车站便当"是坐车时买的东西，但"美味的车站便当"也会成为中途下车的理由。别府的车站便当"民子的梦"则更进一步，走出了车站，将人们带入城市中……车站便当也许是一种梦想般的存在，从中还可以生发出各种各样有趣的片段。正因如此，车站便当才能走过130年，并将继续存在。

朴实无华的便当，蕴含着岁月，寄托着梦想。当你在摩肩接踵的景点里焦躁不安时，这样一个故事，也许就能让你看到不一样的别府，不一样的故乡。

◆地址：大分县别府市元町 15-7
◆交通：JR 别府站步行 10 分钟
◆官网：www.beppers.jp/takeya

购买方式：提前两天在 JR 九州的人工窗口预约付款（1080 日元），然后到 TAKEYA 咖啡厅领取，领取时间为 10 点～14 点，每周一和 12 月 29 日～1 月 3 日除外，领取后可在店内享用。

长 崎

在长崎，你可能会……

走进西方人留给长崎的洋馆，回溯这座港口城市的开放脚步。

跟着维新志士坂本龙马的脚步，认识日本人眼中的近代传奇。

在日本三大唐人街之一散步，看那些摇身一变成了"进口货"的柴米油盐。

赞美价值百万美元的夜景，当然也要做好天气恶劣的准备。

从东坡肉、汤面到土耳其饭，看异域美食如何变成本土料理。

以及，更多属于你的长崎。

▶▶▶ 长崎市观光信息（含中文）：www.at-nagasaki.jp

交通时间提示　博多 – 长崎（JR）：最快约 1 小时 50 分钟

🖥 长崎交通

通透的 JR 长崎站让人心情愉快。

　　JR 长崎站是长崎市的交通枢纽。从站前可乘坐长崎市电，前往长崎市内的各处景点。市电共有 4 条路线，1 日券 600 日元，缤纷多彩的车辆本身也极富特色。

长崎市电官网（含中文）：www.naga-den.com

千万不要错过市电的小细节与大风景。

201

◉ 信步走长崎

长崎原子弹爆炸资料馆·和平公园

作为世界上仅有的两座遭受原子弹袭击的城市之一，长崎原子弹爆炸资料馆和旁边的和平公园是长崎的必游之地。资料馆建于当年的爆心旁边，于 1996 年落成，馆中展示了原子弹爆炸前后长崎的各种资料，馆前还有当年经历爆炸的浦上天主堂的遗迹。旁边的和平公园立有雕塑家北村西望创作的和平祈念像，是修学旅行的学生们拍摄合影的热门场所。和广岛原子弹爆炸资料馆一样，这里的展览中同样能看到"南京大屠杀"和对战争反省谢罪的字眼，是日本为数极少的公开表达反思的场所。

官网（含中文）：nagasakipeace.jp

交通：长崎市电滨口町站步行 5 分钟

开放时间：8 点半～ 17 点半（夏季至 18 点半）

门票：200 日元

新地中华街

长崎的新地中华街是日本三大唐人街之一（另外两处为横滨中华街和神户南京町），曾经被称为"新地仓库"，储存中国商船运来的货物。旁边的凑公园由填海造陆形成，如今每年春节都会举办灯会。

对于中国的旅行者来说，中华街有两大看点不可错过，一是各家餐馆橱窗里颇有日本特色的中餐模型，二是商店里出售的各种中国进口产品，如松花蛋、麻花、粉丝和各

种国内常见的调味料，在日本看到别有一番趣味。

官网（日文）：www.nagasaki-chinatown.com

交通：长崎市电筑町站步行 2 分钟

孔庙·中国历代博物馆

由清政府和华侨出资，建于 1893 年，虽然只有一进院落，但五脏俱全。大成殿中按惯例供奉孔子像，殿堂前后则列有七十二弟子的塑像，两边的走廊内还提供笔墨，供参观者尝试书写《论语》中的名句。中国历代博物馆是故宫博物院在海外唯一的常设展览，展有几十件宫廷物品，定期更换。

交通：长崎市电大浦天主堂下站步行 4 分钟

开放时间：9 点半～ 18 点

门票：660 日元

官网（日文）：nagasaki-koushibyou.com

唐人住宅遗迹

沿着御崎道一路走下来，就到了唐人住宅遗迹。1689 年，江户幕府为了防止走私和基督教传播，为因贸易来日的中国人特别建立了居住区。当时，居住区外曾建有围墙和壕沟，实行非常严格的出入管理制度。进入明治时代后，居住区的管制取消，渐渐和周围融为一体，土神堂、天后

堂、观音堂、福建会馆等建筑和古老的澡堂保存至今，多少有些破败萧条。

交通：长崎市电筑町站步行 7 分钟

在长崎观光，各式各样的西洋建筑是不可错过的风景。比起神户，长崎的西洋风光分布更广，样式更多元。非常适合花上半天到一天来慢慢散步。

\ START! /

POINT 1
旧香港上海银行长崎支行

1904 年，这幢由明治到昭和初期的建筑家下田菊太郎设计的西式建筑落成，并成为他流传至今的唯一作品。馆内再现了当年银行中的场景，同时举办特色展览，展示长崎与上海间曾经的海上交通情况。

开放时间：9 点～ 17 点 门票：100 日元

POINT 2
大浦天主堂（旧罗典神学校）

长崎的标志之一，也是日本的国宝级建筑，1864 年落成，正式名称原本是日本二十六圣殉教者圣堂。教堂内禁止拍照，旁边有罗典神学校的旧址，是 1873 年禁教令停止后建立的，现在作为展馆开放。

官网（日文）：nagasaki-oura-church.jp

开放时间：8 点～ 18 点

门票：1000 日元（含博物馆）

POINT 3
哥拉巴园

与日本各地工业革命遗迹共同登录世界文化遗产的哥拉巴园是长崎最重要的景区，由多座洋房和纪念雕塑组成。其中哥拉巴旧宅是日本现存最古老的木造西式建筑，由英国人哥拉巴于 1863 年建造。他年轻时就来到日本，娶了日本太太，活动领域也不限于商业，还协助很多日本年轻人出国学习，支持当时日本政府的产业立国政策。

此外，林格旧宅、奥尔特旧宅、旧斯蒂尔纪念学校、旧三菱第二船坞等建筑也都不可错过。哥拉巴园一带也是很多事物的发祥地，比如日本最初的网球场、西餐厅、柏油路等都是在这里出现的。景区内还有普契尼和日本著名歌唱家三浦环的雕像，象征长崎是歌剧《蝴蝶夫人》的背景舞台。

官网（含中文）：www.glover-garden.jp

开放时间：8 点～ 18 点（部分日期开放至20 点或 21 点半），门票：620 日元

长崎市电大浦天主堂

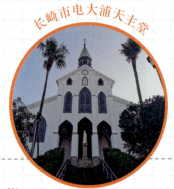

POINT 4
哥拉巴空中道路

从旧三菱第二船坞旁的出口走出哥拉巴园，就是哥拉巴空中道路。可以先在起点俯瞰整个长崎市，再通过一段直梯和一段斜行电梯下到长崎的市街中，是长崎非常有特色的观光路线。

电梯运行时间：6 点～ 23 点半

POINT 5
东山手洋风住宅群

从空中道路下来，走过市电石桥站，再次爬上坡道，就能看到东山手洋风住宅群。这里占地面积不大，风格也比较统一，是 1859 年前后和横滨、函馆等开港城市同时期形成的租界区，当时曾被称为"领事馆之丘"，现在已被改造成简单的展览馆。

开放时间：9 点～ 17 点

门票：老照片资料馆·出土文物资料馆 200 日元，住宅群保存中心免费

POINT 6
荷兰坂·东山手十二番馆

因为受到出岛地区居住的荷兰人的影响，即便在开国之后，日本人也习惯把西方人都称为荷兰人，租借地中的坡道也因此被称为"荷兰坂"，这样的风景格外受到日本人喜爱。坡道旁的东山手十二番馆建于 1868 年，先后由俄罗斯领事馆、美国领事馆等机构使用，现在则是展示私立学校历史的展览馆。

＼GOAL! ／
**长崎市电大浦海岸通
或市民病院前**

长崎经典路线·龙马足迹

江户时代末期的著名人物坂本龙马是很多日本人心中的传奇。日本各地凡是和龙马相关的地方都会被包装一番，形成当地的必看景点。作为龙马人生最后几年的重要活动地，长崎的龙马遗迹更是被打造成了一条精彩的散步道。

POINT 1
上野摄影局迹

1862 年，上野彦马在此地开设了日本第一家照相馆，并为坂本龙马拍出了传世的著名肖像。从这里登上风头山的登山道，便可开始拜访龙马的一连串相关遗迹。

POINT 3
若宫稻荷神社

这家神社又称"勤皇稻荷"，因被看作是南北朝著名武将楠木正成的守护神，幕末时期很多来到长崎的志士都曾参拜过这里。境内矗立着缩小版的龙马雕像。

START
长崎市电新大工町

POINT 2
龟山社中资料展示场

龟山社中是坂本龙马 1865 年在长崎创建的贸易公司，在运输物资的同时也进行海军训练，带有私人军队的性质。资料展示场由当地热心居民管理，展示幕末的珍贵老照片。

开放时间：周末及法定节日 9 点～17 点

POINT 4
龙马通

面海傍山的长崎有许许多多这样的阶梯步道，龙马通是其中之一。途中到处可见龙马的小雕像以及幕末相关人物的卡通指示牌，充满乐趣。

POINT 7
龟山社中纪念馆

坂本龙马于 1865 年创立龟山社中，距他被暗杀仅有两年，距明治维新仅有 3 年。建筑据说是当年龟山社中的遗构，后经长崎市的修缮复原，变成纪念馆对外开放，内部面积不大，展示着龙马相关物品的复制品。

官网（日文）：www.city.nagasaki.lg.jp/kameyama/index2.html

开放时间：9 点～ 17 点

门票：310 日元

POINT 5
风头公园

风头公园的展望台是整座风头山的制高点，巨大的龙马像矗立在这里，面向山下开阔的长崎市区，是眺望长崎全景乃至欣赏夜景的不错选择。

GOAL
长崎市电赈桥

POINT 6
龙马的靴子像

坂本龙马的身上有很多"日本第一个XXX"的纪录，其中包括"日本第一个穿靴子的人"。游客们可以双脚踩进巨大的靴子中，手握前方的舵，感受龙马想从这里摆脱身份限制飞向新世界的气势。

POINT 9
眼镜桥

从寺町走到中岛川边，便可见长崎市的又一处标志性景观，也体现出了日本人对于眼镜桥这类建筑的热爱。这座桥初建于 1634 年，是日本本土第一座石造拱桥。

POINT 8
寺町通

参观完龟山社中，沿台阶向西北方一路走到山下，就是寺院林立的寺町通。长崎的洋风在这里为之一变，整条街道都充满了传统的日式风情。

关门海峡

在关门海峡，你可能会……

从百年历史的门司港站开始，沉迷这片氛围独特的地区。

像个铁道迷一样走博物馆、乘小火车，或者你本身已经是个跃跃欲试的铁道迷。

在海边的洋房间徘徊，乘船或从隧道步行渡海。

品味烤咖喱的香气，或在海鲜市场享受河豚，大快朵颐。

了解那段应该了解的历史，做个真正的思考者。

以及，更多属于你的关门海峡。

▶▶▶ 门司港怀旧信息网（含中文）：www.mojiko.info
▶▶▶ 下关观光博览协会（含中文）：www.stca-kanko.or.jp

交通时间提示 博多 – 门司港（JR）：乘坐新干线至小仓，换乘普通列车，最快约 40 分钟

🖥 关门海峡交通

　　前往关门海峡地区，在 JR 门司港站、JR 下关站下车都很方便，然后乘坐公交或步行前往唐户。

　　门司港最有特色的交通工具是潮风号怀旧观光列车，蓝色的车体充满怀旧氛围，行驶途中车顶还会播放幻灯效果。列车一般在 3 月中旬到 11 月底的周末和法定假日运行，其中部分时间段会每天运行。全线共有九州铁道纪念馆、出光美术馆、ノーフォーク广场和关门海峡めかり 4 站。

　　如果想环绕海峡游玩一周，可以购买"四叶草票"（クローバーきっぷ），凭票能乘坐潮风号、SUNDAY 巴士（みもすそ川至唐户）和关门汽船（下关唐户至门司港）各 1 次。

　　列车及车票信息官网（含中文）：www.retro-line.net
　　关门汽船官网（日文）：www.kanmon-kisen.co.jp

信步走关门海峡

JR 门司港站

　　1891 年开始营业的 JR 门司港站是关门海峡观光不可缺少的一站。最初的站房距离现今站房东侧 200 米，1914 年新站房落成，并一直使用到 100 年后的今天，是日本第一个被定为国家重要文化财产的车站。如今站内的各种设施依旧保持着古朴的西洋风格，当年没有海底隧道时，站内有通道直接通向关门海峡渡船的码头。现在通道早已闭锁，标志还在，战争期间监视可疑人员的监视孔也清晰可见。

旧门司三井俱乐部

　　1921 年，三井物产为了招待 VIP 客户，特意在门司港站旁建造了俱乐部，为双层木质建筑。如今一层为餐厅，同时提供高级与平价河豚料理，二层复原了 1922 年爱因斯坦夫妇在此小住时的场景，另设有门司出身的著名作家林芙美子的资料室。

官网（日文）：www.mitsui-club.com
开放时间：9 点～17 点
门票：100 日元

港口风景

　　在港口一带散步，可以特别留意几幢建筑。首先是旧门司税关，红砖建筑建于 1912 年，后来曾卖到民间作为仓库使用，1995 年重新恢复当年的模样，现在作为免费展览和休息场所。

开放时间：9 点～17 点
　　国际友好纪念图书馆是为纪念门司和大连结为友好都市 15 周年而建，重现了俄国于 1902 年在大连建造的东清铁道汽船事务所，馆内设有中餐厅。

开放时间：9 点半～18 点
　　还有门司港怀旧展望室，可以从 103 米的高空俯瞰关门海峡。

开放时间：10 点～21 点半　门票：300 日元

九州铁道纪念馆

　　九州铁道纪念馆紧邻 JR 门司港站，占地面积不大，但足以让铁道迷们津津乐道，也非常适合亲子游。纪念馆内陈列着明治时代的列车和各种铁道相关物品，包括车票、车牌、车站便当盒等，让人眼花缭乱，还有模拟驾驶室可供体验。馆外停放着 8 辆各个时代曾在九州运行的列车，包括卧铺列车，再现了几十年前卧铺列车盛行时的风情。此外，迷你铁道公园提供了亲自驾驶列车在轨道上行驶的机会，尤其适合带着孩子乘坐。

　　官网（日文）：www.k-rhm.jp　开放时间：9 点～ 17 点　门票：300 日元，乘坐迷你列车 300 日元

关门隧道

　　从潮风号的关门海峡めかり站下车，沿海边向关门桥的方向步行几分钟，就会来到关门隧道的步行入口，从这里可以一路走到海峡对面的下关市，只需要大约 15 分钟。隧道内不但有鲜明的福冈县和山口县的界标，还可以在隧道两头分别盖一枚半圆形的章，组合在一起就是穿越隧道的完整证明。隧道开放时间为 6 点～ 22 点，下关一侧有坛浦之战的雕塑。

春帆楼

　　通过关门隧道来到下关，乘坐 SUNDAY 巴士到赤间神宫前站下车步行 1 分钟，就是《马关条约》的签订地春帆楼。马关是下关的旧称，1895 年 4 月 17 日，李鸿章和伊藤博文在这里签订不平等条约，刺激了日本侵略扩张的野心。如今这里陈列的桌椅展示了当年会场的样子，旁边还有李鸿章小道，通向李鸿章当年住宿的接引寺。

赤间神宫

与春帆楼相邻的赤间神宫以"龙宫造"的水天门为特色，带有鲜明的中国建筑色彩。神社创建于 1191 年，祭祀在坛浦之战中落水失踪的安德天皇，境内平氏一族的墓地也十分有名。现在看到的社殿建于 1965 年。

官网（日文）：www.tiki.ne.jp/~akama-jingu

唐户市场

从赤间神宫步行几分钟，就可以看到人声嘈杂的唐户市场。这里堪称下关的美食中心，可以在市场一楼购买新鲜的海鲜，每周五到周日以及法定假日还有寿司特卖。市场二楼的走廊则为游客提供了俯瞰整个市场的绝佳角度，走廊四周还有几家餐厅，可以吃到平价的河豚料理。此外，市场旁边也有餐饮娱乐中心，是吃饭休息的好地方。

官网（日文）：www.karatoichiba.com

开放时间：5 点～ 15 点（周日及法定假日从 8 点开始）

岩流岛

岩流岛位于关门海峡中央，在日本因历史上剑客宫本武藏与佐佐木小次郎的决斗而妇孺皆知。岛屿原名船岛，但小次郎自封流派为"岩流"，因而得名。全岛面积不过 0.1 平方公里，很容易就能散步一周。岛上立有武藏和小次郎的决斗雕像，吉川英治著名的历史小说《宫本武藏》就以这一幕作为全书结尾。门司港和唐户都有开往岩流岛的渡轮，时刻表和价格可参考关门汽船官网。

更多九州

信步走九州：岛原

1637 年的岛原起义，历史上又称"岛原之乱"，是当地天主教徒联合农民发动的起义。岛原因这段历史闻名，但如今岛原的风光却又可以让人暂时不顾历史。这是个时光停滞的地方，从车站到岛原城，从涓涓水流到路边的野花，从照相馆的橱窗到傍晚跑步的棒球部学生，这里的一切都如静止般流动。我因历史而来，却没想到一眼就看了进去。

岛原温泉观光协会（含中文）：www.shimabaraonsen.com
岛原半岛观光联盟（含中文）：www.shimakanren.com

交通时间提示
长崎－岛原（JR+ 岛原铁道）：最快约 1 小时 33 分钟
岛原－岛原外港（岛原铁道）：最快约 8 分钟

岛原铁道是经过岛原市唯一的轨道交通，起点为岛原外港，与渡轮停靠的码头步行距离不过三五分钟，终点为谏早，可以换乘 JR 前往长崎市。从岛原铁道岛原站可以步行前往市内各个景点。

官网（日文）：www.shimatetsu.co.jp

从模仿岛原城大手门修建的岛原站开始，岛原就用每一帧画面告诉旅行者，什么才是岛原的气质。从岛原站步行 5 分钟，就会看到 1964 年复原的岛原城。

官网（日文）：www.shimabarajou.com

从护城河莲花池一角看到的天守阁和巽之橹是岛原城最美的角度。

毗邻岛原城的武家宅邸群是岛原市最具江户时代风情的街区，修复开放的篠塚邸、山本邸、岛田邸等都可免费参观，每座宅邸都不大，屋内用假人模型等还原了江户时代的生活场景。整个街区中央有清水流过，是这里曾经的饮用水。水神祠和时钟楼也是不可错过的风景。

📷 信步走九州：平户

　　和岛原一样，同样属于长崎县"边边角角"的平户，也有着去了就只恨时间太少的魅力。这座东西混搭的海边小城既有日本传统的城郭、寺院和温泉，又有历经岁月的教堂和洋馆，丰富多元的风景值得住在这里慢慢探索。

　　平户观光协会（含中文）：www.hirado-net.com

　　从博多前往平户，最快的方式是乘坐 JR 特急列车到达佐世保站，换乘松浦铁道到达たびら平户口站，再换乘公交到平户栈桥巴士中心，随后便可步行前往平户各景点。松浦铁道的たびら平户口站是日本最西端的铁路车站，站内设有迷你铁道博物馆。

　　官网（日文）：matutetu.com

交通时间提示

佐世保 – たびら平户口（松浦铁道）：最快约 1 小时 18 分钟

伊万里 – たびら平户口（松浦铁道）：最快约 1 小时 3 分钟

　　平户能够入内参观的景点很多，比如在海边相对而立的平户荷兰商馆（8 点半～ 17 点半，310 日元）和平户城（8 点半～ 17 点半，520 日元）。从平户城的天守阁上层眺望整个平户市和周围的海景，非常壮观。

　　但平户市最有名的风景并不收费，来自三座寺院与一座教堂共同组成的奇异搭配：正宗寺、光明寺和瑞云寺的石墙与瓦葺屋顶背后是沙勿略教堂高耸的尖顶与十字架，画面出人意料地宁静优美。

　　此外，平户还有松浦史料馆等地可以参观。由于交通时间漫长，如果对这里感兴趣，可以选择住宿一晚，慢慢在平户的街头散步，体会多元文化沉积下来的氛围。

🟠 信步走九州：人吉

对于不少旅行者来说，人吉可能只是在九州乘坐观光列车的中转站。但是除了人气爆棚的"SL人吉"观光列车，作为一座传统的温泉小城，人吉还有许多看点。这里有名列日本国宝的神社，有充满怀旧气息的市民公共温泉，还是《夏目友人帐》的故事舞台。对于铁道迷来说，人吉就是天堂，看完博物馆，再观摩蒸汽机车如何掉转方向，然后体验各种不同的观光列车，甚至在列车旅馆中过夜……在熊本县的深处，除了阿苏火山，还有人吉这样一个值得深度探访的地方。

人吉温泉观光协会（日文）hitoyoshionsen.net

人吉与熊本和鹿儿岛（在吉松换乘）之间都有JR观光列车相连，当然也可以乘坐普通车辆，从熊本到人吉单程最快约90分钟。复古的JR人吉站是人吉的交通枢纽，站台上将便当盒挂脖兜售的菖蒲老爷爷是这里的一道风景。人吉的主要景点都可从人吉站步行前往。

人吉当地的私铁"球磨川铁道"（くま川鉄道）与JR共用人吉站，唯一的线路从人吉出发开往汤前。但是2020年的暴雨让这条原本拥有观光列车的美丽线路遭遇灭顶之灾，预计2025年才能恢复全线通车。目前可以体验在铁轨上骑自行车的游乐项目。

官网（日英双语）：www.kumagawa-rail.com

交通时间提示	熊本 – 人吉（JR）：最快约90分钟
	人吉温泉 – 汤前（球磨川铁道）：最快约43分钟

如果没有偏好，那么来到人吉，首先要看的就是青井阿苏神社，这里壮观的楼门、本殿等都是日本国宝。

官网（日文）：www.aoisan.jp

接着，可以选择一家优质的温泉旅馆住下，或是选择外客能泡汤的公共浴场/旅馆。人吉的公共浴场主要面向市民，设施简陋，可以来一次难得的乡土氛围体验。

如果喜欢铁道，那么精致小巧的人吉铁道博物馆（9点~17点，免费）绝对不能错过，可以全面感受著名设计师水户冈锐治的铁道列车美学，还能乘坐迷你列车回味童年的快乐。博物馆顶层则是眺望1911年用石头建造的人吉机车库的好地方。

⊙ 信步走九州：杵筑

在大分县，杵筑并不是最著名的观光地。但是，如果你看过类似"日本最美小城"之类的文章或书籍，一定会在上面发现杵筑的身影。优美的坡道勾勒出杵筑的轮廓，让杵筑变成了一处体验和风之美的隐秘胜地。

杵筑市观光协会（含中文）: www.kit-suki.com

前往杵筑的老城区，需要乘坐 JR 到达杵筑站，再换乘公交前往杵筑巴士中心，下车后即可步行前往各个景点。

交通时间提示　博多 – 杵筑（JR）：最快约 1 小时 30 分钟

杵筑的老城区分布在几块相邻的高地之上，特殊的地形带来了优美的坡（坂）道风景。从杵筑巴士中心出发，可以先前往"勘定场之坂"，登上坡顶后即是北台武家屋敷地区，值得参观的老房子都集中在这里，比如大原邸，以及被改装成茶屋的能见邸。

武家屋敷地区另一端的醋屋之坂是杵筑最上镜的坡道，但不要站在这里拍照，而是要一路走到坡下，跨过马路，站在对面的盐屋之坂往回拍。如果时间充裕，还可以花一些时间登上杵筑城。站在小巧的天守阁上，就会立刻看懂杵筑的美景源自怎样的特殊地理环境。

在古城之外，杵筑还坐拥一项优质的亲子旅行资源——三丽鸥和谐乐园。与东京的三丽鸥彩虹乐园相比，杵筑的和谐乐园游乐设施更加丰富，游客却很少，如果工作日来游玩，可以完全享受不用排队的 VIP 待遇。

官网（含中文）: www.harmonyland.jp

此外，杵筑住宿设施的性价比也极佳。值得推荐的民宿 AZAMI 位于从 JR 杵筑站前往巴士中心的路上，价格亲民，还可提前预订美味的早餐和晚餐。

官网（日文）: azamijp.com

信步走九州：青岛

在日本人心中，"宫崎"意味着南国风光。在二十世纪六十年代到七十年代，宫崎县曾经是许多日本年轻人向往的蜜月旅行地。阳光、大海、热带水果，异域般的风景充满了浪漫的色彩。要论宫崎县内的哪个地方最能激起人们的感叹，毫无疑问就是宫崎市的青岛。

宫崎市观光协会（含中文）：www.miyazaki-city.tourism.or.jp

交通时间提示

鹿儿岛中央 – 宫崎（JR）：最快 2 小时 7 分钟

宫崎 – 青岛（JR）：最快 25 分钟

从 JR 青岛站步行 10 分钟，就能来到海边，望见青岛神社的身影。自然环境是这座神社最吸引人的地方，社殿位于名为"青岛"的海边小岛上，整座岛被郁郁葱葱的亚热带植物覆盖，其中树龄最长的蒲葵在 350 年前就已经存在。而旁边则是人称"魔鬼搓衣板"的特殊地貌——海浪经年累月的侵蚀，使得这里的岩石变成了整整齐齐的棱状。

此外，青岛神社还有三个看点不容忽视：一是这里祭祀的是日本著名的山幸彦、海幸彦神话中的山幸彦；二是因为青岛本身是由贝壳堆积形成的，所以有捡贝壳祈愿后进行供奉的习俗；三是境内还有一处非常特殊的"投瓮所"，先要手拿平瓮（小陶盘）默默许下心愿，然后使劲投向指定的围栏内，平瓮裂开则厄运消除，投进正中的"磐境"内则可实现愿望。

官网（日文）：aoshima-jinja.jp

在青岛附近，还有许多可以休闲散步的地方。夏天时想要游泳晒太阳，可以直接踏上相邻的青岛海滩。如果更青睐鸟语花香的悠闲环境，县立青岛亚热带植物园是个好去处，不但能在温室里欣赏缤纷的植物，还能品尝到宫崎著名的杧果甜品。

官网（日文）：mppf.or.jp/aoshima

节假日在日本旅行

　　很多朋友在计划日本旅行时，并没有考虑到日本当地的法定节日。直到开始预订酒店、车票，才发现赶上了日本人的出行高峰。那么，日本当地的法定节日都有哪些呢？

　　长假（各公司休假时间长短不一，一般 5 ～ 7 天）：

　　元旦、4 月底到 5 月初黄金周、8 月中旬盂兰盆节；

　　小长假（如果节日当天非周五到周一则无连休）有可能出现在以下日期前后：

　　1 月第 2 个周一、2 月 11 日、2 月 23 日、3 月 21 日、7 月第 3 个周一、9 月第 3 个周一、9 月 23 日、10 月第 2 个周一、11 月 3 日、11 月 23 日。

　　此外，各地举办当地传统的祭典期间也都是客流高峰。

　　在法定节日和祭典期间，旅馆或早早被订完，或价格暴涨，不少轨道交通的指定席和高速巴士票都被提前订光，自由席仿佛沙丁鱼罐头，景点也被人流淹没，到处人潮汹涌。

　　是否要避开高峰期，完全取决于旅行者个人的选择。避开高峰期可以减少旅行花费，增加旅行的舒适度，适合省钱的背包客或者休闲度假游，但是也会错过很多值得一看的风景。比如很多祭典都有充满日本特色的表演，盂兰盆节期间会有各种民间传统活动，虽然要忍受拥挤，但从体验文化的角度来说格外值得。而且有些景点开门很早，可以趁清晨人少时参观，并不受客流高峰影响。

黄金周上午、黄金周清晨和平日上午的奈良东大寺。

　　节假日在日本旅行，车票方面没有什么诀窍，就是一句话：尽量在发售的第一天就买。日本的酒店在法定假日涨价是常态，很多传统温泉旅馆涨价幅度还很大。需要旅行者多一些耐心，学会另辟蹊径。

　　2013 年 8 月中旬盂兰盆节期间，我正好在箱根和伊豆一带旅行，准备住一晚温泉旅馆。那里温泉旅馆密布，选择范围很大，但价格几乎都涨得惊心动魄。于是我重新制定了标准：交通便利的小地方。只要交通方便，尤其是轨道交通，就不怕住在冷门地区。按照这个标准，很快找到了位于伊豆急行铁道片濑白田站旁的温泉民宿"白田庄"，结果大大超乎我的预想。

优点 1：距离片濑白田站步行只需两分钟。

优点 2：出门几十米就是大海，可以玩水、垂钓。

优点 3：日式榻榻米房间，房内有洗手池和厕所，比很多高档温泉旅馆方便。

优点 4：房间阳台正对大海，在屋里就可以看海上日出。

优点 5：晚餐刺身船非常丰盛，整条美味金目鲷两人吃到撑。

优点 6：有室内浴池和露天浴池，晚 9 点到早 6 点可以免费包场。

优点 7：伊豆急行铁道从窗前不远处驶过，但车次适中并不扰民，铁道迷与非铁道迷均可乐享其中。

白田庄也涨价了，但原本价位不高，在盂兰盆节期间，这样的一泊二食，每人也只需 10500 日元，仍保持着平价温泉旅馆的水准。花费一些时间找到这样的旅馆，物超所值。

遗憾的是，不知什么原因，这家品质卓越的温泉民宿已经悄然关张，我也无法实现做一次回头客的愿望了。不过这一寻找高性价比旅馆的方法十分管用，在后来的旅行中，顺着这个思路，我又找到过不少留下美好回忆的独特住宿。为热门地点的高价房费苦恼时，不妨换个思路，或许能遇到预料之外的美好所在。

铁道与温泉：在日本发现全新的自己

我第一次去日本是 2009 年，第一次乘坐的日本电车是从关西机场前往京都的 JR 特急 HARUKA。当动画中那些景象出现在眼前，坐在 HARUKA 上的我真是高兴到飞起。不过，在 2010 年因交换留学而再次前往日本前，铁道之于我都还只是个交通工具。

在留学前做功课时，我就已经注意到了车站便当。通过我在这本《自游日本》里也罗列出的那些专业人士的网站，一个崭新的世界在我眼前打开。对于当时还是学生，餐标不过 500 日元，出门时偶尔奢侈也不过 1000 日元的我来说，车站便当的价格绝不算便宜。为了能品尝更多的便当，每次旅行，两顿正餐中的一顿往往靠便利店的饭团解决，好把预算都倾斜在便当上。

就这样，一个又一个，车站便当为我推开了日本文化的大门。再加上五花八门的铁道印章助阵，当 5 个月的留学时光过半时，我发现自己成了日本铁道迷，爱好的范围从车站便当扩展到观光列车，直至梦想坐遍日本所有的铁道线路，拜访每一座有趣的车站。

走着走着，竟然开启了一项全新的爱好，旅行永远都是发现再发现的过程。然而日本旅行对我的"发掘"并没有结束，在成为铁道迷的几年后，温泉也走进了我的视野。

说出来可能难以置信，但是在 2013 年以前，我虽然在日本走了那么多地方，却从未住过温泉旅馆，唯一一次泡温泉，也是因为在北海道旅行连续坐夜行巴士，才在札幌市内找了家便宜的温泉洗澡。在学生时代，每一分钱都分外珍惜，旅行时也全部用在我所喜爱的历史景点和必需的交通住宿上，什么星级美食、温泉旅馆，从来没有考虑过。直到步入社会，有了足够的经济能力，我才开始体验温泉旅馆。

也许是因为从小没有洗过公共澡堂，我对这种地方一直比较排斥。最初在日本泡温泉，我也仅仅是把它当作一种文化体验，总觉得有点小别扭，也总带着紧张感，生怕哪一步错了。然而在经历了伊豆、下吕等地的温泉后，我慢慢熟悉了温泉旅馆的氛围，也熟悉了足汤、手汤。尤其是"日帰り入浴"这一概念，也就是只泡汤、不住宿，更让我产生了浓厚的兴趣。此时我才发现，当年在札幌洗澡的地方其实就属于"日帰り入浴"。由于日本全国各地都有温泉，这种"日帰り入浴"也数不胜数，不用支付昂贵的住宿费，只要几百到一千日元，便可在旅行中享受温泉的美妙。

2016 年春天，我前往兵库县的城崎温泉旅行。这是个因"外汤巡游"而闻名的地方，住客们不在旅馆内泡汤，而是穿着浴衣、踩着木屐，起早贪黑在镇上的 7 个公共温泉间巡游，不惜泡到手上起皱。当泡泡泡的一天结束时，我彻底成了温泉的脑残粉。

从那以来，温泉成了我每次旅行中的必选项。温泉旅馆不一定住，但温泉一定要泡。这样的热情从温泉蔓延到钱汤，也就是日本的公共澡堂上。比如在东京，市区内没有温泉没关系，反正公共澡堂多得是，找一些有特色的澡堂去洗澡，一边看着墙壁上的富士山彩绘，一边看周围的居民提着小篮子前来洗澡聊天。

旅行就是这样，总是不断地告诉我：只有想不到的，没有不可能的。

之前曾有朋友咨询从机场去东京某地的交通路线，问我有没有直达大巴，因为带着孩子，不想换乘很多次电车。她说她之前在关西也是这样，尽量避开让她觉得麻烦的电车，这样行前做功课时能省很多事。

听到这个问题时，我几乎想脱口而出：孩子可能会非常喜欢乘坐电车，你知道吗？

说实话，我以前也不知道，直到我深入到日本的铁道文化中，才发现孩子对铁道的热爱竟然可以那么执着。后来我又回头看国内，才发现国内的孩子当中同样有如此执着的群体，只不过更容易被忽视。我的一位好友也是因为日本才注意到铁道的魅力，后来她又发现自己的儿子特别喜欢铁道，便在旅行中特意带儿子乘坐慢车充分感受，无论国内国外。她的儿子在 3 岁多时，就已经可以准确地说出很多火车的型号。

你不知道你会遇到什么意外的热爱，所以千万不要剥夺与它相遇的权利。

这就是旅行的美妙所在。

东北
TOHOKU

仙台 SENDAI

东北地区的核心都市，从古至今都不缺看点。想拜访古迹的，想追忆仙台市建城者伊达政宗的，想怀念鲁迅先生的，都可以放慢脚步在这里多多流连。

青森 AOMORI

在本州最北端的土地体验本州与北海道的风土交融，以及青森市的"灵魂食物"味噌咖喱牛奶拉面。在这个苹果王国，苹果就是一切。

平泉 HIRAIZUMI

在安静的平泉探访金光闪闪又深沉优雅的世界文化遗产。历史风云平息之后，这里成了一座适合追思与冥想的小城。

JR 五能线 JR GONO LINE

从秋田县的东能代到青森县的川部，铁道迷朝圣的必去之地。坐上宁静的观光列车，看日本海波浪翻滚，在不老不死温泉与大自然零距离接触。

小岩井农场 KOIWAI FARM

舒适的大自然，美味的食物，释放精力的快乐亲子游，著名的小岩井农场具备休闲放松的一切。交通便捷，就算带小宝宝也毫无压力。

三言两语话东北

最初，我对日本东北地区的认识就是仙台，很多人都知道这座城市，理由很简单，因为鲁迅。鲁迅曾经生活过的城市究竟有着怎样的风景，是促使我前往仙台的最初动力。

当时我在名古屋交换留学，仙台很远，夜行巴士要开十几个小时，自然不能只去仙台就返回。看了杂志上花花绿绿的旅行介绍，最终选择了山寺、平泉和会津若松作为首次东北之行的搭配。没想到选得很准，特别是平泉，后来真的人选了世界文化遗产。

东北是个喧闹与安静相得益彰的地方。仙台拥有便利的大都市该有的一切，松岛和平泉游客成群，但并不妨碍去寻找清幽的角落。山寺和会津若松体现了日本两张截然不同的面孔，古代的遗存与近代的痕迹都值得一探。

在那次交换留学的最后，我从东京往返北海道，取道东北，有了在青森短暂停留的机会。本来也计划了在秋田市的 1 小时散步，但台风带来的大雨将铁道淹没，一车人在到达秋田市之前就被困在了小站东能代。虽然大巴最终将乘客们送抵秋田市，但由于之后还要赶车，我一路狂奔到秋田站的站台，连车站的样子都没能仔细看一眼。

不料 2011 年 3 月 11 日，东日本大地震发生，东北地区一下子成了人们谈之色变的地方。很多东西彻底改变，松岛的某些风景就此与世间告别，成了永恒的回忆。

总听到这样的问题：去福岛安全吗？去东北地区安全吗？甚至是"去日本安全吗"。很多人忧心忡忡，而我只能回答：我会再去。每天都看日本当地的新闻，核事故背后到底还有多少问题，自认比大多数旅行者知道的负面消息要多得多，但我还是会明确地告诉提问的人：又不是让你进入核电站周围的无人区，放心地去吧。

几年来，我确实又去了好几次东北。或是带着孩子，或是独自出行，足迹的范围也在一点点扩大。2017 年 7 月，因为乘坐 JR 五能线，再次来到曾经被风雨阻挡而短暂停留的东能代站，感慨万千。7 年前，日本个人旅游签证尚未开启，这样一个小站在我心中就是一生只有一次的邂逅。7 年后，当东北 6 县已经进入日本三年多次往返签证的条件范围，我已经可以从容地再次拜访任何一个去过的地方。

时间总在向前，过去的不可思议，或许就会成为未来的平凡日常。

东北观光推进机构	www.tohokukanko.jp
青森县观光联盟	www.aptinet.jp
秋田县观光综合指南	akita-fun.jp
岩手县观光门户网	www.iwatetabi.jp
宫城县观光联盟	www.miyagi-kankou.or.jp
山形县观光情报中心	yamagatakanko.com
福岛县观光推进协会	www.tif.ne.jp

仙台·松岛

在仙台·松岛，你可能会……

翻看伊达政宗的生平，在瑞凤殿和仙台城迹寻找痕迹。

因鲁迅先生而拜访东北大学，申请参观那间难得保留的教室。

在仙台吃牛舌，去松岛品牡蛎。

流连在"日本三景"之一的松岛海岸，看日本人为何推崇这样的风景。

在8月6日到8月8日停留仙台，投入闻名日本的"七夕祭"。

以及，更多属于你的仙台·松岛。

>>> 仙台观光信息网（含中文）：www.sentabi.jp
>>> 松岛观光协会（含中文）：www.matsushima-kanko.com

交通时间提示	东京－仙台（新干线）：最快约 91 分钟 仙台－松岛海岸（JR）：最快约 30 分钟

🖥 仙台·松岛交通

JR 仙台站是仙台市的交通门户，与外部相连的 JR（包括新干线）和高速巴士都在这里停靠，换乘地铁和公交前往市内各地也非常方便。

仙台地铁有"南北线"和"东西线"两条线路，在 JR 仙台站交叉换乘，1 日券 840 日元（周末及节假日 620 日元）。

官网（日英双语）：www.kotsu.city.sendai.jp/subway

仙台的大多数景点无法乘地铁到达，一般旅行者最好选择观光巴士"るーぷる"，即"LOOPLE 仙台"。巴士从 JR 仙台站出发，途经仙台市内主要景点和地区，1 日券 630 日元。

官网（含中文）：loople-sendai.jp

前往松岛观光，需在松岛海岸站下车，出站后步行 5～10 分钟即可来到海边登岛游览。若要去外围赏景，可以乘坐游船，有松岛环游等多种行程。

松岛巡游观光船官网（日文）：www.matsushima.or.jp

信步走仙台

瑞凤殿

建于 1637 年，是仙台城历史上最有名的城主伊达政宗的灵堂，堪称仙台最有人气的观光地。或许是因为"这么有名的人都在这里建了灵堂，肯定风水好"之类的原因，从巴士站到瑞凤殿入口的台阶一侧，密密麻麻挤了不少墓碑。灵堂本身充满桃山式建筑的遗风，尽管是二战之后的重建品，但依旧保持着令人惊叹的绚烂。而且如此繁杂的色彩并不显得过于花哨或庸俗，看似无规律地组合在一起，效果却达到了"华美"的境界。

官网（含中文）：www.zuihoden.com
交通：观光巴士瑞凤殿前站
开放时间：9 点～ 16 点半（冬季至 16 点）
门票：570 日元

仙台市博物馆

常设展规模不大，主要介绍仙台地区的历史，从绳文到当代，阶段与主题的划分非常清晰，简洁明了，其中伊达政宗使用过的铠甲等物品尤其值得关注。在伊达政宗画像上题有二十字汉诗：马上少年过，世平白发多，残躯天所赦，不乐是如何。

对于中国人来说更重要的是院内的鲁迅雕像与纪念碑。当年由许广平亲手揭幕的纪念碑，如今依旧静静伫立在仙台的土地上，旁边的小碑上写着：希望中日永不再战。目前博物馆正在大规模重修中，将于 2024 年春天重新开门迎客。

官网（含中文）：www.city.sendai.jp/museum
交通：观光巴士博物馆·国际中心前站

仙台城迹

仙台城又称"青叶城"，最初建于 1601 年，因伊达政宗而闻名全日本，如今只剩下为数不多的遗迹，城池范围内的大部分地区都被博物馆、植物园、神社、学校等设施占据，本丸等遗迹核心区则位于青叶山公园中。从高高在上的本丸平台能够毫无遮挡地俯瞰仙台市的全貌，再配上伊达政宗高大的骑马像，是仙台最佳的拍照地。如果夜晚在此拍照，还能看到伊达政宗眺望仙台城夜景这一让人颇为感慨的画面。

青叶城本丸会馆官网（日文）：
www.honmarukaikan.com
交通：观光巴士仙台城迹站，或从仙台市博物馆步行 10 ～ 15 分钟
青叶城资料展示馆开放时间：
9 点～ 17 点（冬季至 16 点）
门票：700 日元

东北大学

东北大学是日本著名的国立大学，鲁迅在仙台留学时所在的仙台医专就是东北大学医学部的前身。在东北大学的片平校区内，位于原图书馆阅览室中的东北大学史料馆中设置了"鲁迅纪念展示室"，展示了鲁迅当年在校时的各种资料，包括课表、成绩表等。鲁迅的雕像就在史料馆旁边静静矗立。好不容易保留下来的当时上课的阶梯教室每周二、周四 13 ～ 16 点开放，必须提前至少一周申请才能入内参观。申请表和邮箱详见：
www.tohoku.ac.jp/japanese/profile/establishment/01/establishment0108

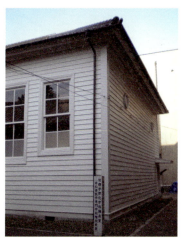

史料馆（日文）：
www2.archives.tohoku.ac.jp
鲁迅纪念展览室（含中文）：
www2.archives.tohoku.ac.jp/luxun
交通：公交（观光巴士）东北大正门前站或青叶通一番町站，或从 JR 仙台站步行 15 分钟
开放时间：10 点～ 17 点
门票：免费

Step 01
雄岛

从 JR 松岛海岸站步行 10 分钟，便可到达雄岛。这里是"松岛"这个名字的起源地，岛上现在有 50 多座小石窟，安置有佛像等若干佛教雕刻物，整个岛都是佛教的灵场。岛上的小路高低不平，有很多地方干脆用树枝搭出简易的台阶，这一切都是为了保护岛上的墓、歌碑和简朴的小神社。很多碑上都有白色痕迹，明显经历过海水的侵蚀。从雄岛眺望外海的视野极佳。

Step 02
观澜亭

从雄岛沿着海岸向北，经过游船码头，几分钟以后就可以听到观澜亭清脆的风铃声。除了小小的松岛博物馆外，观澜亭的更多功能在于人们可以像很久以前的将军贵族们一样，在这面朝大海的房间中喝茶赏景。

开放时间：8 点半～ 17 点（冬季至 16 点半）

门票：200 日元

Step 03
五大堂

沿海岸继续向前就是五大堂，828 年开创，也被称为松岛的象征，因安放着五大明王像而得名，每 33 年才公开一次。建筑本身有着最为古朴的浅棕色外表，却在屋檐下雕有一圈十二生肖的装饰，静穆中透着一丝活泼。现在看到的五大堂是伊达政宗在 1604 年建立的。

Step 04
福浦岛

福浦岛以松岛地区最有名的红色长桥——全长 252 米的福浦桥——与陆地相连，面积远超其他小岛。由于岛上的地形起伏过大，散步道无法做到环岛一周，最好的方法是上岛以后先逆时针沿步道环岛大半圈，直到没有前进的路，再从岛中间的多功能广场穿过，走一段重复路，回到桥前。

开放时间：8 点半～ 17 点（冬季至 16 点半）

门票：200 日元

Step 05
瑞岩寺

岸边的瑞岩寺是东北地区首屈一指的禅寺，开创于平安时代初期，现存的本堂、库里等都是日本的国宝，每年 4 月中旬开放的卧龙梅和 5 月下旬开放的石斛都是寺中不可错过的风景。

官网（日文）：www.zuiganji.or.jp

开放时间：8 点半～ 17 点（冬季至 15 点半）

门票：700 日元

平　泉

在平泉，你可能会……

震惊于中尊寺这座"平安时代美术的宝库"，在博物馆流连忘返。

追寻源义经这位传奇历史人物的最后人生。

在毛越寺的净土世界散步，感受日本庭园之美。

回顾 12 世纪的日本院政史，看"平泉的世纪"曾如何辉煌。

拜访更多入选世界文化遗产的佛教建筑遗迹，体验彼时的佛国理想图。

以及，更多属于你的平泉。

>>> 平泉观光协会（含中文）：hiraizumi.or.jp

交通时间提示	仙台 – 平泉（新干线 +JR）：最快约 49 分钟 盛冈 – 平泉（JR）：最快约 56 分钟

🚌 平泉交通

　　JR 平泉站是平泉的交通枢纽，从宫城县的仙台或岩手县的盛冈前往平泉非常方便。

　　平泉市内的主要景点都可以步行到达。从春季到秋季的周末和法定节日可以选择平泉巡回巴士"るんるん"，从 JR 平泉站出发，途经毛越寺、中尊寺、高馆义经堂等全部重要景点，最后回到平泉站，30 分钟 1 班，单程 200 日元，1 日券 550 日元。

　　官网（日文）：www.iwatekenkotsu.co.jp/runrun_0419.html

📷 信步走平泉

毛越寺

　　由慈觉大师圆仁开山，但现在伽蓝已不复存在，以大泉池为中心的净土庭园是毛越寺如今仍能引人赞叹的最大资本，灵动的画面有着不输给"日本三名园"的姿态。按照考古发掘得出的结论，最初设计的景象是池水与殿堂融为一体，如同平等院的凤凰堂。虽遗憾看不到当年之美，但眼前纯粹的日式庭园画卷仍让人驻足留恋。

　　官网（含中文）：www.motsuji.or.jp
　　交通：JR 平泉站步行 7 分钟，或巡回巴士毛越寺站
　　开放时间：8 点半～ 17 点（冬季至 16 点半）
　　门票：700 日元

中尊寺

　　与毛越寺同为圆仁在 850 年创立。金色堂是中尊寺创立以来唯一传至当代的"建筑物"，也是中尊寺的精华，名称来源于其内外都由金箔覆盖。这里之所以用引号，是因为金色堂本身很小，外面还有一座专门的建筑将其围在里面，使其免受自然环境的侵袭。尽管"微缩"，但足以带给人超越想象的观感。旁边的讃衡藏是中尊寺的宝物馆，精彩展览绝对不可错过。

　　官网（含中文）：www.chusonji.or.jp
　　交通：JR 平泉站步行 25 分钟，或巡回巴士中尊寺站
　　开放时间：8 点半～ 17 点（冬季至 16 点半）
　　门票：800 日元

义经堂

　　源义经是日本平安末期的著名武将，在日本家喻户晓，曾在坛浦之战中消灭平氏。后来他与兄长源赖朝不合，受到藤原秀衡庇护，居于平泉，最后却因秀衡的儿子突袭而自杀。这处义经堂建于 1683 年，据说是源义经往生之地。从堂边眺望远处的风景，平泉周边的乡间氛围一览无余。

　　官网（日英双语）：www.motsuji.or.jp/gikeido
　　交通：JR 平泉站步行 20 分钟，或巡回巴士高馆义经堂站
　　开放时间：8 点半～ 16 点半（冬季至 16 点）
　　门票：300 日元

青森·弘前

在青森·弘前，你可能会……

在8月的第一周沉浸在睡魔祭中，仰望威武壮观的花车。

拜访樱花盛开的弘前，看这座城市百年来的西洋色彩。

从海边到山巅，深入探索本州最北端的更多魅力。

发掘青森意外的前卫色彩，从美术馆中汲取旅行灵感。

品尝一切与苹果有关的东西，惊叹于风干的苹果可以按片卖。

以及，更多属于你的青森·弘前。

>>> 青森市观光信息网（含中文）：www.atca.info
>>> 弘前观光博览协会（含中文）：www.hirosaki-kanko.or.jp

交通时间提示	东京－新青森（新干线）：最快约3小时 青森－弘前（JR）：最快约31分钟

🚌 青森·弘前交通

青森站和新青森站是青森最重要的两个交通枢纽。其中青森站为新干线之外的JR和青森铁道共用，新青森站则用来停靠包括新干线在内的JR列车，两站之间乘坐JR普通列车只需5分钟。如果前往青森市郊的景点，可从青森站前乘坐公交。

青森市营巴士官网（含中文）：www.city.aomori.aomori.jp/koutsu/top.html

弘前站为JR和弘南铁道共用。在弘前市内观光，最方便的是乘坐100日元循环巴士，即单程均一价100日元。其中主要线路是土手町循环巴士，从10点～18点（冬季到17点）每10分钟一班，往返于JR弘前站，途径弘前城等主要景点，详细信息可以查询：

弘南巴士官网（日文）：www.konanbus.com/coin.html

信步走青森

睡魔之家

　　每年 8 月初在青森市举行的睡魔祭，是日本东北地区的三大祭之一，也是闻名日本全国的壮观祭典。人们抬着竹木框架的纸糊大灯笼沿一定的路线展示，最后将灯笼放到水中或者点火燃烧，表示将睡魔送走，驱赶人们的怠惰之心。距 JR 青森站不远的"睡魔之家"（ねぶたの家ワ・ラッセ）里展示了睡魔祭的历史发展和多姿多彩的花车，一年四季都可目睹睡魔祭的壮观。同时，这里也是青森当代建筑的代表，建筑外侧大胆的红色线条包裹着传统的展览，颇有古老祭典在当代社会探索延续之道的意味。

　　官网（含中文）：www.nebuta.or.jp/warasse

　　交通：JR 青森站步行 1 分钟

　　开放时间：5 月～ 8 月 9 点～ 19 点，9 月～ 4 月至 18 点

　　门票：620 日元，与八甲田丸通票 930 日元

八甲田丸

　　在 1988 年 3 月 13 日青函隧道开通前，往返本州和北海道间，都要青函联络船，火车也是由联络船运载。从 1908 年到 1988 年，有 1 亿 6 千万名乘客和 2 亿 5 千吨货物曾借助青函联络船往来青森和函馆，其中运行时间最长的，就是八甲田丸。从 1964 年到 1988 年，八甲田丸在青森海峡上行驶了 23 年，并承担了 1988 年 3 月 13 日最后 1 班的运行任务。如今，八甲田丸就停靠在青森港大桥斜下方的海边，成为人们追忆那段历史的场所。

　　在八甲田丸内部的纪念馆里，人们可以看到各种生动模型共同展现出的昔日青森风情，

以及与各个年代青函联络船相关的照片、资料与实物。最精彩的部分莫过于车辆甲板，能够零距离欣赏壮观的火车运载船舱和发动机室，感受机械之美。

　　官网（日文）：aomori-hakkoudamaru.com

　　交通：JR 青森站步行 3 分钟

　　开放时间：9 点～ 19 点（冬季至 17 点）

　　门票：510 日元，与睡魔之家通票 930 日元

青森县立美术馆

青森县立美术馆的设计者是建筑家青木淳，设计灵感来源于相邻的三内丸山遗迹的发掘现场，雪白的墙体与土色的沟壑形成鲜明的对比，是青森最优美、最让人难忘的建筑。馆内展览着青森县弘前市出身的著名艺术家奈良美智的两件作品："青森犬"和"森之子"。此外还常有特展举办，是一座内外都值得用心观赏的美术馆。

官网（含中文）：www.aomori-museum.jp
交通：JR 青森站乘坐公交至县立美术馆前
开放时间：6 月～9 月 9 点～18 点，10 月～5 月 9 点半～17 点，有定期和不定期休馆，详见官网
门票：510 日元

味之札幌 大西
味の札幌 大西

说到好吃又有趣的拉面，青森市有一种拉面必须榜上有名。这种拉面被称为青森市民的灵魂食物，是一种看似奇葩却又意外美味的搭配：味噌咖喱牛奶拉面。售价 830 日元。

味噌是拉面的常客，咖喱配面也不奇怪，牛奶和拉面似乎搭不上边。而青森人竟然把这三种东西混

合在一起，真是极富想象力。

"大西"的味噌咖喱牛奶拉面分量十足，配有大量的豆芽。实际一尝，牛奶的浓香带来了从未有过的拉面体验。没想到这三种东西竟然如此合拍，仿佛为拉面打开了另一层空间。

>>> 地址：青森县青森市古川 1 丁目 15-6 大西クリエイトビル 1 层
>>> 交通：JR 青森站步行 10 分钟

弘前经典路线

Step 01
弘前城

很多人最初听说弘前城，可能都是因为城池所在的弘前公园是日本东北地区著名的赏樱地之一，其实这里的历史价值同样重要。城池最初建于 1611 年，现在看到的天守阁原先是三阶橹，完成于 1811 年，虽然不是日本国宝，但优美的姿态堪称青森县的重要象征，也是"现存十二天守"之一。从 2015 年起的 10 年内，为了整修下方的石垣，天守阁将被整体移动至 70 米开外的地方，并继续对外开放。

官网（日英双语）：www.hirosakipark.jp
交通：循环巴士市役所前站步行 4 分钟
开放时间：9 点～ 17 点
门票：320 日元

Step 02
追手门广场

弘前城旁边的追手门广场也是必不可少的停留地。广场上的旧弘前市立图书馆建于 1906 年，是著名建筑师堀江左吉的文艺复兴式作品，左右两色的八角形穹顶塔很有特点，开放时间 9 点～ 17 点，免费。旁边的迷你建筑群则按 1：10 的比例缩小了弘前市内建于明治到大正年间的 14 座西式建筑，可以和旁边真正的图书馆对比。此外，对日本文学感兴趣的旅行者绝对不能错过弘前市乡土文学馆，可以看到很多珍贵资料。

开放时间：9 点～ 17 点，门票 100 日元
官网（日文）：www.city.hirosaki.aomori.jp/bungakukan

Step 03
青森银行纪念馆

这里是青森县第一家银行，与旧弘前市立图书馆一样，同样出自堀江左吉的手笔，是一幢文艺复兴风格的和洋折中的建筑，建于 1904 年。堀江左吉堪称当时的西洋建筑第一人，但楼顶的装饰塔却采用了印度风格的装饰物，既不破坏整体效果，又显得与众不同。

交通：循环巴士下土手町站步行 5 分钟
开放时间：9 点半～ 16 点半（冬季闭馆）
门票：200 日元

金木町：
探访太宰治的故乡

　　从青森乘坐 JR 往来秋田方向的途中，会经过一座叫五所川原的车站。这里与青森和弘前一样，每年也会举办睡魔祭，而且是高大的立式睡魔，很有特色。从这里换乘津轻铁道，便可到达著名作家太宰治的故乡——金木町。

　　金木町虽小，可以参观的地方却非常多，包括太宰治出生的斜阳馆、太宰治儿时常去的云祥寺、太宰治一家在二战末期居住过的新座敷等。此外，金木町还是津轻三味线的发祥地，可以到津轻三味线会馆观看展览和演出。

　　斜阳馆是太宰治儿时和父辈兄弟居住的豪宅，现在是太宰治纪念馆。对自己出身权贵之家的厌恶影响了太宰治的一生，大多数来到金木町的人也都专注于参观这座标志性建筑。但如果你是太宰治真正的读者，认真阅读过他的作品，那么"新座敷"更值得一看。二战末期，太宰治带着妻儿疏散到故乡，在这里居住了 1 年 3 个月，完成了 23 部作品。对于太宰治来说，在新座敷居住的短暂时光，是他的人生中相对平和明亮的岁月。

　　更重要的是，新座敷的管理人白川先生本身就是一位发自内心热爱太宰治作品的读者。在新座敷中，白川先生会拿出各种资料，动情地为参观者朗读太宰治的原作片段，尤其是对这座房子的描述。此外，新座敷入口处的商店里还出售白川先生自己创设的品牌"太宰屋"的商品，T恤的设计尤为有趣。

　　近些年来，太宰治重新受到关注，但读者中不少都是泛泛而读或顺应潮流者。认真拜访金木町有关太宰治的一切，能够更准确地把握这位作家。

　　对于铁道迷来说，津轻铁道是一条绝对不可错过的地方怀旧线路。古老的津轻五所川原站保持着几十年前的模样，车票全部都是厚厚的"硬券"，金木站的闭塞也依然采取传递通票的方式。这条线路还按季节运行暖炉、风铃、金钟儿、太宰治等主题列车，车站和车厢内都设有"津轻文库"，乘客在候车或乘车时可免费借阅书籍。

JR 五能线

JR 五能线南起秋田县的东能代，北至青森县的川部，全长 147.2 公里，于 1936 年开通，是铁道爱好者当中的人气线路。

对于铁道迷来说，乘坐站站停靠的普通列车当然不在话下，即使耗费一两天时间也值得。但想要普通旅行者"心甘情愿"探访这类地方线路，还需要引人入胜的观光列车。

JR 东日本从 1997 年推出"胜地白神"观光列车（リゾートしらかみ），从春季到秋季几乎每天运行，冬季也有不少运行日。运行区间为秋田站到青森站（部分到弘前站），最密集时每日 3 个往返，对旅行者来说非常方便。而且与一些花哨、过度商业化的观光列车相比，这趟列车虽知名度不高，设计素雅，但列车员服务真诚，对沿线铁道魅力的宣传恰到好处，让人不禁想做回头客。

"胜地白神"系列观光列车中最漂亮的"山毛榉（橅）"号。

JR 能代站，这里的能代工业高中篮球部曾 58 次获得日本全国大赛冠军，是《灌篮高手》里山王工业的原型。停车期间，乘客可以在站台上玩投篮游戏。

苍凉的日本海是五能线沿途最难忘的风景，阴天更显气势磅礴。

途中可在 WESPA 椿山站下车，乘坐免费巴士前往黄金崎不老不死温泉泡汤，享受与大海零距离的露天温泉和美味的金枪鱼午餐。

列车会在千叠敷停留 15 分钟，可以踏上这片在 1792 年的地震中形成的岩礁。太宰治的小说《津轻》里也曾经描述过这一地带的风景。

"山毛榉"号列车内提供特色便当、冰激凌和饮料，可以尽享车内时光。

官网（日文）：www.jreast.co.jp/akita/gonosen

更多东北

🎯 信步走山寺

位于山形县的山寺正式名称是宝珠山立石寺，公元 860 年由慈觉大师开山，属于天台宗。江户前期著名的俳人松尾芭蕉曾于 1689 年到访山寺，写下描写夏日幽静山中蝉鸣的俳句，收录在他著名的《奥之细道》里。

山寺观光协会（含中文）：

www.yamaderakankou.com

从仙台市或山形市都可乘坐 JR 直达山寺。JR 山寺站距离登山口只需步行 5 分钟，非常方便。且山道并不陡峭，巨树参天，从登山口到最上方的奥之院只需要 40 ~ 60 分钟，腿脚好的老年人都不费劲。

| 交通时间提示 | 仙台 – 山寺（JR）：最快约 52 分钟 |
| | 山形 – 山寺（JR）：最快约 15 分钟 |

山寺的基本登山路线为 JR 山寺站→根本中堂→松尾芭蕉像→山门→姥堂→仁王门→奥之院→大佛殿→纳经堂→开山堂→五大堂，游客需在山门处支付 300 日元的入山费。根本中堂是山寺的本堂，也是日本现存最古老的山毛榉建筑。1848 年重建的仁王门是山寺的象征，也是东北地区观光宣传中的常用素材。登至山顶后，纳经堂到五大堂一带的远眺风景不可错过。

237

🖥 信步走会津若松

东日本大地震后，人们谈福岛色变，但我还是要介绍，特别是像会津若松这样的地方。位于福岛县西部的会津若松是安静而充满历史底蕴的福岛县的代表，街道干净利落，周末人也不多。这里是个充满传奇的理想之地，就像野口英世为了他的研究而一去不复返一样，如今的会津若松也依旧混杂着各种奇异的色彩。

会津若松观光信息网（含中文）：www.aizukanko.com

JR 会津若松站是会津若松的交通枢纽。从站前可乘坐周游巴士"ハイカラさん"和"あかべぇ"在市内观光，1 日券 600 日元，两种巴士路线相反。

会津巴士官网（日文）：www.aizubus.com/rosen/machinaka-shuyu

交通时间提示	
东京 - 会津若松（新干线 +JR）：最快约 2 小时 48 分钟	
福岛 - 会津若松（新干线 +JR）：最快约 1 小时 34 分钟	

野口英世青春馆和鹤城是会津若松最著名的景点。野口英世是 1000 日元纸币上的那位细菌学家，他最美好的青春与初恋就发生在会津若松。青春馆开放时间 8 点～ 20 点，门票 100 日元，通过各种照片和资料展现了野口英世的生命轨迹。旁边的野口英世青春通复古又时尚，野口英世在这里成了"洋风"的代名词。"难攻不落"的鹤城历史起源于 1384 年，几经改造后跻身日本名城之列。明治维新后城池被拆毁，直到 1965 年才得以重建。

官网（日英双语）：www.tsurugajo.com

开放时间：8 点半～ 17 点

门票：410 日元

如何品抹茶

　　日本的很多神社和寺庙都有品尝抹茶的茶室，花上几百日元，一碗抹茶，一块点心，虽然简单，却能体会日本人钟爱的某种意境，值得尝试。那么，该如何品抹茶吃点心呢？

　　抹茶和点心端上来后，首先要吃掉点心，再品尝抹茶，正确的步骤如下：

①茶碗保持端来时正面朝向自己的方向，左手托起茶碗，右手扶住碗边。

②为了避免从正面喝茶，要用右手将茶碗顺时针转动两次，让正面朝外。

③分三口喝完，最后一口要发出声音。

④用右手拇指和食指将喝过的茶碗边缘擦干净。

⑤用右手将茶碗逆时针转动两次，使正面重新朝向自己。

　　如果参加正式的茶会，要跪坐在地，主人端上点心和抹茶时，要双手轻扶地面，与主人互相俯身行礼。在品尝点心和抹茶的前后，也要和两旁的客人俯身致意。

京都金阁寺出口附近的茶座。

在品茶的同时，还可以感受茶室的幽静环境。

静冈市骏府城红叶山庭园的茶室提供标准的和果子。

小巧精致的抹茶与茶点。

在日本泡温泉

很多人到日本旅行，都会体验温泉。泡温泉在日本不分季节，冬天可以泡进冰天雪地的露天温泉池，夏天的高温下也可以洗得舒服畅快。无论什么时候去日本，泡温泉都是可以放心体验的活动。

日本人泡温泉有几种方式：一是选择温泉旅馆住宿享受温泉；二是温泉一日游，即只在温泉旅馆或者没有住宿设施的温泉吃午饭、泡温泉，休闲放松；三是在旅行中找一家专门的温泉设施或者可以单独洗浴的温泉旅馆，洗上一个小时就走。当然，最简单的还有在很多温泉乡街边设置的"足汤"里泡个脚，小憩一二十分钟。

下面就以伊豆一家小民宿里的温泉照片为例，简单说明一下泡温泉的步骤。这是一处家庭经营的民宿，空间很小，但五脏俱全。而且可以免费包场，所以难得拍下这些照片。

step1: 在更衣室把衣服放在脱衣篮或储物柜里。
step2: 在淋浴处把身体清洗干净。日本人在传统上习惯坐着淋浴，莲蓬头下都会提供小凳子。
step3: 裸体进入温泉池（杂志和电视上的模特或主持人裹着毛巾泡温泉是因为拍摄需要，并不符合礼仪），千万不要把毛巾放在池中，长头发要用毛巾包起或者盘起，不能入水。如果室内和室外都有温泉池，要按先室内后室外的顺序。浸泡时间不宜过长，以免晕倒。
step4: 泡完后先擦干身体，再返回更衣室，可以吹干头发、护肤保养等，这时可以裹着大浴巾，也可以先穿好衣服。

日本各地都有温泉，无需刻意寻找，各个都道府县都有自己的特色。如果实在不知该如何选择，不妨按照古人的推荐，先从"日本三名泉"入手。

确定"日本三名泉"这一概念的，是江户时代的儒学家林罗山。三处温泉分别是群马县的草津温泉、岐阜县的下吕温泉和兵库县的有马温泉，各有各的看点与特色。如果有机会将这三处温泉全部体验一遍，那么或多或少都能感受到日本温泉文化的精髓所在。

草津温泉

位于群马县的草津温泉位置偏僻，却连续多年在日本温泉评选中名列第一。从东京出发，需要从上野站搭乘 JR 特急列车前往长野原草津口站，再换乘巴士前往草津温泉，单程需要 3 个小时。然而这座温泉小镇的独特魅力，一年四季都吸引着无数游人。

草津温泉观光协会（含中文）: www.kusatsu-onsen.ne.jp/top.php

汤畑是草津温泉的中心，是一片名副其实的"温泉田地"，每分钟都会涌出多达 4000 升的温泉，供草津温泉的各家旅馆使用，无论是夜景还是雪景都非常漂亮。整个小镇以汤畑为中心向外扩散，旅馆、餐厅、商店和公共温泉都在步行范围内。

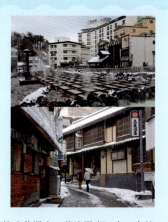

在草津泡温泉，最不能错过的就是"草津三汤"，也就是镇上的三处公共温泉——大泷乃汤、御座之汤和西之河原露天温泉。其中大泷乃汤以温度不同的阶梯式温泉著称，西之河原露天温泉则拥有不可思议的开阔视野，男女两方的温泉池加起来，面积可达 500 平方米。

草津三汤官网（日英双语）：onsen-kusatsu.com

除了极富个性的公共温泉，草津温泉还有一个特点，就是源泉温度较高，一般人难以承受，通常需要加水降温。但是从江户时代开始，就有许多人不想让凉水影响温泉的质量，因此发明了在入浴前搅拌温泉的方法——用长长的大木板搅拌温泉水，达到短时间降温的效果，然后人们迅速集体进入温泉，3 分钟后再集体出来。如今这种泡汤方式只能在草津的少数公共浴场体验到，而且要量力而行，但是观看搅拌温泉的表演则是男女老少皆可实现的。汤畑旁边的"热乃汤"里每天都会进行至少 6 次表演，搅拌之前还会跳起草津当地的传统舞蹈，参演者都是各个旅馆的服务员大婶们，相当朴实又接地气。表演的最后会有观众体验环节，千万不要错过手握木板亲自搅动温泉的机会。

下吕温泉

有河流的地方，总是少不了灵动的一面，下吕温泉即是如此。飞驒川从下吕市中心穿流而过，为这座温泉城营造出温润的景观和独特的泡汤体验。从名古屋乘坐 JR 特急列车只需一个半小时就能抵达下吕站，出站后穿过人行道，即可开启下吕的散步与泡汤之旅。

下吕温泉观光协会（含中文）：www.gero-spa.com
下吕市观光官网（含中文）：www.city.gero.lg.jp/site/kanko

下吕有多处公共温泉和足汤，每处都值得体验。最有特色的要数位于飞驒川边的露天温泉"喷泉池"，完全暴露在毫无遮挡的室外，也没有更衣室，每个下吕大桥及附近岸边走过的人，都能看到泡汤者们的一举一动。当地观光协会要求人们必须穿泳衣才能进入喷泉池，但仍有不少人遵循传统选择裸泡。想体验却又缺少勇气或泳衣，也可以只泡泡脚，把这里当成足汤。天气不好时一定要注意喷泉池旁的提示，确认安全后方可入内，避免河水上涨等情况带

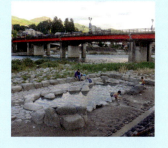

来的危险。

说到真正的足汤，最惬意的当属下吕大桥东侧路北的"ゆあみ屋"，出售美味的温泉蛋冰激凌和用温泉加热的布丁，可以边泡足汤边享用。想要体验常规的公共露天温泉，则可以选择 KUA GARDEN 露天温泉，在足够让人放心的围挡内尽情受温泉的乐趣。

如果对温泉文化感兴趣，一定不要错过下吕的温泉博物馆。馆内除了下吕温泉的模型，还展示了全日本各地温泉的海报、车票，介绍了日本的温泉文化中不可缺少的旅馆美食和温泉点心。而"温泉的科学"则是这座小博物馆最大的亮点——博物馆收集了来自日本各地的温泉水，放在透明的瓶子中，让人一目了然。参观者可以亲手触摸颜色和质地皆不相同的温泉粉，或是将不同成分的温泉水用滴管滴到试纸上，通过试纸的颜色变化直观了解泉质的区别。

有马温泉

三名泉中交通最便利的是有马温泉。从神户市最中心的三宫站搭乘神户市地铁至谷上站，再换乘神户电铁至有马温泉站，全程最快只需要约 30 分钟。走出车站，主要的旅馆、商店和景点都集中在步行 15 分钟的范围内。如果想前往六甲山地区，可以从温泉镇的另一端搭乘六甲有马空中缆车。

有马温泉观光协会（含中文）：www.arima-onsen.com

最让有马温泉的人自豪的，是他们的历史。在大约 1400 年前，有马这个名字就已经广为日本人所知。几经兴衰后，丰臣秀吉在 1597 年对有马温泉进行了大修，这一工程为有马带来了绵延至今的繁荣。人们在有马川两岸立起秀吉和宁宁的雕像，为的就是这段渊源，红色的宁宁桥也成了有马温泉的地标。

有马最具代表性的公共温泉主要是"金之汤"和"银之汤"，皆得名于温泉本身的颜色。在温泉镇的街头也能找到若干处泉源，其中最有名的是天神泉源，就在有马天满宫（天神社）境内，涌出的金色温泉带着稍感浓烈的气味。

有马温泉位于山中，地势高低不平，街巷起起伏伏，千回百转，白天夜晚各有风韵。其中最有趣的地方要数玩具博物馆，馆内的收藏分为四部分：德国传统玩具，现代玩具，现代机关人偶与小机器人，以及铁道模型与马口铁玩具。体验区的设置也丰富多彩，分别为成年人和孩子提供了各自的玩耍空间。在泡温泉和逛街之余来到这里，回到玩具带给人们的纯粹的快乐中，有马温泉的温度，就是如此柔和而细腻。

玩具博物馆官网（日英双语）：www.arima-toys.jp

藤野先生

　　从越前铁道福井站乘车，40 分钟便能抵达芦原温泉之街站。2010 年时，出站后还需要步行 20 分钟，才能到达藤野严九郎纪念馆，即藤野先生旧居前。因为客流量很小，旧居平时都锁着门，需要请旁边的文化会馆的管理员把门打开。这座 1984 年由藤野先生的后人捐赠、从福井县三国町迁来的两层小宅，时至今日，依旧静默在一个几乎不为人知的角落里。

　　文化会馆里设有专门的展厅，展出各种与藤野先生和鲁迅相关的物品，包括藤野先生写的书法，以及东北大学出版的鲁迅的医学笔记。唯一的管理员是一位来自中国的 40 多岁的女性，她来日本 20 多年了，现在就在这里负责为人们讲解。据她说，来这里的日本人多是为洗温泉而来，空闲时间想随便逛逛，便按地图找到旧居前。

　　藤野先生的一生平淡无奇，先是在仙台医专教书，后来医专成了东北大学的一部分，他也就因为自身的学历问题离开了那里。经过了短暂的东京生活后，他回到了家乡福井，度过了作为乡间医生的后半生，最后倒在去病人家出诊的路上，终年 71 岁。鲁迅的《藤野先生》固然有名，但要要感谢的是一位叫菅好春的老师，以及一个叫坪田利雄的人。前者是藤野先生长子的老师，是他首先向藤野先生的长子进行确认，随后把岩波书店出版的《鲁迅选集》交给藤野先生，使其第一次得知"周树人"这个学生在回国后的作为，看到了描写自己的文章。而后者则是藤野先生的同乡，在东京参加劳工运动被捕，后因身体不好回乡休养。在与周围的有志青年们一起举行读书会的过程中，他读到了《藤野先生》一文，进而发现文中的主人公正是给自己诊治的医生，便与当地记者牧野久信、川崎义盛一起拜访了藤野先生，整理出了《谨此忆周君》一文，并同时告知藤野先生，当年的周君已经先一步离开了人世。

　　按照藤野先生后来的回忆，他自小学习汉文，对中国的历史和文化始终怀有很深的尊敬之情，因此对于从中国来的学生，自然觉得特别亲切。这一点的确没错，从他一手漂亮的汉字书法就可以看出其功底之深厚。但我却更在意另一句话，即藤野先生在回忆时说："在异国的天空下，如果是东京，还有很多同胞和留学生，但是在仙台，就像前面所说，只有周一个人，大概很寂寞吧。"因为发自内心地担心学生，所以才付出了更多心血去关照，这样的一位先生修改的笔记，比任何话语都来得更加真切。

　　后来在旧居里上上下下，仔细观察房间里的每一个角落，包括挂在墙上的藤野先生穿过的白大褂，我突然想起了我的高中时代。那时，班上的同学都直接称鲁迅为"先生"，因为他在我们心中的位置是无可替代的。而今天，我就站在先生的先生曾经生活过的房间里。这个人是先生最敬仰的人，那张照片与"惜别"二字，至今仍挂在北京那间屋子的墙上。先生至死也没有再从日本听到过任何消息，但让人欣慰的是，因为一篇文章，先生的先生没有埋没于尘世，在他的有生之年，知道了他有这样一位学生，而因为这位学生，他将永远存在于世上。

回城的途中，我不禁想起了那个管理员。她一个人守在文化会馆的办公室里，显得非常寂寞。我不知道她 20 年前为什么要来日本，在这 20 年中又经历了什么，为什么会成为藤野先生旧居的守门人。从装束上看，她依旧是一个彻彻底底的中国人，但是这也不奇怪，在那样一个偏僻的地方，有的只是天上的风与地上的草，能够替藤野先生保护这所宅子，或许才是最让人心安的事。

如今，藤野严九郎纪念馆连同故居一起，已经搬到了芦原温泉之街站前，醒目的位置让人感受到了芦原对藤野先生的尊重。

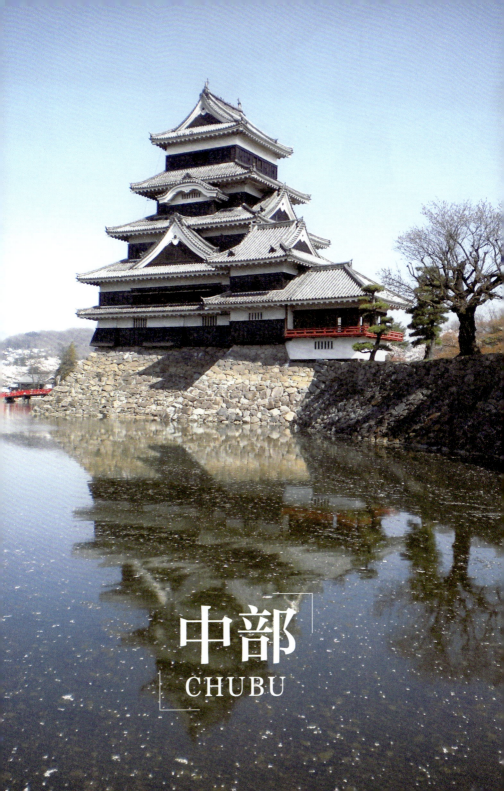

中部
CHUBU

名古屋 NAGOYA

　　生活便利的大都市，总被当作交通中转站，似乎只有战国时代的历史迷才会感兴趣，但这里的大气与细腻就像鳗鱼饭和味噌料理一样，值得你细细品尝。

松本 MATSUMOTO

　　一座松本城，足以让松本在旅行者的心中沉淀下来。你可以从这里出发，拥抱上高地壮美的大自然，拥抱美轮美奂的长野县。

金泽 KANAZAWA

北陆无与伦比的核心都市，当你走出前卫时尚的车站，便会很快忘了这里的现代化，从庭园到街道，古典和优雅才是这里的主题。

越后汤泽 ECHIGOYUZAWA

没有一个地方能像这座小城，将温泉、文学与滑雪结合得如此完美，还有新干线直通东京。拜访川端康成《雪国》的舞台，文艺与户外并不矛盾。

高山 TAKAYAMA

中部地区最不该被忽略的地方，每年两次的华美高山祭，还有永远不会厌烦的街巷风景。前往人人向往的白川乡，高山也是最便利的出发点。

三言两语话中部

　　提到中部地区，对日本完全陌生的人可能根本不知道中部指的是哪里，而略有了解的人或许会想到自己曾经穿越那里——往返于关东和关西，都要经过中部地区。就像一位日本朋友曾说，中部的核心都市名古屋对她来说，始终都是东京到京都间的一个大车站，仅此而已。

　　2010 年春夏在日本交换留学 5 个月，我无意间选择了中部。原本想去京都，但没有合适的项目，便选择了离京都不远的名古屋。这里同样有高质量的大学，身为大都市，生活和交通的便利程度也不输东京和京都。名古屋就这样进入了我的视野。

　　选定留学地后，我提前半年便开始为这 5 个月的生活做旅行功课。直到那时我才发现，选择中部是个多么明智的决定。这里没有太多名声响亮的风景和古迹，却有太多让人意外的惊喜。如果不是住在这里，很多地方我可能不会去了解，更不可能去一探究竟。在波澜不惊的中部，历史风云曾经跌宕翻滚，田园景致至今治愈人心。到了后来，我总乐于向那些愿意深度探索日本的旅行者推荐：不要在关东和关西间匆匆掠过，稍微放慢脚步，哪怕在中途停留一站，或许都会有超乎期待的感受。

　　爱知、山梨、岐阜、长野、福井、富山、石川、新潟、静冈，9 个县的名字，有多少人能全部说出？其实就像这本书一样，我把山梨县的富士山和静冈县的伊豆独立出来，只是因为它们更为旅行者所知，人们在游览关东时，总愿意把它们带上。其实它们都属于中部，所以将脚步延伸到中部很简单，只需要再多迈出一步，也许就能拥有一次与他人截然不同的日本旅行。

　　名古屋便利的国际航班，北陆新干线的开通，白川乡越来越为人追捧的风景，甚至是《你的名字》带来的电影圣地巡礼的效应，都让中部有逐渐火热的趋势。但实际上，这片本州的腹地仍然有许多不为人知的隐秘之处。在一次又一次探访中部后，我总觉得，很多回头客心心念念想要寻找的日本"原风景"，其实就在中部的山间与海边。

中部广域观光推进协议会	go-centraljapan.jp
爱知县观光协会	www.aichi-now.jp
岐阜县观光联盟	www.kankou-gifu.jp
山梨县观光推进机构	www.yamanashi-kankou.jp
长野县观光协会	www.nagano-tabi.net
福井县观光联盟	www.fuku-e.com
石川县观光联盟	www.hot-ishikawa.jp
新潟县观光协会	www.niigata-kankou.or.jp
富山县观光联盟	www.info-toyama.com
静冈县观光协会	hellonavi.jp

名古屋

在名古屋，你可能会……

不管是不是历史迷，都要拜访地标名古屋城。

因为那一碗无法用言语描述的鳗鱼饭，从此入坑不能自拔。

做一个深度的历史与艺术发掘者，在德川美术馆高端一回。

在那古野和白壁地区散步，在古老的宅邸喝咖啡，看名古屋人如何把神社建在房子二楼。

体验名古屋人究竟有多爱味噌，从味噌炸猪排吃到味噌锅烧乌冬面。

以及，更多属于你的名古屋。

>>> 名古屋观光信息网（含中文）：www.nagoya-info.jp

交通时间提示

东京 – 名古屋（新干线）：最快约 94 分钟
京都 – 名古屋（新干线）：最快约 34 分钟

📺 名古屋交通

名古屋站是交通枢纽，JR（包括新干线）、地铁、名古屋铁道（名铁）、近畿铁道（近铁）和名古屋临海高速铁道（AONAMI 线）在这里交汇。车站由两个圆柱形高楼组成，周边和地下尽是购物中心和商业街。站内上层还有观景平台，不过视野远不如市中心的电视塔。

名古屋市内的主要景点和商业区都可乘地铁到达，1 日券 760 日元。周末、法定假日和每月 8 日会出售特别 1 日券 620 日元，地铁和公交车均可无限次乘坐。观光循环巴士 1 日券 500 日元，从 JR 名古屋站出发，途经名古屋城、德川美术馆、电视塔等地。

名古屋市交通局（含中文）：www.kotsu.city.nagoya.jp/jp/pc

名古屋铁道（名铁）是爱知县最重要的私营铁道，从名古屋出发前往名古屋中部国际机场、爱知县内各地和相邻的岐阜县都十分方便。

官网（含中文）：www.meitetsu.co.jp

名古屋临海高速铁道（AONAMI 线）从名古屋站出发，终点是名古屋港的金城埠头，前往超导磁悬浮铁道馆需要乘坐。

官网（含中文）：www.aonamiline.co.jp

信步走名古屋

名古屋城

名古屋城最初名为"那古野城"，织田信长就出生在这里。废城后，织田信长于1555年迁至清洲城（即清须城）。但进入17世纪后，由于关原之战后的政局变化加上水灾的影响，德川家康于1609年决定为排行第九的儿子德川义直修建名古屋城，作为其管辖尾张藩的居所。1612～1616年，清洲城原有的各种功能陆续移到名古屋城，称为"清须搬迁"。

金色的鸱吻是名古屋城天守阁顶部梁上最醒目的标志，北侧的是雄性，南侧的是雌性，高度都超过2.5米。现在的天守阁是二战后重建的，但由于耐震性较弱与设施老化等原因，如今不对外开放。与二条城二之丸御殿并称"武家风格书院造双壁"的本丸御殿于2018年完成复原，现在正是参观的好时候。

官网（含中文）：www.nagoyajo.city.nagoya.jp

交通：地铁名古屋城站步行5分钟、浅见町站步行12分钟，或观光巴士名古屋城站

开放时间：9点～16点半

门票：500日元

热田神宫

日本神话里有"三种神器"的说法，即八尺镜、八尺琼勾玉和草薙剑，是天孙降临时天照大神传下来的，为历代天皇继承。这三种神器从古至今是如何流传的，现在究竟还有没有实物，都无法确认。据说八尺镜在伊势神宫，勾玉在皇居，草薙剑在热田神宫，但没有人见过，这三个地方也并不对外公布照片。不过就算是"据说"，热田神宫还是因为它祭祀的草薙剑而闻名全日本。现在看到的热田神宫"本宫"，直到明治时代前期都不是这个样子，后来因为它供奉三神器之一的草薙剑，才改成了现在这种和伊势神宫基本一致的建筑样式。

官网（日英双语）：www.atsutajingu.or.jp

交通：地铁神宫西站，或名铁神宫前站

开放时间：宝物馆9点～16点半

门票：宝物馆500日元

德川美术馆

名古屋最值得一看的博物馆，收藏着尾张德川家代代继承下来的用品，可谓江户时代德川御三家的"家底大展示"。御三家是指德川家康的三家直系分支，分别是尾张、纪伊和水户，所以尾张家的家传用品也就代表着江户时代大名家底的最高级别。美术馆里展示着尾张德川家的盔甲、武器、茶道用具、花道用具、宗教器具、服装服饰、婚礼用品等，还复原了名古屋城二之丸的部分房间，包括能乐舞台，再现当时御三家的生活。另外这里展示着日本的国宝、现存最古老的"《源氏物语》绘卷"（12 世纪，平安时代），非常珍贵。

官网（含中文）：www.tokugawa-art-museum.jp

交通：JR 大曾根站步行 10 分钟，或名铁大曾根站步行 15 分钟，或地铁大曾根站步行 20 分钟，或观光巴士德川美术馆站

开放时间：10 点～ 17 点

门票：1600 日元（不含德川园）

名古屋电视塔

日本最早的电波铁塔，1954 年完工。登上 90 米和 100 米两种高度的观景台，可以眺望整个名古屋，视野颇好。塔内还有酒店可以住宿。电视塔周围是名古屋最主要的商业区"荣"，地面上有很多商场和类似"绿洲 21"（OASIS 21）的公共休闲场所，地下也有四通八达的商店街，非常适合购物休闲。

2021 年更名为"中部电力未来塔"。

官网（含中文）：www.nagoya-tv-tower.co.jp

交通：地铁荣站步行 3 分钟

开放时间：10 点～ 22 点（冬季至 21 点）

门票：1300 日元

大须观音

日本三大观音寺之一，正式的名称是"北野山真福寺宝生院"，于 1333 年正式创建，1612 年移到现在的位置，现在看到的本堂是 1970 年重建的。大须观音在文化遗存方面扮演着格外重要的角色，因为这里保存着日本现存最古老文献《古事记》的现存最古老写本，是日本的国宝。如果想体验更多的购物乐趣，以及名古屋的市井风情，大须观音周边的商店街是个好去处。

大须观音官网（日文）：www.osu-kannon.jp　　　*大须商店街官网（含中文）：www.osu.co.jp*

交通：地铁大须观音站或上前津站

丰臣秀吉诞生地

如果对丰臣秀吉感兴趣，绝对不能错过中村公园里的丰国神社，这里正是传说中丰臣秀吉的出生地。神社旁边是孤零零的纪念碑，写着"丰公诞生之地"。

同时可以参观的还有秀吉清正纪念馆，是为了纪念名古屋出身的两大武将丰臣秀吉和加藤清正而修建的，位于公园的文化广场内。对于日本战国时代历史爱好者来说，爱知县真是个不可错过的大宝库。

交通：地铁中村公园站步行 10 分钟

开放时间：纪念馆 10 点～ 17 点

超导磁悬浮铁道馆

说到铁道主题的博物馆，很多人觉得自己不是铁道迷，不去关注。但是如果在名古屋时间充裕，我真诚地推荐超导磁悬浮铁道馆，无论你独自旅行还是拖家带口，无论你是否对铁道狂热，都可以来这里度过美好的时光。即使不是铁道迷，也会被这座神奇壮观的博物馆深深吸引。

官网（日英双语）：museum.jr-central.co.jp

交通：名古屋临海高速铁道金城埠头站步行 2 分钟

开放时间：10 点～ 17 点半

门票：1000 日元（体验"模拟驾驶"另付费）

名古屋美味

　　一提到日本料理，很多人的想象中都少不了"清淡"二字。但日本料理中的"重口味"所占比例不小，尤其是在名古屋，鳗鱼、味噌、咖喱等，一道比一道浓郁。在这里推荐的是名古屋料理的两个代表：三吃鳗鱼饭，味噌炸猪排。

蓬莱轩（蓬莱軒）

　　名古屋的三吃鳗鱼饭在日语里称为"ひつまぶし"，将铺满鳗鱼的饭分成四份，第一份吃原味，第二份加入调味，第三份做成茶泡饭，第四份自由选择。名古屋有多家提供鳗鱼三吃的店铺，但其中味道最好的，非老字号蓬莱轩莫属。

3900 日元的鳗鱼饭密密实实，味道秒杀其他各店铺。

　　蓬莱轩于 1873 年创业，在名古屋开有 3 家连锁店，其中本店和神宫店都位于热田神宫南侧，另一家店则位于市中心最繁华的"荣"地区的松坂屋百货南馆 10 层，对旅行者来说非常方便。详细的店铺地址和营业时间，请参考官网。

　　官网（日英双语）：www.houraiken.com

最标准的味噌炸猪排定食 1188 日元，大胃王还可以选择 1728 日元的大号"草鞋炸猪排"定食，意为像草鞋一样大。

矢场炸猪排（矢場とん）

　　提到名古屋料理，就不能不提味噌炸猪排。名古屋人酷爱味噌美食，其中最容易让外人接受的也许就是将味噌用在炸猪排上，而"矢場とん"就是其中的翘楚。这家店于 1947 年创建，以一头赤裸上身的卡通猪为招牌，在名古屋及日本全国各地开设了多家分店，在东京也可以品尝到。

　　"矢場とん"的菜单丰富多彩，包括味噌炸猪排、铁板炸猪排、味噌炸串、味噌猪排盖饭、咖喱炸猪排等，人均消费在 1000 ～ 2000 日元。

　　关于各家店铺的详细地址和营业时间，请参考官网。

　　官网（含中文）：www.yabaton.com

爱知深度游

对于绝大多数旅行者来说，恐怕没有时间在爱知县做深度旅行。但只要能拿出哪怕半天时间从名古屋走出去，都会收获意想不到的风景。

推荐①：犬山

位于名古屋市北部的犬山，因四大国宝城之一的犬山城而得名。犬山城建在木曾川岸边一处高 88 米的小丘上，因城郭与河川相配的风景酷似李白诗中白帝城与长江的画面，江户时代著名的儒学家荻生徂徕曾把犬山城命名为"白帝城"。

>>> 犬山市观光协会（含中文）：www.inuyama.gr.jp

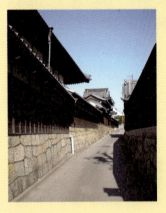

推荐②：西尾

西尾保存了部分江户时代的古风建筑，是日本"全国京都会议"的成员，被称为"三河的小京都"。市内的西尾城和老街区等观光地较为集中，可以从名铁西尾站往返步行游览。同时，这里也是著名的抹茶产地。

>>> 西尾市观光协会（含中文）：nishiokanko.com

推荐③：冈崎

冈崎是德川家康的出生地。冈崎城位于冈崎公园内，当年家康以"竹千代"之名出生时，城郭还十分简陋，直到家康去世后，三层天守阁才修建完成。现在看到的天守阁是 1959 年重建的。此外，起源于冈崎地区的八丁味噌闻名日本，可以拜访著名的生产商"桷久"，参观工厂并品尝味噌料理。

>>> 冈崎市观光协会（含中文）：okazaki-kanko.jp

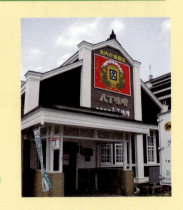

松 本

在松本，你可能会……

在松本城忘记了时间，这里美得包含了日本的一切。

找一家平价又朴素的荞麦面店，吃出最惊艳的味道。

拜访草间弥生家乡的松本市美术馆，看这位国际艺术家的原点何在。

在这座舒服的小城里压马路，看蓝天雪山心旷神怡。

走向周边的上高地以及更多大自然，徒步、登山，做一次最深的呼吸。

以及，更多属于你的松本。

>>> 松本市观光信息网（含中文）：visitmatsumoto.com

交通时间提示　长野－松本（JR）：最快约48分钟
　　　　　　　　　名古屋－松本（JR）：最快约2小时3分钟

🖥 松本交通

松本市最重要的车站就是松本站。很多特急列车都在松本经停。

同时利用松本站的还有 ALPICO 交通运营的"上高地线"，也称松本电铁上高地线，连接松本和新岛岛，1日券1420日元。从新岛岛站可以换乘前往乘鞍高原、上高地、白骨温泉等著名观光地的巴士，同时发售铁路·巴士联合优惠券。

官网（含中文）：www.alpico.co.jp/traffic/rail

在松本市内观光，步行十分方便，也可以选择周游巴士"TOWN SNEAKER"，有4种不同的路线，1日券500日元，松本城、旧开智学校等主要景点均可到达。

官网（日英双语）：www.alpico.co.jp/traffic/ticket/18

信步走松本

松本城

　　由小笠原氏建立，标志性的天守阁则是在小笠原氏随德川家康移封之后，由接管的石川数正、康长父子完成的，据推断应该建于 1593 ～ 1594 年。这座国宝天守阁是"真迹"，里面没有进行过任何现代化改装，只是加了一些简易展柜，展出相关的兵器、盔甲等物品。里面的光线相对昏暗，上下楼都要小心翼翼地走狭窄陡峭的旧式楼梯。不过，从天守的窗户向外望，总是能看到出人意料的美丽画面。尤其是 4 月中旬樱花季节的松本城，绝对是让人过目难忘的绝景。

官网（含中文）：www.matsumoto-castle.jp
交通：JR 松本站步行 15 分钟
开放时间：8 点半～ 17 点
门票：700 日元

旧开智学校

　　1873 年建校，前身是松本藩校崇教馆，开校后成为旧制小学，建筑风格是典型的明治时代仿西洋式建筑。现在校内是展览馆，部分复原了当时校舍的样子，也有小纪念品店出售各种旅游商品。要注意，也许是因为学校建筑呈 L 形，所以正面不是对称的，右半边连接后面的校舍，要比左半边短一些。

交通：JR 松本站步行 25 分钟，或松本城步行 10 分钟
开放时间：9 点～ 17 点
门票：400 日元
官网（日文）：matsu-haku.com/kaichi

更多松本风景

▶ 从松本城北面前往旧开智学校的路上，有一家小小的松本神社，专门祈求姻缘和乡土繁盛。

◀ 旧开智学校旁有一座被称为"旧司祭"的孤零零的小楼，是 1889 年一个天主教神父修建的住宅。

◀ 从松本城北面沿护城河向东，也许是松本最美的赏樱地。

▶ 松本城向南不远，是由一家家朴素的小商铺组成的"なわて通り商店街"。

◀ 商店街上的四柱神社，供奉着日本最重要的天照大神，以及神皇产灵神、高皇产灵神和天之御中柱神。

高山·白川乡

在高山·白川乡，你可能会……

瞄准每年两次的高山祭，感受日本三大美祭的华丽喧嚣。

走进酒窖品尝新酒，或夹起最高级别的飞驒牛肉大快朵颐。

无论是《你的名字》还是《冰果》，圣地巡礼总有让你心动的风景。

在高山的街巷中流连，阴雨也不会破坏散步的心情。

在白川乡度过悠闲的一天，或住下深入传统乡间生活。

以及，更多属于你的高山·白川乡。

▶▶ 飞驒高山观光官网（日文）：www.hidatakayama.or.jp
▶▶ 白川乡观光协会（含中文）：www.shirakawa-go.gr.jp

交通时间提示

名古屋 – 高山（JR）：最快约 2 小时 13 分钟
富山 – 高山（JR）：最快约 1 小时 30 分钟
高山 – 白川乡（巴士）：最快约 50 分钟

🖥 高山·白川乡交通

　　JR 高山站是高山的交通枢纽，向北可达富山并换乘新干线前往金泽，向南可达名古屋并换乘新干线前往京都、大阪等地。如果想从京都、大阪等地直达高山，最便宜的方式则是乘坐高速巴士。

　　前往白川乡主要依靠高速巴士。主要路线有名古屋 – 岐阜 – 郡上八幡 – 白川乡、高山 – 白川乡、高山 – 白川乡 – 金泽、高冈 – 白川乡。另外，也有从金泽出发经停五箇山后抵达高山的巴士线路。具体可参考各家巴士公司官网：

岐阜巴士（日文）：www.gifubus.co.jp
浓飞巴士（含中文）：www.nouhibus.co.jp
北铁巴士（含中文）：www.hokutetsu.co.jp
加越能巴士（日文）：www.kaetsunou.co.jp

信步走高山

高山阵屋

高山阵屋是日本全国现存唯一的郡代·代官所。飞驒地区在 1692 年成为江户幕府的直辖领地后，江户开始直接派遣代官·郡代驻扎高山，管理行政、财政、警察方面的事务，直到明治维新。

高山阵屋的玄关不大，但进入后别有洞天，可以参观的地方很多，包括郡代·代官的办公和居住场所，以及庭园和刑讯室，旁边还有全日本最古老、规模最大的米仓，现在被布置为展室。至少要预留 1 个小时，才能充分了解这里的古往今来。

交通：JR 高山站步行 10 分钟

开放时间：8 点 45 分～ 17 点（冬季至16 点半）

门票：440 日元

官网（含中文）：jinya.gifu.jp

三町传统建筑群

"三町"很多时候直接用平假名写成"さんまち"，位于宫川东岸，是高山的魅力核心。大致由 3 条南北向的平行街道构成，古香古色的老房子或是出售纪念品的商店，或是风味各异的餐厅。高山地区的酿酒业十分有名，可以特别留意各家酒造开设的店铺。

交通：JR 高山站步行 10 分钟

宫川朝市·阵屋前朝市

朝市（早市）是高山最有平民气息的
"景点"，本地人和游客混在一起，既朴素又
新鲜。宫川朝市位于锻冶桥以北的宫川东岸，
很多农户都在这里出售自家的水果、蔬菜、
鲜花、腌菜等，还可以买到各种工艺品和特
色小吃，从早上七八点一直摆摊到中午，从
JR高山站步行10分钟就到。阵屋前朝市位
于高山阵屋的入口前，开放时间和宫川朝市
一样，但规模相对小一些。

阵屋前朝市官网（日英双语）：www.jinya-asaichi.com

高山祭

日本三大美祭之一，分为4月14日、15日的山王祭和10月9日、10日的八幡祭，
据说已有三百多年的历史。

祭典期间的看点如下：

①屋台展示。也就是将独具日本特色的华丽花车拉到高山市中心的街道上进行展示，
春季12台，秋季11台。

②人偶奉纳。春季和秋季分别有3台和1台屋台上的人偶会定时进行表演。

③御巡幸。数百人身着古装进行巡游，春季还会抬着神轿。

④夜祭／宵祭。各屋台均点亮灯笼，在市中心按一定路线巡游
后返回仓库。

⑤屋台巡游。只有秋季才有的昼间巡游活动。

JR高山站前的观光问讯处提供免费的祭典手册，里面有各个
屋台的图片和介绍，各项活动的举行地点和时间。想要玩转高山
祭，这个手册必不可少，也可以提前在观光课网站上下载。

有关高山祭的具体信息，可参考前页列出的高山市政府观光科
官网。平时可在樱山八幡宫的高山祭屋台会馆近距离欣赏部分屋
台。

樱山八幡宫官网（日英双语）：www.hidahachimangu.jp

岐阜县的白川乡与富山县的五箇山一起，早在 1995 年就被列入世界文化遗产名录，合掌造建筑是这两个地区的共同特点。相较五箇山，白川乡的交通更方便，风景也更有代表性，是了解合掌造的首选。很多旅游资料上提到的"荻町合掌集落"，指的就是白川乡。

在可以轻松散步的白川乡，除了选择喜欢的店铺品尝美味或者享受购物，绝对不要错过几个展现白川乡历史与文化魅力的地方。

和田家

白川乡最大规模的合掌造民宅，家族历史可以追溯到 1573 年，从江户时代就在当地占据重要的政治、经济地位，现在 1 层和 2 层对外公开，其他部分仍作为住宅使用。

开放时间：9 点～ 17 点
门票：400 日元

旧远山家民俗馆

与和田家一样，同为日本的国家级重要文物，4 层建筑在白川乡具有代表性，内部展示衣食住等各方面的生活用品，可以让人充分想象当年大家族在这里生活的场景。

开放时间：10 点～ 16 点
门票：300 日元

野外博物馆 - 合掌造民家园

由 25 栋合掌造建筑共同组成的博物馆，包含神社、水车小屋等各种设施，其中的山下家是白川乡现存极少的 18 世纪合掌造建筑。

官网（含中文）：www.shirakawago-minkaen.jp
开放时间：8 点 40 分～ 17 点（冬季 9 点～ 16 点）
门票：600 日元

明善寺乡土馆

这座属于真宗大谷派的寺院与整个白川乡融合得恰到好处，五层的库里作为乡土馆开放，展示各种用品和资料。钟楼、本堂和每日燃烧的围炉里同样是不可错过的风景。

开放时间：8 点半～ 17 点（冬季 9 点～ 16 点）
门票：400 日元

如果想更进一步了解合掌造建筑，可以前往富山县的五箇山地区参观。五箇山包括相仓和菅沼两组合掌造建筑群，分别有 23 座和 9 座建筑被列为世界遗产，其中最古老的可追溯到 400 年前。

五箇山观光协会（日英双语）：www.gokayama-info.jp
五箇山信息网（日英双语）：www.gokayama.jp

金　泽

在金泽，你可能会……

到兼六园和金泽城打卡，并深感这卡打得很值。

拜访独一无二的妙立寺，体验神奇的忍者世界。

在东茶屋街品尝和果子，拍下金泽另外的标准照。

走进神奇的金泽21世纪美术馆，感受这座偏僻都市的现代气息。

在近江町市场撑开胃口，只为吞下更多的海鲜。

以及，更多属于你的金泽。

>>> 金泽市观光协会（含中文）：www.kanazawa-kankoukyoukai.or.jp

交通时间提示	东京 – 金泽（新干线）：最快约 2 小时 28 分钟
	京都 – 金泽（JR）：最快约 2 小时 4 分钟
	名古屋 – 金泽（JR）：最快约 2 小时 58 分钟

金泽交通

　　壮观的金泽站让很多人对金泽市的第一印象格外深刻。如今北陆新干线已经开通，从东京前往金泽十分便利。此外，名古屋、京都和大阪等地也都有 JR 特急列车直达金泽。

　　金泽站东口的北陆铁道拥有石川线和浅野川线两条路线，属于典型的地方中小型私铁。

官网（含中文）：www.hokutetsu.co.jp

　　与铁道相比，北陆铁道旗下运营的巴士利用率更高。其中最重要的就是城下町金泽周游巴士，1 日券 600 日元（包含兼六园联络巴士和 200 日元区间内的普通公交），是金泽市内观光的最佳选择。

官网（含中文）：www.hokutetsu.co.jp/bus/loop

信步走金泽

兼六园

作为日本三名园之一，兼六园始建于 1676 年，跟冈山的后乐园风格多少有些相似，都是以池边的小建筑与植被的组合而出名。但与后乐园相比，兼六园的层次更丰富，而不属于后乐园那种纯然的开阔美。石灯笼所在的角落的确漂亮，简单的造型足以勾勒出所谓日本的线条，这也解释了为何在偌大的庭园中，唯有这座小小的石灯笼被选作标志。可

以特别注意的是，每天开门前，兼六园都有晨间免费入园的时段，季节不同，起始时间从清

晨 4 点到 6 点不等，需要在开门的 15 分钟前离开。

官网（含中文）：www.pref.ishikawa.jp/siro-niwa/kenrokuen

交通：金泽周游巴士兼六园下·金泽城站

开放时间：7 点～18 点（冬季 8 点～17 点），时雨亭 9 点～16 点半

门票：320 日元

金泽城

金泽城的兴建始于 1583 年前田利家入城，象征着繁荣的加贺藩。虽然几乎没有保存下来，但近年复原的一批建筑依然透出一种纯净的美。不过由于城址开阔，没有建筑的地方全部用草坪填充，与其他城池相比，金泽城更像是一座点缀着城池建筑的大庭园，用"舒展"这个词来形容格外恰当。

官网（含中文）：www.pref.ishikawa.jp/siro-niwa/kanazawajou

交通：金泽周游巴士兼六园下·金泽城站

开放时间：7 点～18 点（冬季 8 点～17 点），菱橹、五十间长屋、桥爪门续橹、河北门 9 点～16 点半

门票：320 日元

东茶屋街

古香古色的东茶屋街是金泽最漂亮的街道，虽然商业氛围浓厚，但仍值得细细品味。街道两旁排列着各具特色的店铺，可以品尝到金泽最传统、最地道的食物。如果赶上好天气，还能看到穿着和服的年轻女孩在这里拍艺术照。

究竟什么是茶屋，这里可不能顾名思义，茶屋街在这里是指花柳巷。如今古老的建筑早已转变功能，只有"志摩"一家保留原有的室内装饰，可以参观。

在樱花季，桥场町站旁的河边和茶屋街附近的宇多须神社都是赏花的好地方。

官网（日英双语）：www.ochaya-shima.com

交通：周游巴士桥场町站（东·主计町茶屋街）步行5分钟

志摩信息：开放时间9点～18点，门票500日元

西茶屋街

与古韵犹存的东茶屋街和主计町相比，西茶屋街显得有些做作，可以在游览妙立寺时顺道参观。街口的老字号和果子店渚江屋值得一访，主打和果子是日本特色的落雁糕。

交通：周游巴士广小路站步行3分钟，或十三间町站步行10分钟

主计町茶屋街

从桥场町站下车后向前走过浅野川大桥，右侧就是沿河的主计町茶屋街，也是赏樱名所。这里最有趣的看点要数"暗坂"，是一段从茶屋街后巷通往久保市乙剑宫的台阶，尾张町的老爷们前往茶屋町玩乐时都会利用这条小道。如果从主计町步行前往近江町市场，暗坂也是抄近路的最佳选择。

交通：周游巴士桥场町站（东·主计町茶屋街）步行 5 分钟

妙立寺

金泽最神奇的寺庙，由加贺藩第三代藩主前田利家修建，又称"忍者寺"，非常值得一看。本堂内有各种复杂的防御设施，从外观上看只有两层，内部实则有 7 层，起到了对周围寺町寺院群的监视作用。

参观本堂内部需要提前电话预约（也可当日碰运气），按照预约时间由讲解员带领集体参观，讲解员会展示各种设施的神奇之处。由于只提供日语讲解，外国游客会在参观过程中得到临时的说明书（有中文）。

官网（日英双语）：www.myouryuji.or.jp

交通：周游巴士广小路站步行 3 分钟，或十三间町站步行 10 分钟

开放时间：9 点～16 点半（冬季至 16 点），参观每半小时 1 次

门票：1000 日元

近江町市场

"金泽的厨房"近江町市场是个让人进去了就挪不动步的地方，以海鲜为代表的各种美食聚集在有限的空间里，很多摊位都能即买即吃，仿佛能自动把人的胃口撑大。任何语言都难以描述这里的美味与热闹，只有亲自品尝才能体会到金泽美食的魅力。

在这座人潮涌动的市场内，推荐两家店，非常值得一试。

>>> 官网（含中文）：ohmicho-ichiba.com
>>> 交通：周游巴士武藏辻·近江町市场站

①井之弥（井の弥）

曾经出现在《名侦探柯南》TV 版里的井之弥是近江町市场里的超人气餐厅，排上一两个小时的队毫不稀奇。但是这里的味道就是这么好，海鲜入口的那一刻，你会觉得之前等候的每一秒都无比值得。推荐 3250 日元的"上ちらし近江町（特盛）"和 4800 日元的双层海胆鲑鱼子盖饭，好吃得无法言喻。

◆地址：石川县金泽市上近江町 33-1
◆交通：周游巴士武藏辻·近江町市场站
◆官网（日文）：www.ohmicho-inoya.com

②近江町可乐饼（近江町コロッケ）

如果想在近江町市场吃些零食，可以选择近江町可乐饼，它是市场里极受欢迎的摊位之一，甜虾、章鱼、牛肉等多种口味都很推荐。

◆地址：石川县金泽市下近江町 24
◆交通：周游巴士武藏辻·近江町市场站
◆官网（日文）：www.daiya-net.co.jp/croque

越后汤泽

在越后汤泽，你可能会……

抱着川端康成的《雪国》，寻访小说与电影里的每一个画面。

全身心享受这座温泉小城，从酒店泡到公共浴场。

沉浸在美味的大米、独特的荞麦面与日本酒的世界中。

冬天全副武装，在以米为单位计算的积雪上飞驰。

在温暖的日子里登上汤泽高原，欣享五彩斑斓的壮阔自然。

以及，更多属于你的越后汤泽。

>>> 汤泽町观光协会（含中文）：www.e-yuzawa.gr.jp
>>> 越后汤泽温泉观光协会（日文）：www.snow-country-tourism.jp

交通时间提示

东京 – 越后汤泽（新干线）：最快约 70 分钟
新潟 – 越后汤泽（新干线）：最快约 43 分钟

🖥 越后汤泽交通

　　JR 越后汤泽站是越后汤泽的交通枢纽，新干线和 JR 普通列车都在这里经停。越后汤泽的景点基本能够从车站步行到达，但在冬季，有些露天的神社、公园、足汤和小路会被惊人的积雪掩埋，无法参观或通行。

　　在五一黄金周和暑期高峰月的每天，以及 5 月中旬到 11 月初的节假日，汤泽町内会运行循环巴士，每个运行日往返共开行 8 班，途经越后汤泽站和各主要景点与温泉，1 日券 450 日元，如果时间合适，可以多加利用。周边公交则由南越后观光巴士运营。

官网（日文）：www.minamiechigo.co.jp

信步走越后汤泽

雪国馆

雪国馆是汤泽町的历史民俗资料馆，也是越后汤泽的必去景点。馆内共有3层，其中1层最受文学爱好者关注，重现了川端康成《雪国》女主角驹子生活的房间，并展示有川端康成使用过的物品。2层和3则按照春夏秋冬四季划分区域，用真实的生活用品与农业工具表现出生活在雪国越后汤泽的人们常年积累下来的生活方式与生活智慧。

官网（日文）：www.e-yuzawa.gr.jp/yukigunikan
交通：JR越后汤泽站步行5分钟
开放时间：9点～17点
门票：500日元

汤泽高原

从距离雪国馆不远的缆车入口乘上拥有世界最大车厢的缆车，就能一路直达汤泽高原。这里一年四季景观丰富，冬季是白茫茫一片的滑雪天堂，夏季则可以观赏丰富的植被，享受多样的游乐设施。从山顶眺望寒冬里的越后汤泽，再回想《雪国》的小说和电影中人们在大雪里顽强生活的场景，或许没有比这更真切的体验。

玩乐之余，汤泽高原的休闲餐饮设施也非常完备。山上分别有日餐和西餐厅，以及可以赏景的咖啡甜品店。山下的缆车站建筑内则有公共温泉，可以在滑雪后充分放松。

官网（日英双语）：www.yuzawakogen.com
交通：JR越后汤泽站步行
开放时间：缆车8点40分～17点，温泉12点～18点（年末年初及节假日至20点）
门票：缆车往返2600日元，温泉500日元

雪国

　　"穿过县界长长的隧道，便是雪国。夜空下一片白茫茫。火车在信号所前停了下来。"川端康成的《雪国》，也许是很多人接触日本文学时最初阅读的几部作品之一。作为第一位获得诺贝尔文学奖的日本作家，川端康成的笔触既充满日本人的独特质感，又能为不同文化的读者所接受。在如今的越后汤泽，仍能找到许多与《雪国》相关的风景。

Step 01

　　高半旅馆是川端康成当年创作《雪国》的地方，也是电影版的拍摄地。旅馆内保留了川端居住的"かすみの間"，如今成为展室，即便不住宿，也可以支付500日元门票在9点～17点参观。

Step 02

　　《雪国》经典的开篇中，"隧道"是指清水隧道，而"信号所"是指如今的 JR 土樽站。从土樽站可以步行至清水隧道下方，但由于安全问题，已经禁止行人从台阶上到隧道口。遗憾的是，如今清水隧道只通行从越后汤泽开往关东地区的上行列车，已经无法再感受"穿过县界长长的隧道，便是雪国"的瞬间了。

Step 03

　　从高半旅馆步行几分钟，就能看到山坡上的诹访神社。《雪国》的女主人公驹子曾经坐在神社境内一块平整的岩石上，男主人公岛村则紧跟而来。但这座神社在冬天会被积雪完全掩埋，无法参观。所以要想完整地拜访有关《雪国》的风景，只来一次越后汤泽是不行的。

Step 04

　　越后汤泽是远近闻名的温泉胜地，除了在温泉旅馆里泡温泉，到公共浴场里感受氛围也是必不可少的。距高半旅馆步行 5 分钟的山之汤公共浴场，也曾经在《雪国》的小说中"隐姓埋名"地出现过。建议在人少的早上前往，运气好的话甚至可以"独占"浴室和休息处。

　　开放时间6点～20点，费用500日元。

富山

在富山，你可能会……

走进不同风格的美术馆，享受艺术带来的惊喜体验。

以这里为门户踏入阿尔卑斯路，开启难忘的山地之旅。

在富岩运河公园放松身心，搭乘游船从另一个角度捕捉富山。

来一碗特色黑拉面，或是在提供富山湾鲜鱼的寿司店大快朵颐。

前往宇奈月温泉泡汤，搭乘黑部峡谷铁道的小火车尽享美景。

以及，更多属于你的富山。

≫ 富山市观光协会（含中文）：www.toyamashi-kankoukyoukai.jp
≫ 富山水上 LINE（日英双语）：fugan-suijo-line.jp

交通时间提示	
东京 – 富山（新干线）：最快约 2 小时 8 分钟	
名古屋 – 富山（JR）：最快约 3 小时 47 分钟	

📖 富山交通

　　富山站是富山市的交通枢纽，由 JR 和富山地方铁道共用，新干线和 JR 特急列车均在此停靠。富山地方铁道运营"市内电车"和"铁道"共 2 种轨道交通，其中市内路面电车有 3 条线路，通向市内各主要地区，单程均一票价 210 日元。

　　如果前往周边地区，可利用富山地方铁道的"铁道"线路。前往立山黑部地区，需从富山站搭乘富山地方铁道的立山线，先到达立山站，再换乘当地交通进入山区。前往宇奈月温泉，需搭乘富山地方铁道的本线至宇奈月温泉站，乘坐黑部峡谷铁道也需从该站换乘。

富山地方铁道（日英双语）：www.chitetu.co.jp
黑部峡谷铁道（含中文）：www.kurotetu.co.jp

⊙ 信步走富山

富山 KIRARI

如果在富山市只去一个地方，那么富山 KIRARI 无疑是首选。这座位于富山市中心的建筑可以用"熠熠生辉"来形容，设计者是著名建筑家隈研吾。走进楼内，每个人都会情不自禁地抬头仰望，体验目光被牢牢锁住的感觉。"既如立山山脉的冰岩，又如富山优美的玻璃艺术。"这是隈研吾对设计理念的概括。建筑采用了玻璃和杉板等材料，将自然光倾斜导入室内，使得目光所及之处无不通透而耀眼。

富山市玻璃美术馆是富山 KIRARI 内最重要的艺术设施，包括常展"玻璃艺术花园"和各种不定期临展。观展之余，既可以到 2 楼的 FUMUROYA 咖啡厅享受美食，也可走进同样位于 KIRARI 内的富山市立图书馆，在开放的空间中度过安静的阅读时光。

富山市玻璃美术馆（含中文）：toyama-glass-art-museum.jp
交通：市内路面电车西町站步行 1 分钟，或 GRAND PLAZA
前站步行 2 分钟
开放时间：9 点半～ 18 点
门票：常展 200 日元

富山县美术馆

相信每一个打开富山县美术馆官网的人，都会被从空中拍摄的美术馆照片吸引。或许是因为富山本身相对偏僻，才让如此有趣的地方至今仍然默默无闻。美术馆的最大亮点就在于屋顶上的一系列名为 Onomatopoeia 的展品，每件展品都可以触摸、攀爬，乃至在上面跳跃。Onomatopoeia 在英语里是"象声"、"拟声"的意思，屋顶的设计灵感正是来源于日语里丰富的拟声词。"对于孩子来说，学习、玩耍和艺术之间是没有界线的。"著名设计师佐藤卓为了拉近孩子与美术馆的距离，特意进行了别出心裁的创作，而其中的趣味性不仅会吸引孩子，也会让成年人玩儿得不亦乐乎。

官网（含中文）：tad-toyama.jp
交通：富山站步行约 17 分钟，或从富山站乘公交至
富山县美术馆站
开放时间：9 点半～ 18 点
门票：常展 300 日元

富山经典路线·立山黑部阿尔卑斯路

立山黑部阿尔卑斯路，日文叫"立山黑部アルペンルート"，是跨越富山县和长野县的一条山地观光路线。如同箱根地区和神户六甲摩耶地区一样，这也是一条"交通大接力"式的路线。通过换乘多种交通工具，人们可以翻山越岭，在短时间内体会截然不同的景观，感受最多30℃的温差。时间紧张的旅行者可以用1天时间走通全线，时间充裕的则可灵活安排，在沿线多住几晚。

路线内的每段交通都可单独购票。如果打算游览全线，推荐购买通票，既可省去购票手续，还有折扣优惠。常规通票及每段交通的费用及时刻表可参考下述官网，也可购买JR专供外国游客的立山黑部优惠票。

立山黑部阿尔卑斯路（含中文）：www.alpen-route.com

富山市和长野市是这条路线两端的起点（终点），无论从哪一侧出发，都能观赏到路线上的全部风景，只是顺序相反。本书以从富山出发为例，来梳理从富山行至长野的全过程。

Step 1
富山地方铁道 富山→立山

从富山站乘坐富山地方铁道立山线，经过65分钟抵达立山站。离开富山市区后，窗外的风景越来越荒凉，立山站的模样也让人有种时光倒流的错觉。

官网（日英双语）：
www.chitetsu.co.jp

Step 2
立山登山缆车 立山→美女平

1954年建成的立山登山缆车单程运行时间7分钟，距离只有1.3公里，海拔却相差500米。美女平站外有棵巨大的杉树，据说立山的开山者佐伯有赖的妻子曾向杉树祈祷，后来愿望成真，这一带得名美女平，这棵杉树也被称为美女杉。

Step 3
立山高原巴士 美女平→室堂

对于从富山出发的旅行者来说，立山高原巴士将会带来路线中的前两个亮点。巴士从美女平驶出，首先会让乘客在车内远眺称名瀑布，然后经停弥陀原和天狗平两站，最后到达室堂，全程50分钟。其中弥陀原拥有风景壮阔而又难度不大的徒步道，非常适合下车观景徒步，时间充裕的话还可在巴士站旁的立山庄住一晚。

Step 4
立山隧道无轨电车 室堂→大观峰

室堂是整个立山黑部阿尔卑斯路的最高点，海拔2450米，可以根据体力选择不同的徒步道，欣赏立山和御库里池的优美风光。位于室堂站上方的立山饭店是日本海拔最高的酒店，天气晴好时很适合观星。酒店旁边建有立山自然保护中心，是了解立山地区动植物的好地方。

从室堂到大观峰的巴士用时10分钟，全程都在隧道中行驶。站在大观峰站的观景平台上，可以远眺黑部湖和中部山岳国立公园里的群峰。

 美女平
 室堂
 立山

富山 START!

Step 5
立山空中缆车　大观峰→黑部平

在全程 7 分钟的空中缆车中，壮观的山景会毫无保留地呈现在眼前，尤其是到了红叶季节，丰富的色彩仿佛上天洒下的调色盘。到达黑部平站后，一定别忘了到室外散散步，遥望黑部峡谷的壮阔风光。

Step 7
步行　黑部湖→黑部水库

坐完游览船，便可以步行前往黑部水库正面了。从大坝顶端走过，绕到前方，便可看到气势磅礴的"观光放水"。每年 6 月下旬到 10 月中旬，这里每天都会为游客打开闸门，让大家欣赏到独特的放水景观，晴天时还会有很高概率在水流上方看到彩虹。观景之余，别忘了到旁边的餐厅吃一份有趣的大坝咖喱饭。

黑部湖

Step 6
黑部登山缆车　黑部平→黑部湖

大观峰　黑部平

全程 5 分钟的登山缆车全程都在隧道中行进。到达黑部湖站后，如果时间充裕，建议先不要往黑部水库方向走，而是反方向前往黑部湖游览船的乘船处。碧蓝的湖水、缤纷的植被和壮丽的山峦层叠如画，游客量比水库正面少很多，可以坐在游船上，欣赏黑部水库宁静的一面。

黑部水库

Step 8
关电隧道电车　黑部水库→扇泽

与前面的立山隧道无轨电车相同，关电隧道电车同样全程在隧道内行驶，从黑部水库站开到扇泽站需要 16 分钟。照片中的电车是之前已经使用了 54 年的老型号的第三代车辆，于 2018 年退役，如今已经换成了更加现代化的新型号。

扇泽

长野

Step 9　特急巴士／普通巴士　扇泽→长野

由于冬天大雪封山，酒店停业，立山黑部阿尔卑斯路只在春季到秋季全线开放。一般情况下，5 月到 10 月期间全线游玩没有问题，4 月和 11 月则要提前在官网确认开放情况。除了上述介绍，每年 4 月中旬到 6 月中旬，还可以从室堂站出发，参观"雪之大谷"，体验在十余米高的雪墙"夹击"下行走的感觉，欣赏立山与御库里池的雪景，非常值得一去。

📷 信步走福井

如果想体验日本海一侧安静的城市风情，福井市无疑是很好的选择。这里有历史，但并不沉重；有浪漫，但并不做作。哪怕只在足羽山上散散步，也足以体验到那些满载故事的过往与宁静清雅的今天。尤其是在樱花季，这里是避开游客安静赏花的好地方。

福井市观光官网（日文）：fuku-iro.jp
芦原市观光协会（含中文）：awara.info

福井站由 JR 和越前铁道共用。越前铁道是由福井市前往福井县内旅行的最佳选择，三国芦原线和胜山永平寺线分别前往芦原、三国、永平寺等主要观光地区。

官网（日文）：www.echizen-tetudo.co.jp

交通时间提示	京都－福井（JR）：最快约1小时20分钟
	金泽－福井（JR）：最快约41分钟

福井市内的主要观光地有福井城址、柴田神社·北之庄城址、足羽川、足羽山公园等，均可从福井站步行前往。在 4 月上旬到中旬的樱花季节，可以在客流稀少的福井城址尽情拍照，还可以在足羽川边 2.2 公里的樱花走廊中漫步，或是登上足羽山公园，欣赏足羽神社内巨大的枝垂樱。

柴田神社官网（日文）：www.sibatajinja.jp

🔲 信步走诹访湖

　　新海诚的一部《你的名字》，让长野县诹访湖这个
"取景地"进入了不少人的视线。不过对于外国旅行者
来说，这一目的地如今仍然属于小众，多数人并不知道
湖畔有哪些好玩儿之处。其实"诹访"这个名字在日本
非常响亮，原因就在于诹访大社。这是日本最古老的神
社之一，也是日本各地诹访神社的总本社，由诹访湖一
带的上社本宫、上社前宫、下社春宫和下社秋宫组成，
每逢虎年和猴年，这里都会举行著名的御柱祭。

　　前往诹访市和诹访湖畔游玩，一般都会在 JR 上诹
访站下车，然后步行或换乘公交前往各个景点。

　诹访观光协会（含中文）：www.suwakanko.jp　　　诹访地方观光联盟（日文）：www.suwa-tourism.jp

交通时间 提示	新宿 – 上诹访（JR）：最快约 2 小时 11 分钟
	长野 – 上诹访（JR）：最快约 1 小时 26 分钟

　　游览诹访湖，最直接的方式就是在湖畔公
园散散步，并乘坐诹访湖造型独特的"天鹅"
或"龙宫丸"观光汽船，享受 25 分钟的湖面
悠闲之旅。由于上诹访本身就是个温泉集中区，
所以温泉也是湖畔观光中必不可少的项目。既
可以在间歇泉中心观看泉水喷出，也可以泡一
泡湖畔的足汤，还能走进怀旧风格的著名公共
温泉片仓馆，体验开阔的大浴场。

　　文艺爱好者一定不要错过原田泰治美术
馆。每一个看过《故乡，心里的风景》的人，都能在原田泰治的画作中找到或多或少的共鸣。
原田泰治将美术馆建在自己的家乡诹访市，与樱花和湖水融为一体，形成了诹访湖畔最美的
艺术空间。

　原田泰治美术馆（日文）：www.taizi-artmuseum.jp
　诹访湖观光汽船（日文）：www.suwako-kanko.com

长良川铁道

私房推荐行

说到中部地区最动人的铁道线路，应该没有哪条比得上岐阜县的长良川铁道。长良川铁道南起美浓太田站，北至北浓站，沿线山青水碧，放眼皆是自然与乡村美景。从名古屋乘坐JR前往美浓太田只需大约1小时，因此无论是沿线1日游还是小住几天都十分方便。

>>> 长良川铁道（日文）：www.nagatetsu.co.jp

Point1 观光列车

观光列车"长良"由著名的设计师水户冈锐治设计，共有3辆，分别负责不同时段的运营。可以只买座位票单纯赏景，也可以提前预约午餐或甜品，餐食由沿线的高水准餐厅提供。令人欣喜的是，长良川铁道近两年终于开通了网上订票，不再固守电话订位＋邮寄车票的老办法，外国游客也可以轻松预约。

Point 2 精致小镇

在长良川铁道沿线，最值得参观的要属美浓和郡上八幡这两座古色古香的小城。美浓是著名的和纸产地，老街上依旧可见江户时代的风貌。郡上八幡依山傍水，百年前的街景今日犹在，城内清流潺潺，城郭和宗祇水都值得一看。每年7月中旬到9月上旬，著名的郡上八幡舞都会在这里跳起，任何人都能参与，是日本持续时间最长的盂兰盆舞蹈。

Point3 站台温泉

在长良川的南子宝温泉站下车，便可直接从站台进入"子宝之汤"公共温泉。这处温泉被称为"日本正中央的温泉"，每天10点到21点营业（每周二休息），设施齐全，包括室内浴池和露天温泉，还有宽敞的休息处和食堂。别忘了在下车时向司机要一张下车证明，凭证明只需200日元就可以舒舒服服地泡汤了。

>>> 官网（日文）：kodakaranoyu.jp

Point4

在日本旅行，总会在小地方遇到意想不到的惊喜。比如在长良川铁道最北端的北浓站附近，就有一家名为okuninoen的旅馆，同时还兼营西餐厅。到了晚上，周围的乡村一片漆黑，这里却提供美味的意大利面，不可思议的对比令人称奇。北浓站内还保留着古老的转车台，值得铁道迷前来打卡。

>>> 官网（日文）：okuminoen.com

>>> 郡上八幡观光协会（日英双语）：
www.gujohachiman.com/kanko
>>> 美浓市观光协会（日文）：
www.minokanko.com

日本的世界遗产什么样?

九州北部留有多处明治时代的产业革命遗迹，是日本近些年的申遗热点。

有位朋友曾在网上问我，听说京都的某座寺院是世界遗产，但是在名录上查不到。他本想按照名录来设计行程，却一时陷入困惑。其实最初面对日本的世界遗产时，很多人都会遇到这样的问题。因为在我们的概念中，世界遗产往往是相对独立的建筑、园林、古城或自然风景区，例如颐和园、殷墟、三孔，或丽江、平遥、九寨沟，就连"苏州古典园林"和"澳门历史城区"这样集群式的遗产，也很容易从名称上把握。

日本当然也有相对"单体"的世界遗产，如姬路城、严岛神社、小笠原诸岛等，但是如果查看名录，会发现一连串概念非常模糊的名称："古都京都的文化财"、"古都奈良的文化财"、"平泉——展现佛国净土的建筑、庭园及考古遗迹群"、"富士山——信仰的对象与艺术的源泉"……听起来像是书名或纪录片的名称，却真实反映了日本申报、参评世界遗产的现状。

日本申报世界遗产，多采取"打包"的方式，即将一个地区有各种内在外在联系的景观捆绑在一起参评。这些景观个体往往太小，无法单独申报，只有找到它们之间的历史文化联系，才能为申报打通道路。在查询日本的世界遗产名录时，一定要进一步详查具体景观列表。

2013 年，富士山地区经过数年的努力，终于进入世界遗产名录，这一过程堪称日本申报世界遗产的典型代表。最初，富士山申报的是世界自然遗产，但由于登山垃圾等环境问题难以解决，不符合评选标准，未能成功。后来转变思路，从世界文化遗产的角度申报，也就是以前文提到的"信仰的对象与艺术的源泉"为主题，将富士山周边的神社、住宅、湖泊、瀑布等文化景观悉数纳入，并强调闻名世界的葛饰北斋等画家笔下以富士山为题材的著名作品。有些景观（如"三保松原"）距富士山不近，但因为经常出现在以富士山为主题的艺术创作中，也被列进名单。日本想要营造的是富士山的"文化景观"概念，这一思路也成功打动了联合国教科文组织。

当然，并不是所有努力都会有好结果。镰仓一直想以"武家的古都——镰仓"为主题申遗，二十年来始终未果。镰仓并不是一个完整的古都，景点小而分散，没有哪一处具有压倒性的世界遗产价值，整体性也有所欠缺，评不上完全在意料之中。但是从一个旅行者的角度来看，镰仓其实完全不必纠结于申遗。人们去镰仓，本来就不是去看某个惊世骇俗的遗迹。镰仓的"王牌"是氛围，而这点已足够人们长久回味。

曾经以"水户藩的学问·教育遗产群"的名义提出申遗的茨城县水户市弘道馆。

那个与榻榻米相伴的夏天

2010 年 4 月到 8 月，我在名古屋大学交换留学，从属于研究生院文学研究科的 A 教研室。由于身份是"特别研究生"，我无须选修学分，也无须上课，只要提交论文即可。

导师 A 教授的研究领域是日本中世的宗教与民俗，而我则专注于日本现存最古文献，因此 A 教授的课对我来说是相对陌生的。可是有一门课让我义无反顾地决定旁听并认真参与，因为它的趣味程度无可比拟。这门课是 A 教研室每年的例行课程，学生们将用一个学期的时间准备，然后在暑期前往富山县城端町善德寺住上一个星期，为当地信徒讲解寺内保存的描述圣德太子故事的绘画。

圣德太子姑且也算是个历史人物，但是在日本的民间信仰中，圣德太子已经被神化。包括小小的善德寺在内，日本不少地方都可以见到描绘圣德太子神奇故事的古老绘画作品，也就是"绘传"，而为信徒们讲解画中故事这一行为，则被称为"绘解"。

简而言之，那个夏天我选择的任务，是为日本人讲述日本的民间传说与宗教故事。

这实在是个让人跃跃欲试的挑战，不过就连一向喜欢这种挑战的我，开始也有些犹豫。在那样一个偏僻的小镇上，信仰圣德太子的人们是否会耐心听一个外国人的解说？不过 A 教授在课上播放的一段录像让我立刻变得自信满满——当我看到前一年的录像中有个金发碧眼的俄罗斯学生正在熟练地讲解时，我觉得没有什么事是不可能的。

于是，从 4 月中旬到 7 月中旬，参加课程的同学们选择圣德太子绘传中自己感兴趣的场面，用敬语撰写 4 千字的解说稿，再全部背下来，最后在课上彩排，为"绘解"做全面准备。

时间终于到了 7 月下旬，A 教授和我们这些学生分成几拨，先后从名古屋坐大巴前往城端町。我们之所以要在这个时间去做"绘解"，是因为善德寺每年都在此时举办"虫干法会"。所谓"虫干"，也就是将寺内的宝物拿出来，检查有没有虫子，并晾晒一番。既然平时难得一见的宝物全部亮相，大家自然要赶着前来观赏，因此这"虫干法会"也就成了善德寺一年一度最重要的盛会。

我的"绘解"被安排在了第 1 天第 1 场。整个法会持续一星期，第 1 天只是个热身，前来听讲的人并不多。我按照计划顺利完成了 20 分钟的"绘解"，一下子放松下来，准备开始享受接下来的未知体验。然而 A 教授却没有"放过我"，他对我的表现大加赞赏，并决定到了星期日听众最多时让我"替换上场"。星期日原本安排的是 A 教授本人和教研室最有经验的大师姐上阵，我却要临时出场，代替 A 教授再做一次"绘解"。

于是，我又开始稿子不离身地继续强化记忆。

然而，"虫干法会"的一切奇妙之处并没有因为我承担着双份任务而从我眼前溜走。我没有刻意去观察它们，它们却在我眼前一一呈现。在富山县这个偏僻的小镇上，我看到了许多东西正在神奇地共存。

法会的第 1 天，也就是我进行第 1 场"绘解"的晚上，善德寺境内举行了一场音乐会。不是什么宗教音乐，而是流行乐与传统音乐的混搭。参演者中有一支非常时尚的乐队，成员是从别的寺庙前来参加法会的和尚。他们白天是出色的僧人，穿着僧袍为信徒答疑解惑，下班后便会完全进入世俗，像普通的热爱音乐的年轻人一样玩乐队、唱起流行歌曲。那天晚上我们教研室的几个女孩子泡完澡，光着脚坐在本殿前的台阶上，看着山门内侧灯光下歌者们的倾情演出，忽然有种不可思议的感觉。尤其是一位表演爵士乐的女歌手，一连唱了几曲，山门黑色的轮廓就在她的背后静静矗立，只有夏日晚间的凉风轻轻拂来。

法会的第 2 天，开始和寺里的更多人交流。当地老年人讲的方言相当难懂，午饭时有位老爷爷和 A 教授说话，我听着有种好像自己从来没学过日语的感觉，后来问身旁的日本同学，结果她也表示一知半解。白天艳阳高照，自己到镇上溜达，发现这里竟然是动画《true tears》的背景地。虽然做动画宅已有数年，但对圣地巡礼的热情一般，也就没有刻意查过。在这个冷冷清清的小镇上，人们努力地到处布置《true tears》的海报，只为等待那可能永远都不会到来的观光潮。

法会的第 3 天，教研室一位正在休学中的大师兄开车带我们前往不远处的井波，去欣赏晚上在那里举行的传统"木遣舞"。跳舞的队伍从街头出发，沿街边跳边走，一路行进到当地最大的寺庙瑞泉寺，并在寺内的广场上完成最重要的表演。我们一群学生在 A 教授的带领下随着队伍走走停停，一直跟到瑞泉寺内，混杂在当地人中站着看到了最后。这座小镇同样没什么名气，但是教授和他的夫人每年都会在法会期间到这里"串门"住一晚，这也许是他们最浪漫的习惯。

法会的第 4 天，终于到了人声鼎沸的星期日。参会者蜂拥前来，挤满了善德寺。除了大鼓和传统舞蹈表演，最重要的就是在山门和本殿间的空地上举行的"扛米袋大赛"。身强力壮的男士们都可以报名一试身手，将传统的圆桶形米袋扛上肩头，看谁扛得最稳、最沉。平日严肃安静的本殿里热闹异常，甚至摆出了卖冰棍的摊位。机会难得，我和一位日本同学还去参加了当地妇人会举办的茶会，地点就在善德寺的茶室。这是我第一次进入需要蜷身入内的传统茶室，去之前还专门练习了吃点心和饮茶的种种礼仪。由于全程需要"正坐"，也就是跪坐，茶会结束时双脚麻得失去知觉。参加过茶会的同学特意传授了经验，让我们在茶会最后一个环节——欣赏茶具时抬起屁股凑上前去，解放双脚，这样才不至于猛地站起来却走不了路。

在目不暇接的新鲜体验中，我的第 2 次"绘解"也如期而至。听众将房间挤得满满当当，我也没有了第 1 次时的小紧张，"绘解"中需要吟诵的部分说得比之前更加自然。富山县所在的北陆地区的报纸还来采访了我，当然最后我是否出现在了报纸上，也就不得而知了。

其实，除了法会本身，让我期待的还有在寺庙内的"合宿"。熟悉日本校园题材动漫的人都知道，"合宿"是其中经常出现的桥段。参加同一社团活动的成员们在假期集体外出，平时极其注重隐私的日本人在这一刻彻底消除隔膜，一起睡大房间、一起泡澡，完全切换到另一种生活状态。

在善德寺里的"合宿"果然没有辜负我的期待。每天晚上，大家都会到附近的便利店买好饮料和零食，然后穿着睡衣或居家服围坐在桌子旁，十几个人有说有笑。有个平日里不苟言笑的男同学，说起笑话时竟然手舞足蹈，大家都笑得前仰后合，也不禁在私下耳语：没想到 XX 君还有这一面。所有人按男女分成两个房间，每个房间都横七竖八地铺着褥子和枕头，没有任何阂隔。早上一起在走廊上的水池边洗漱，晚上一起去公共浴室泡澡，同时在心里祈祷不要在泡澡时遇到在寺里帮忙的老奶奶们，否则会被拉住絮絮叨叨说个不停。

善德寺的生活并不是无拘无束的。早上 6 点，我们就要起床去本殿听早课，白天也要和僧人们行动一致，即使没有佛教信仰，也必须体验他们的宗教生活，在下午昏昏欲睡的时候参加讲经，或是拿着临时借给我们的经书跟着领读的僧人读经。不过，日本僧人的"职业化"也在善德寺中显露无疑。僧人们每天来到寺里，就像普通的上班族前来上班，再加上善德寺是比较世俗的净土真宗，僧人们的个性也得以保留。有一位让人印象深刻的年轻僧人，染着头发，讲经时一本正经，但傍晚"下班"后就立刻换上时尚的便服，还给我们播放佛教主题的动画。如果在街头相遇，完全无法想象他的工作就在寺庙里。还有一位资历较老的僧人，法会期间请我们这些来做"绘解"的学生到他家吃饭。我以为会是传统的日式素斋，也就是

"精进料理"，没想到端出来的是比萨、红酒和他开车去山形县买的价格不菲的大樱桃。就像法会第 1 晚那位玩乐队的外来僧人一样，佛教是他们的信仰和职业，但并不是他们生活的全部。他们有着和常人无异的业余生活，并且如此协调。

寺里的生活除了规律的作息，还有常年不变的餐食。不过至少在这不到一周的时间里，我并没有吃腻。蔬菜的搭配美味可口，米饭的味道更是惊艳——很多人都说日本的大米好吃，但是我一直觉得没有什么区别，直到我吃到善德寺里的大米。此外，每年法会期间还有一道特殊的菜肴，即历经好几个月发酵腌制的青花鱼，人们对它的接受程度也是两极分化。当 A 教授在课堂上描述它的味道时，我就觉得自己一定属于喜欢它的那一类人，结果果然如此。更加幸运的是，那年的气候让青花鱼格外美味，连从学生时代就年年参加法会的 A 教授都赞不绝口，认为那年的味道在他的品尝经历当中出类拔萃。

当然，善德寺能够维持这样的节奏，还有那些帮厨大婶们的功劳。她们辛勤地烹制一日三餐，即使一排排用餐的长桌旁都坐满了人，也能应对自如。每天忙碌完早饭，她们便坐在厨房里看晨间电视剧放松。那样的身影在城端町的其他地方也能见到，比如在街巷里发现的一家手工艺品店，店主阿姨一个人边制作边经营，虽然都是简单小巧的作品，却透着制作者心间的暖意。在这个偏僻的小镇上，很多年轻人都已经远赴他乡，留下的中老年人则在想方设法地留住时光的脚步。不过在一些需要人手的场合，他们还是必须借助外来者的力量。比如前面提到法会第 4 天的"扛米袋大赛"，组织者名义上是当地的青年会，但穿着统一 T 恤衫的工作人员中，有好几位都是和我一样来参加"绘解"的学生。每一个有心出力的人都在倾尽所能，让传统的法会与寺庙继续共生——尽管，也有力不从心的时候。

在善德寺住了 5 晚 6 天，一开始有好奇也有担心。好奇的是自己第一次在寺庙寄宿，究竟会是什么样的感觉。担心则因为寺内各栋建筑间的走廊七拐八拐，怎么从"合宿"的房间绕来绕去走到本殿，心里真的有些没底。不过只住了 1 天，我就很快熟悉了一切。更让我兴奋的是以前在书本上看到的关于日本寺庙的组成部分与专有名词，比如什么是"库里"，这次终于能亲身住在里面细细体验。

在闲暇时间，我也或独自或和其他同学一起在城端町转了好几圈，地图早已烂熟于心。独自到 JR 城端站附近改签回程的巴士票时，还有一对看起来像游客的夫妇向我问路。当我没有任何迟疑地给他们指完路后，有那么一个瞬间，我突然觉得自己的某一个部分，其实已经牢牢地留在了这里。

话虽然这么说，可是离开善德寺的那天，我的心情里多少包含着"逃离"的成分。我将巴士票改签到了原定日期的前一天，表面的理由是"绘解"已经做完，而且临近期末，我要赶紧回到名古屋整理准备提交的论文。但真实理由很简单：我已经受够了榻榻米。每天睡在榻榻米上倒也无所谓，可是从早到晚的讲经和"绘解"，作为听众都要坐在榻榻米上，一日三餐也是如此。无论是善德寺里的僧人还是那些老年信徒，双腿都像软软的面条，跪坐在脚后跟上无比自然，也不会腿麻。我们这些无法跪坐的女孩子只能将双腿折向侧后方，采取侧坐的姿势，因为盘腿或抱腿都是男性的专属，到了女性这里就被认为是不雅。对于我这个身材微胖又骨骼僵硬的人来说，连续6天的长时间侧坐已经让我的忍耐力达到了极限。

于是在那些咬牙坚持的时刻，我开始思考从准备"绘解"到成功完成这3个月间的每一个细节。当历史书上的遣隋使小野妹子在日本的圣德太子民间信仰中摇身一变，成了前往中国为太子寻找前世的使者时，背后其实正映衬出日本对于佛教的接收方式与本土化理解。同样，一家名不见经传的传统寺庙，能够接受外国学生进行"绘解"，那些一辈子生活在相对保守地区的老爷爷老奶奶，能够专心致志地听一个外国人为他们讲解已经在他们的信仰中根深蒂固的民间传说——这种守旧与开放的并存，正是日本文化最独特的一面。

善德寺的生活日复一日，僧人们严格遵守着读经、讲经的规矩。但他们可以接受流行乐队在寺庙境内演出，可以接受并没有净土真宗信仰的年轻面孔帮助他们解读传统。这究竟是好还是不好，各人有各人的评说。但是无论如何，这里面都透着日本文化自古以来的"规矩"。只要是有用的，不管它来自哪里都可以接受，而接受到最后，便是它也变成日本文化不可分离的一部分，后人甚至会以为它就生自日本。

时光飞逝，短暂的留学生活早已成了过往。回国后，我毕业、结婚、生子，唯一没有改变的就是日本在我生活中的位置。我成了日语译者，成了专注日本旅行与文化的撰稿人。在那之后，我又数次前往日本，脚步越来越深，可是城端町善德寺却始终在我心中占据最特殊的位置。当初因为榻榻米逃离的我，现在依然无法忍受长时间的侧坐，但心里却琢磨着在将来的某一年夏天重返城端。那片"里日本"的清寂风景，就像法会上敲响的莲如大鼓，时不时在我的心头铿锵一击。

中国・四国
CHUGOKU・SHIKOKU

广岛 HIROSHIMA

因为宫岛上的严岛神社，因为市中心的原子弹爆炸遗址，广岛永远都是日本旅行中必须留出时间耐心感受的一站。

仓敷 KURASHIKI

在小巧的老城区，你会发现散步可以变得无限长，即使做了回头客，这里仍然让人意犹未尽。

高松 TAKAMATSU

在面积最小的香川县，每处风景都是精华。在栗林公园泛舟，然后爬上金刀比罗宫，途中去金比罗大芝居感受歌舞伎的世界。

松山 MATSUYAMA

只有站在古老的道后温泉前，才能体会到日本温泉的昔日氛围。温泉、城郭与夏目漱石，松山默默地承载着四国的重量。

祖谷温泉 IYA SPA

在德岛山间的秘境中享受最舒适的假期。你可以自驾缆车，上天入地泡温泉，也可以踩着葛藤桥上间距开阔的木板试试胆量。

三言两语话中国・四国

　　与很多旅行者都会"路过"的中部地区相比，中国地区和四国地区似乎与一般的旅行者更加疏远。其实人们多少听说过这片区域，比如广岛，比如下关，甚至《名侦探柯南》的作者青山刚昌的故乡鸟取县北荣町……但选择去这里旅行的人实在不多。

　　我最初想去中国地区，完全是因为广岛和出云。前者因著名的严岛神社和原子弹爆炸的历史，是我心中日本旅行的必选。后者则是日本神话的重要舞台，又与我当时的专业方向密切相关，也是必去之地。追随着这样的路线，又添加了仓敷和冈山，最终还伸展到香川县，算是踏上了四国的土地。在后来的九州之行中，我又从门司港通过海底隧道步行到下关，在山口县度过了短暂的时光。

　　拿到日本三年多次签证后，原本"好不容易"的日本旅行变成了每年N次的说走就走。于是有了第二次香川县的旅行，也终于实现了环绕四国的计划。这座由四个县组成的岛屿带给我的是超越日本其他地区的、难以忘怀的记忆。从古老的道后温泉所在的松山到坂本龙马的故乡高知，乘坐日本最佳观光列车，看清澈的四万十川从眼前流过，再深入德岛县的祖谷温泉感受由心而生的最佳服务，当游客过剩的大城市已经有些疲于应付汹涌的人潮时，四国的人们仍然保持着最朴实的热情，他们用超越大城市的外语服务设施和哪怕英语磕磕巴巴也依旧不减的满脸笑容，毫无芥蒂地欢迎每一个来到四国的旅行者。

　　很久前曾看到过JR四国一则温暖人心的广告：列车行驶在乡间，当地的老奶奶们与旅行者亲切攀谈。我想，四国带给人们的就是这种感觉。如果时间充裕，又以关西为活动中心，不妨利用一些优惠券，到中国地区和四国地区看看，或者专门为这里安排一次旅行，走一走更加深沉、低调，却更加亲切的日本。

中国地域观光推进协议会	www.chugoku-navi.jp
四国地区观光信息网	shikoku-tourism.com
鸟取县观光联盟	www.tottori-guide.jp
岛根县观光联盟	www.kankou-shimane.com
广岛县观光联盟	dive-hiroshima.com
冈山县观光联盟	www.okayama-kanko.jp
山口县观光联盟	www.oidemase.or.jp
香川县观光协会	www.my-kagawa.jp
德岛县观光协会	www.awanavi.jp
爱媛县观光物产协会	www.iyokannet.jp
高知县观光博览协会	www.attaka.or.jp

广岛

在广岛，你可能会……

拿出一整天甚至更多时间，体验潮起潮落间严岛神社大鸟居的变幻。

拜访原子弹爆炸遗迹与资料馆，了解这段历史。

感受这座复杂的城市：拥有极致之美，却曾因极致之丑毁灭。

与宫岛上的小鹿友好相处，感叹奈良的鹿们果然已经被人类惯坏。

走进热气腾腾的餐馆，看广岛烧如何叫板大阪烧。

以及，更多属于你的广岛。

≫≫ 广岛市观光博览局（含中文）：dive-hiroshima.com

交通时间提示	博多 – 广岛（新干线）：最快约 61 分钟
	新大阪 – 广岛（新干线）：最快约 80 分钟

🖥 广岛交通

　　广岛站是交通枢纽，包括新干线在内的 JR 列车都在这里停靠。

　　广岛电铁是广岛市内最重要的交通工具，共有 8 条线路。2 号线恐怕在旅行者中利用率最高，从广岛站前出发，途经原子弹爆炸遗址，最终抵达宫岛口，从那里可以换乘渡轮前往严岛神社所在的宫岛。1 日券 700 日元，包含松大汽船船票的 1 日券为 900 日元。

　　官网（日英双语）：www.hiroden.co.jp

　　从宫岛口到宫岛的渡轮单程 10 分钟，往返 360 日元，由 JR 西日本宫岛渡轮（官网：jr-miyajimaferry.co.jp）和松大汽船（官网：miyajima-matsudai.co.jp）两家经营。如果想更好地在海上欣赏大鸟居，可选择 JR 渡轮前往并坐在前进方向的右侧。

信步走广岛

严岛神社与宫岛

　　宫岛的严岛神社集世界文化遗产与日本三景于一身，神社里红色的回廊当然漂亮，但真正美不胜收的画面，是在神社正前方矗立在海面上的红色大鸟居。神社据传创建于公元 593 年，社殿在历史上历经数次修建，本殿、拜殿和回廊等都为日本国宝。最引人注目的大鸟居为 1875 年再建，高 16.6 米，但近年出现龟裂后，有不少在退潮时步行至鸟居下方的游客将硬币塞入裂缝祈福，让神社的管理人员头痛不已。

　　严岛神社所在的宫岛因牡蛎、枫叶点心、木勺工艺品和散养的小鹿闻名，非常适合散步。如果时间充裕，可以步行至红叶谷，然后乘坐宫岛空中缆车登上弥山（往返 1800 日元）。

严岛神社（日英双语）：www.itsukushimajinja.jp
宫岛观光（日英双语）：www.miyajima.or.jp
交通：渡轮宫岛码头步行 10 分钟
开放时间：神社 6 点半～ 18 点（冬季至 17 点），宝物馆 8 点～ 17 点
门票：神社 300 日元（含宝物馆 500 日元）

原子弹爆炸遗址与资料馆

　　广岛是世界上仅有的两座经受过原子弹轰炸的城市之一，在保存下来的遗迹中，原爆圆顶是最常出现在各种照片上的代表建筑。

　　这里竣工于 1915 年，原本是广岛县物产陈列馆，二战中由日本政府和木材公司共同使用。1945 年，投向广岛的原子弹爆心距这座建筑只有 160 米，周围一切尽化灰烬，只有这座建筑的主体结构奇迹般保存下来。

　　从原爆圆顶出发，穿过和平纪念公园，就是广岛和平纪念资料馆。这里介绍了广岛经历原子弹爆炸的全过程，展示了爆炸中留存下来的物品。资料馆里的解说词或许是在日本公共场所能够见到的最具自省意识的话语，虽然只有那么几句。

广岛和平纪念资料馆（日英双语）：www.pcf.city.hiroshima.jp
交通：原爆圆顶前站
开放时间：资料馆 8 点半～ 18 点（冬季至 17 点，8 月至 19 点）
门票：资料馆 200 日元

冈山 · 仓敷

在冈山 · 仓敷，你可能会……

让后乐园激发你对日式庭园的热情，从此迎来种草新领域。

吐槽仓敷老城区的狭小，却惊觉一天好像逛不完。

在远离和歌山的冈山市内搭乘冈电的小玉列车，斯猫已逝，记忆永存。

发现原来寿司上面不只能放鱼肉，还可以来一把韭黄。

在冈山站前与桃太郎合张影，再到仓敷喝杯"桃屁股"桃汁。

以及，更多属于你的冈山 · 仓敷。

>>> 冈山市（含中文）：www.okayama-kanko.net
>>> 仓敷市官方观光网（含中文）：www.kurashiki-tabi.jp

交通时间提示	新大阪 – 冈山（新干线）：最快约 43 分钟
	冈山 – 仓敷（JR）：最快约 12 分钟

 ## 冈山 · 仓敷交通

　　JR 冈山站停靠从新干线到普通列车的各类 JR 列车，是中国地区除广岛外的又一个交通枢纽。从 JR 冈山站前可以乘坐冈山电气轨道前往冈山市内，两条路线都以冈山站为起点，分别前往东山和清辉桥，单程 120 日元起，1 日券 400 日元。

　　官网（日文）：www.okayama-kido.co.jp/tramway
　　JR 仓敷站是仓敷市的门户。如果乘坐新干线前往仓敷，可以选择在冈山站或新仓敷站下车，然后换乘普通列车前往仓敷站。从新大阪站到新仓敷站最快约 73 分钟，但车次不多，新仓敷站到仓敷站最快约 8 分钟。

📷 信步走冈山

后乐园

　　冈山藩第 2 代藩主池田纲政建于约 300 年前，庭园的结构一目了然，中间是大片草坪，点缀着弯曲的水道，间或有精致的小桥出现，还有小小的假山，可以登山俯瞰开阔的庭园腹地。而包围在这平坦的腹地周围的，则有养着锦鲤的小水池、小块的菜地、成片的树林以及隐藏其间的小神社。当然，园中也还有像鹤鸣馆、能舞台这样的传统建筑，留存着藩主曾经到访的身影。

官网（含中文）：www.okayama-korakuen.jp
交通：JR 冈山站步行 25 分钟，或冈山电气轨道城下站步行 10 分钟
开放时间：7 点半～ 18 点（冬季 8 点～ 17 点）
门票：410 日元，与冈山城共通券 640 日元

冈山城

　　建于 1597 年，由宇喜多秀家在丰臣秀吉的授意下建成，天守阁为重建。看到天守阁，就会明白冈山城为什么又叫"乌城"。与大部分天守阁不同，冈山城的天守阁是以黑色作为主色调的，辅以白色的窗框。尽管侧面也有部分白色的墙体，但正面完全是黑色。当然，这种黑色并不是纯粹得如墨一样，而是更加柔和的黑，这让白色的部分并不那么突兀，整个建筑也不会给人任何压抑感。

官网（含中文）：okayama-kanko.net/ujo
交通：JR 冈山站步行 30 分钟，或冈山电气轨道城下站步行 7 分钟
开放时间：9 点～ 17 点半
门票：400 日元，与后乐园共通券 640 日元

仓敷的老城区称作"美观地区"，从 JR 仓敷站步行 10 分钟即可到达。一条 L 形的河道贯穿其中，河道两侧就是主要的观光区域，水、桥、小船、传统民居以及黑白相间的格子花纹墙壁是这里的典型风景。

美观地区面积不大，如果沿河道走，10 分钟即可走完全程，因此要充分研究地图，更多地深入河道两旁的小巷里，寻找古老仓敷的精髓。

Step 01
大原美术馆

由实业家大原孙三郎创建于 1930 年，是日本第一家展览西洋美术与近代美术的私立美术馆。希腊神殿般的外表与仓敷的江户古风格格不入，却拥有艺术爱好者值得一看的收藏，可以看到包括高更在内的著名画家的作品。

官网（日英双语）：www.ohara.or.jp

开放时间：9 点～ 17 点　　　门票：2000 日元

Step 02
仓敷考古馆

由江户时代的米仓改建而成，建筑本身和前方的中桥是美观地区最美的摄影角度之一。馆内展示了古称吉备的冈山县及周边的各种文物，布展认真，但条件简陋，让人感觉难以值回票价。

官网（日英双语）：www.kurashikikoukokan.com

开放时间：9 点～ 17 点（冬季至 16 点半）

门票：500 日元

Step 03
仓敷川与仓敷游船

乘坐简朴的观光船，可以从仓敷川上看到仓敷的另一面。上船处位于仓敷馆观光案内所对面（中桥旁）。船上与岸上的游客朝彼此举起相机是常见的画面。

官网（日文）：kankou-kurashiki.jp/special/kawafune

开放时间：9 点半～ 17 点，间隔 30 分钟

船票：500 日元

Step 04
古韵街巷

除了欣赏仓敷川的沿岸风景，还要深入建筑背后的小巷，这也是仓敷散步绝对不能缺少的。本町和东町一带的小巷保留着典型的江户风格，周围还有很多值得注意的老宅，比如大原家族居住的"有邻庄"、仓敷最古老的町屋"井上家住宅"等，尽管不对外开放，也足以表现仓敷的魅力。部分老房子改造成了别致的商店和咖啡厅，非常适合休闲购物。

Step 05
阿智神社

爬上紧挨美观地区的鹤形山，就能看到据说创建已有 1700 年的阿智神社。神社里的磐座（神道中视作神座的岩石）和曙藤十分有名，还可以眺望美观地区及整个仓敷市的风景。

官网（日文）：achi.fem.jp

Step 06
常青藤广场

位于美观地区东侧，是江户时代的代官所，到了明治时代后建起纺织工厂，现在是工厂改建的文创园区，仓敷纺织纪念馆和儿岛虎次郎纪念馆就在这里，还有各种独具个性的商店。

高松

在高松，你可能会……

吃乌冬面吃到吐，或是钟情于这个"乌冬县"而乐不思蜀。

如果你懂日语，便要接受栗林公园船夫对园内茶点的疯狂推销。

趁着时髦，开启离岛文艺之旅。

发现爬上金刀比罗宫的台阶其实小菜一碟。

突然心血来潮，想在最传统的旧金比罗大芝居看场歌舞伎。

以及，更多属于你的高松。

≫ 高松市观光（含中文）：www.art-takamatsu.com
≫ 琴平町观光协会（日文）：www.kotohirakankou.jp

交通时间提示

冈山 – 高松（JR）：最快约 52 分钟
德岛 – 高松（JR）：最快约 58 分钟

🖥 高松交通

　　JR 高松站是高松及香川县的交通枢纽，紧邻高松港，换乘前往濑户内海岛屿的渡轮也十分方便。

　　高松市及周边地区的观光主要依赖高松琴平电铁。电铁分为琴平线、长尾线和志度线，前两条线均从高松筑港（距 JR 高松站约 200 米）出发，单程 190 日元起，1 日券 1250 日元。

　　官网（日英双语）：www.kotoden.co.jp

🔘 信步走高松

栗林公园

栗林公园初建于 16 世纪末，拥有日本对自然景观最高级别的称呼——"特别名胜"，相当于"庭园中的国宝"。这里属于典型的回游式庭园，背靠紫云山，由 6 座水池和 13 处人工筑山组成，是日本所有文化遗产级别的庭园中面积最大的。尤为特殊的是，这里是日本所有庭园中唯一可以乘船游览的，船夫会在撑船之余为客人讲解并拍照，非常值得体验，需在公园东门购买船票并预约时间。

官网（含中文）：www.my-kagawa.jp/ritsuringarden
交通：琴平电铁栗林公园站步行 10 分钟（东门），或 JR 栗林公园北口站步行 3 分钟（北门）
开放时间：每月不同，开门时间 5 点半～7 点，关门时间 17 点～19 点，详见官网
门票：410 日元

旧金比罗大芝居

"芝居"在这里指剧场。金比罗大芝居建于 1835 年，是日本现存最古老的剧场，位于通向金刀比罗宫的参道中段，又称"金丸座"，每年春天举行的歌舞伎公演十分有名。没有演出时可以入内参观，热情的讲解员会免费讲解并演示各种舞台装置，也可以自由走动，非常值得一看。

官网（日文）：www.konpirakabuki.jp
交通：高松琴平电铁琴平站步行 30 分钟，或 JR 琴平站步行 40 分钟
开放时间：9 点～17 点（演出时除外）
门票：500 日元

金刀比罗宫

现在的本宫于1878年改建而成。

爱称"金比罗",也许是四国地区最著名的神社。历史上曾经历过神佛习合的时代,1868年完全恢复为神社,祭祀大物主神,祈祷的范围包含农业、渔业、医药等各个方面。金刀比罗宫的象征物是狗,据说在过去,因各种原因不能亲自登山参拜的人会把愿望和奉纳装进袋子,由狗将袋子送至宫内,代替自己完成参拜。如今,爬台阶是金比罗参拜的最大特点,从表参道到本宫,需要登上785级台阶,耗时约30分钟。

官网(日文):www.konpira.or.jp
交通:高松琴平电铁琴平站步行15分钟,或JR琴平站步行20分钟

1

2

3

4

5

1. 本宫旁边的平台是眺望讃岐富士的好地方,还可以望见远处的瀬户大桥。
2. 也许是因为参道旁边有各式各样的小店,热热闹闹,台阶爬起来毫不费力。
3. 雨中的金比罗别有一番风情。
4. 虽然不是"遍路"的标准服装,但依旧引人注目。
5. 小狗代替参拜的传统在今天依然为人们怀念。

松山

在松山，你可能会……

在道后温泉惊叹一声：这才是《千与千寻》的世界。

留出时间登上松山城所在的胜山，而不是坐缆车。

读着夏目漱石的《少爷》，尝一口不知道是否正宗的"少爷团子"。

被各种做法、各种流派的鲷鱼料理和橘子美食弄得晕头转向。

拜访游人寥寥的汤筑城迹，被激动的馆员大爷强邀看纪录片。

以及，更多属于你的松山。

>>> 松山市观光官网（含中文）：matsuyama-sightseeing.com

交通时间提示
冈山－松山（JR）：最快约2小时38分钟
高松－松山（JR）：最快约2小时23分钟

松山交通

JR松山站是松山市乃至整个爱媛县最重要的交通枢纽，站前除了高速巴士和公交车，还有在松山市内旅行必不可少的伊予铁道。

官网（含中文）：www.iyotetsu.co.jp

伊予铁道在松山市内的区间以路面电车的形式运营，共有5条线路，连接JR松山站、伊予铁道松山市站、大街道（松山城）、道后温泉等松山市内几乎所有的景点、车站和商业区，1日券700日元。

此外，花费800日元就可以乘坐每天都在伊予铁道松山市内线路上运营的"少爷列车"（坊っちゃん列车）。这趟观光列车以夏目漱石代表作之一《少爷》命名，外形复原了历史上曾经在松山市内运行的蒸汽机车。

⊙ 信步走松山

松山城

松山城位于松山市中心海拔 132 米的胜山（城山）上，最初的筑城者是以贱岳合战闻名的加藤嘉明，始建时间为 1602 年。也正是这位加藤嘉明，在 1603 年将城郭的所在地命名为"松山"，并一直沿用至今。这里是"现存十二天守"之一，赏樱的胜地，一年四季有着不一样的面孔，从大天守顶层眺望本丸石垣是松山城最美的风景。

官网（日文）：www.matsuyamajo.jp

交通：伊予铁道大街道站换乘缆车至山顶（往返 520 日元）或徒步上山

开放时间：9 点～17 点（8 月至 17 点半，12 月～1 月至 16 点半）

门票：520 日元

道后温泉本馆

宫崎骏拍出了《千与千寻》后，很多人都在寻找原型。然而只有到了道后温泉本馆，你才会发现比建筑外观更重要的是氛围。什么是温泉？温泉就在这里。

现在人们看到的道后温泉本馆建于 1894 年到 1924 年间，是日本现存最古老的温泉建筑。馆内可以泡的有神之汤和灵之汤，还可以参观日本唯一的皇室专用浴室又新殿。位于馆内 3 楼的"少爷房间"（坊っちゃんの間），是夏目漱石的资料展示室。夏目漱石来到松山中学当老师的 1895 年，神之汤本馆正好刚完工不久。他特别喜欢这里，经常来泡汤，并到 3 层的客房享用点心，这些美好的体验都记录在了他的书信和小说《少爷》中。

目前道后温泉本馆正在大修，只有 1 楼的神之汤对外开放。工程预计将会在 2024 年结束，馆内开放区域可能会随着工程进度发生变化，行前请务必到官网确认。

官网（含中文）：www.dogo.or.jp

交通：伊予铁道道后温泉站步行 5 分钟

开放时间：6 点～23 点

门票：神之汤 420 日元

"伊予滩物语" 观光列车

从 JR 到私铁，日本各地有无数观光列车，而且不断推陈出新。但也正因数量庞杂，想要评出谁是第一，也就难上加难。然而在 2015 年，《日本经济新闻》却将日本最佳观光列车的头衔授予了四国的"伊予滩物语"。这样的列车不在旅行热门的关东关西，不在因观光列车种类丰富而闻名的九州，而是在偏僻的四国海岸线上，究竟有什么魅力？

如果用一个词来形容"伊予滩物语"，我想"热泪盈眶"最合适。

没有亮瞎人眼的豪华设计，没有三番五次的特产销售，也没有对铁道毫无兴趣的旅行团，伊予滩物语是一趟真心真意的列车。沿途欢迎的人们只是挥着手感谢远道而来的客人，乘务员的服务更是自然亲切，快到终点时，甚至走到每一位、每一组乘客身边蹲下，逐一表示感谢。

这趟观光列车在每个运行日都会运行 4 班，往返于松山—伊予大洲之间和松山—八幡滨之间，每班的运行时间都为 2 个多小时，可以提前预订美味的餐食。中文预订请使用网站：www.jr-eki.com/global/zh-TW/travel/iyonada

我选择了从松山到伊予大洲的班次，一早从松山乘坐红黄双色的列车出发。

车内的装饰并不奢华，但又不失精致。这是一趟为有心之人设计的列车。

发车后不久，列车员便送来了事先预订的美味早餐，是由松山市"YOYO KITCHEN"餐厅提供的三明治和沙拉，搭配法式浓汤、爱媛蜜柑和咖啡。

列车中途会在面朝大海的下滩站停靠几分钟，让乘客们下车拍照。这座小站曾 3 次出现在青春 18 车票的海报上，是铁道迷心中的圣地。

在串站和喜多滩站之间，列车会减速通过曾在青春 18 车票海报上出现过的海边铁路桥，方便乘客拍摄海景，也照顾到远处拍摄列车的铁道迷。

在接近伊予大洲的五郎站，列车并不停车，然而"狸猫站长"却和当地居民一起发自内心地热情欢迎。最铭刻人心的风景，永远都是人。

>>> 详见官网（日文）：iyonadamonogatari.com

祖谷温泉

在祖谷温泉，你可能会……

面对大山里公交站牌上的多国文字目瞪口呆，却还是要为稀少的班次发愁。

上天入地，拥抱自然——其实你只是在泡温泉。

在偏僻的深山秘境，遇到体贴的温暖服务。

第一次体验缆车自驾，并且发现缆车的外形可以如此不拘一格。

踏上葛藤桥，惊觉想象中的普通观光变成了试胆大会。

以及，更多属于你的祖谷温泉。

>>> 大步危祖谷温泉乡（含中文）：www.oboke-iya.jp

交通时间提示　高松－大步危（JR）：最快约1小时17分钟
　　　　　　　　　德岛－阿波池田（JR）：最快约1小时15分钟

📺 祖谷温泉交通

　　祖谷温泉名列"日本三大秘境"，即使在交通十分发达的今天，也仍然算不上方便。JR阿波池田站和大步危站分别是祖谷温泉北部和西部的门户站，从这两座车站换乘巴士，便可深入祖谷温泉各个景点和温泉酒店。

　　祖谷温泉地区的巴士由四国交通运营。

官网（日文）：yonkoh.co.jp

　　进入官网后点击菜单栏里的"时刻表"，即可看到具体班次。祖谷温泉地区的"祖谷线"巴士有两条，分别经由大步危和出合，在全年大部分时间班次较少，出行前务必确认时间。但值得称道的是虽然地处偏僻，这里的巴士站牌上都有包含中文在内的四国语言时刻票价表，非常方便。

🔲 信步走祖谷温泉

大步危峡游览船

　　大步危峡是祖谷温泉交通最方便的景点。春天的樱花季和秋天的红叶季是这里最美的时节，如果搭配上蓝天，简直美不胜收。即使在较为阴冷的冬日，清澈的水流也依然能倒映出岩石的美。这些岩石是由砂岩形成的砂质片岩，表面的水蚀痕迹十分明显，形态丰富多彩。

　　游览船的乘船场位于温泉酒店"大步危峡まんなか"对面，在 1 层购票后沿楼梯下到谷底的河边，即可乘船。整个游览过程大约 30 分钟，属于往返式行程，上下船都在一地，船夫会在途中进行讲解。冬天还会配备毛毯和暖宝宝，十分贴心。

　　官网（日文）www.mannaka.co.jp

　　交通：JR 大步危站步行 20 ~ 30 分钟，或乘公交至大步危峡站

　　开放时间：9 点 ~ 17 点

　　船票：1500 日元

葛藤桥

　　葛藤桥是祖谷温泉最具象征意义的风景，桥身长 45 米，宽 2 米，重约 5 吨，距水面 14 米。在没有公路的年代，这样的桥曾是深山里唯一的交通设施。如今，葛藤桥每 3 年重建一次，是日本国家指定的重要有形民俗文化财产。

　　从远处看，葛藤桥只是一座普通的吊桥，只有踏上去才发现，桥面木板的间隔大得足以让成人踩空，这也是为什么桥头的指示牌上提醒 6 岁以下的幼儿一定要有人看护才能过桥。每天晚上，葛藤桥还会亮起灯光，虽不能过桥，也可欣赏到梦幻般的风景。

　　交通：公交葛藤桥站步行 5 分钟

　　开放时间：日出 ~ 日落

　　门票：550 日元

祖谷温泉酒店

　　说到祖谷温泉地区最有特色的温泉，有两家酒店必须提及。首先就是这家祖谷温泉酒店（ホテル祖谷温泉），露天温泉位于谷底的溪边，景色相当天然，而且可以不住宿只泡汤。然而最吸引人的并不是一边泡汤一边眺望急流，而是前往温泉的方式：自驾缆车。

　　在前台付完泡汤费用后，首先到室内大浴场洗净身体，然后便可乘坐缆车前往露天温泉。缆车需要乘车人按照操作说明（含中英文）自己操作，非常简单。谷底的露天温泉服务同样贴心，储物柜、洗面台等设施完备，温泉池旁边就有脱衣篮，即使在冬天也不会冻得哆哆嗦嗦。

官网（含中文）：www.iyaonsen.co.jp
交通：公交祖谷温泉前站
泡汤时间：7 点半～ 18 点
费用：1700 日元

葛藤桥酒店

　　祖谷温泉地区另一处不可错过的特色温泉就是葛藤桥酒店（ホテルかずら橋），与祖谷温泉酒店下到谷底泡温泉相对照，葛藤桥酒店的温泉是在山上，需要乘坐缆车上山，而且依旧是"自驾"。

　　葛藤桥酒店的温泉被称为"天空露天温泉"。先在酒店内的室内大浴场洗好身体，然后乘缆车来到山上花园般的温泉区，露天温泉（男汤、女汤、混浴）和足汤等

多个设施都在这里。温泉池旁装饰着传统的石灯笼，可以边泡温泉边欣赏远山的风景。

官网（含中文）：www.kazurabashi.co.jp
交通：公交葛藤桥酒店前站
泡汤时间：10 点～ 16 点
费用：1200 日元

祖谷美人
祖谷の隠れ宿 祖谷美人

祖谷美人只有 9 间客房, 每间客房都配备温泉, 私密性极佳。

什么是顶级的温泉旅馆?

日本的服务业有着严格的标准, 要求从业者必须使用敬语, 哪怕内心对面前的客人充满歧视, 嘴上也必须毕恭毕敬。特别是温泉旅馆, 更是要求如此。我在日本很多地方都住过温泉旅馆, 体验都不错。但我向来不赞同很多人去神化日本的服务业, 敬业归敬业, 但是能留在记忆中的出色服务, 我在日本遇到的并不多。尤其是最近这几年, 随着外国游客的暴增, 日本的部分服务窗口开始出现了服务态度的"崩塌", 有些温泉旅馆甚至直接表示, 拒绝不懂日语的客人入住。

在旅馆的餐厅, 每间客房都有对应的单间, 可以坐在传统的"围炉里"旁品尝味道绝佳、菜量惊人的晚餐。

然而在这家祖谷美人, 我看到的却是真正的日式顶级服务。从暖心的接站开始, 我发现这家旅馆的服务员即使面对语言不通的外国游客, 也一样欢声笑语, 甚至努力请教学习。负责我房间的服务员大姐感慨地对我说, 以前他们这里很少有外国游客, 但是最近多了起来, 而且不少人竟然都会说日语, 这让她觉得特别感动。他们服务员都在努力学英语, 但实在很难, 可是这么多外国客人都在努力学习日语, 了解日本文化, 她很想向这些外国客人说声谢谢。

后来, 我曾经把这段话转述给很多朋友。真正的好服务, 不是说着多么规范的用语、做出多么标准的笑容, 而是用心对待他人。在祖谷美人, 我看到的是毫无芥蒂的"真", 是纯净的待客之心。

免费提供的漂亮浴衣让女客人十分愉快。

简洁素雅的前台象征着整个旅馆的风格。

>>> 官网（日文）: iyabijin.jp
>>> 地址: 德岛县三好市西祖谷山村善德 9-3
>>> 交通: 公交祖谷美人前站

⊙ 信步走中国·四国：出云

　　出云是神话的土地——这是日本广为流传的说法，日本太多的神话传说都以这块土地为背景。而著名的《出云风土记》成书于733年，记录了当时出云国各地的风土、物产和传统文化，同时也包含了《古事记》和《日本书纪》中没有的出云神话。当时日本正处于奈良时代，风土记不止一部，但完整保存至今的只有出云，这也让出云的历史地位变得格外特殊。就算是不太了解日本历史的人，也能在出云旅行中体会到别样的怀旧氛围。

　　出云市观光协会（日英双语）：www.izumo-kankou.gr.jp

　　JR出云市站是很多人到达出云的第一个落脚点，整个站房模仿出云大社的造型。向东西方向分别通往出云大社和松江市的一畑电车出云市站就在JR站旁。这一拥有百年历史的电车是岛根县最富魅力的铁道风景，1日券1600日元。

　　官网（含中文）：www.ichibata.co.jp/railway

交通时间提示	
冈山–出云市（JR）：最快约3小时	
松江–出云市（JR）：最快约23分钟	

　　乘坐一畑电车来到出云大社前站，走出镶嵌着彩色玻璃的古老车站，就进入了出云主要景点的集中区，各个看点皆可步行到达。

　　出云大社在日本拥有极高地位。日本的旧历十月称为"神无月"，但出云地区是"神在月"，所有神明都会集中到出云。根据《古事记》和《日本书纪》的记载，大国主神将国土的统治权让给琼琼杵尊时，将巨大的柱子深深埋入地下，建造起雄伟的宫殿，这便是出云大社在神话中的起源。出云大社目前的本殿样式始于1744年，每60年进行式年迁宫，即重新建造。拜殿与神乐殿前的巨型注连绳是出云大社最惹人注目的风景。

　　开放时间：6点~20点

　　门票：宝物殿300日元，彰古馆200日元

　　官网（日文）：
www.izumooyashiro.or.jp

🔘 信步走中国·四国：德岛与阿波舞

德岛县最为世人所知的就是每年 8 月 12 日到 8 月 15 日在德岛市举行的阿波舞，每年都有 100 多万人前来观看。阿波舞的历史可以追溯到 400 多年前，经过漫长的演变，发展成了如今的形态，属于盂兰盆节舞蹈的一种。舞者以"连"为单位，集体在街道上一边舞蹈一边前行，每个"连"都各有特色。

德岛市观光协会（含中文）：funfun-tokushima.jp

JR 德岛站是德岛市的交通枢纽，从高松前往较为方便。若从关西或中国地区前往，还是乘坐高速巴士更加便利。

德岛市内观光基本可以依靠步行。如果前往鸣门海峡观赏旋涡，可以乘坐 JR 到鸣门站下车，再换乘公交前往鸣门公园。

鸣门市旋涡观光协会（含中文）：www.naruto-kankou.jp

交通时间提示　　高松－德岛（JR）：最快约 58 分钟

如果在德岛市只选择一个观光地，那么阿波舞会馆以及背后的眉山无疑是首选。从 JR 德岛站步行 10 分钟，就能看到矗立在眉山脚下的玻璃建筑"阿波舞会馆"。会馆共有 5 层，1 层是售票处和购买伴手礼的店铺，2 层是阿波舞礼堂，3 层是阿波舞博物馆，4 层是对外出租的会议室和舞蹈练习室，5 层则是眉山缆车的山麓站和餐厅。

即使没有机会在 8 月来到德岛，也能随时在阿波舞会馆的 2 层观看到各舞蹈"连"轮流表演的阿波舞，白天和晚上共 5 场，每场 40 到 50 分钟。示范表演后，演员会邀请观众上台一起跳舞，千万不要错过这样的参与机会。

官网（日英双语）：www.awaodori-kaikan.jp

开放时间：博物馆 9 点～ 17 点，缆车 9 点～ 17 点半（4 月～ 10 月至 21 点）

门票：博物馆 300 日元，阿波舞表演 800 日元，缆车往返 1030 日元，另有多种优惠套票

◉ 信步走中国·四国：仓吉

在很少受到关注的鸟取县，其实有不少小众却不乏精彩的观光地，仓吉就是其中的代表。这座小城位于鸟取县的中部，拥有著名的"白壁土藏群"老城区，城市周围被 4 处温泉环绕，非常适合度过悠闲的假期。

仓吉观光协会（含中文）：www.kurayoshi-kankou.jp

JR 仓吉站是仓吉市的交通枢纽，不过和老城区之间尚有距离。如果前往老城区或周边温泉观光，需要从仓吉站乘坐公交。路线和时刻表可以参考：

日交巴士（日文）：

www.nihonkotsu.co.jp/bus/limousine_route

运行于鸟取和出云之间的观光列车"天地"也会在仓吉停靠，可以预约乘坐。

交通时间提示	鸟取 – 仓吉（JR）：最快约 27 分钟
	米子 – 仓吉（JR）：最快约 32 分钟

白壁土藏群是指仓吉市中心建于江户时代的仓库群，如今已经失去原有的作用，变成散步休闲的好地方，不少餐厅和商店都入驻其中，是仓吉市的头号景点。新建的综合观光设施"打吹回廊"不能错过，大人可以沿楼梯登上展望台，孩子则可沿爬网一路爬到最上层，土藏群的红瓦屋顶与打吹山尽收眼底。

建议在节庆活动期间前往仓吉，例如每年 8 月第一个周末举行的"仓吉打吹祭"，既可以欣赏到当地人举行的各种极具日本特色的表演，又可以观看花火大会，甚至能亲身参与到拉花车的队伍中。最重要的是这类小城市的祭典总是"恰到好处"，热闹而不拥挤，旅馆价格也不会随之上涨，轻轻松松便能享受到日式节庆时光。

除了传统建筑和街道景观，仓吉市还有个十分有趣的景点：鸟取二十世纪梨纪念馆。这座以梨为主题的水果博物馆设计新颖，馆内互动项目极多，不但能学习与梨有关的各种知识，还能参观梨树花园，免费尝不同种类的梨，购买各种梨味甜品。如果时间充裕，一定要在仓吉之旅中为这座纪念馆腾出时间。

官网（日英双语）：1174.sanin.jp

开放时间：9 点～ 17 点

交通：公交仓吉 PARK SQUARE 站或 PARK SQUARE 北口站

门票：300 日元

《名侦探柯南》与北荣町

私房推荐观

动画作品的圣地巡礼，既可以是小众的，也可以是大众的。比如《名侦探柯南》的圣地巡礼，就明显属于后者。"待到柯南完结日，家祭无忘告乃翁"的调侃，其背后是庞大的观众群体。如果你看过《名侦探柯南》并且抱有好感，不妨在到访鸟取县时前往北荣町，去看看青山刚昌的家乡人是如何打造柯南小镇的。

从前文介绍的仓吉市前往北荣町，乘坐 JR 单程最快只需 8 分钟。下车后可步行前往与柯南相关的各个景点和商家。如果时间合适，还能赶上车体印有柯南角色的柯南列车。

>>> 北荣町观光协会（含中文）：www.hokuei-kankou.jp

Step 01

JR 由良站

从 JR 由良站一下车，圣地巡礼便同步开始。从楼梯开始，所有地方都有柯南的身影。站在由良站正面，可以看到原本的站名以小字写在两侧，正中央最醒目的是"柯南站"几个大字。站前有两座柯南雕像都可以拍照，更不要错过旁边的观光案内所，里面不但可以存包，还能盖章、买手办，咨询各种旅行信息。

Step 02

Step 03

米花商店街

在柯南大桥旁边，有一组看起来有些孤单的小房子，正是集餐厅和商店于一体的"柯南之家米花商店街"。目前这里有 4 家店铺，其中最推荐的当属波罗咖啡厅。熟悉柯南的朋友一看就知道，这家咖啡厅与毛利家楼下的咖啡厅同名。咖啡厅里提供各种西式和日式简餐，还有饮料和甜品，许多都包含柯南元素。

小镇散步

从 JR 由良站走向北荣町内，立刻就会注意到路边的各种雕像。少年侦探团的成员们依次立在路旁，北荣町图书馆门口还有倚墙而立的工藤新一。有两个地标是沿途不可错过的，一是柯南大桥，两端各有不同的柯南铜像；二是朝仓书店，青山刚昌年少时经常光顾这里，店内挂满了他专门为这家店绘制的各种插画，还出售文具类周边。

Step 04

青山刚昌故乡馆

北荣町探访的终极目标，就是青山刚昌故乡馆。经过路边的"沉睡的小五郎"雕像和馆前的阿笠博士的甲壳虫汽车，就可以入馆参观了。这里的最大看点与其说是与《名侦探柯南》这部作品有关的各种资料和设施，不如说是对青山刚昌个人绘画生涯的梳理——从儿时的学校生活开始，到后来成为著名漫画家，展现出一个热爱绘画的少年是如何成长，并最终创造出自己的天地。

>>> 官网（含中文）：www.gamf.jp
>>> 开放时间：9 点半 ～ 17 点半
>>> 门票：700 日元

神社和寺庙为何能混搭?

　　在日本参观神社或寺庙时,稍加留意就会发现,有不少寺庙里都有鸟居等神社建筑。为什么会出现这种混搭? 这与日本人的信仰史有着密切的关系。

　　神社象征的神道教是日本本土的信仰,佛教则是后来传入日本的,这是毫无争议的历史事实。佛教于公元 6 世纪传入日本,在苏我与物部两氏的争端中逐渐成为社会主流信仰之一,并在天灾人祸发生时挺身而出,即"神的苦恼"与"佛的救济"。

　　最初的"神佛习合"出现在位于大分县的宇佐神宫,在神社中建立附属的佛教寺庙,形成"神宫寺",从而使人们有了全新的、叠加式的信仰寄托,也为原有的信仰开辟了新的发展道路。同时,寺庙也邀请神明前来镇护,例如现在人们可以在奈良的东大寺旁看到手向山八幡宫,就是"神佛习合"思想的最好体现。

　　到了平安时代,"本地垂迹"的说法诞生,即日本各路神明都是佛的化身,比如神道教中最高位的天照大神就被认为是大日如来或十一面观世音菩萨的化身。这也是"神佛习合"的典型表现。

　　其实从这种特殊现象中,不难看出日本人在吸收外来文化并加以应用时的鲜明特点。只要这种信仰对现实生活有用,就可以拿来,但这并不意味着抛弃原有的根底,而是选择有用的部分加以改造,甚至对它屈尊示好,最终使自身的传统得到巩固、加强,这正是日本人对待外来文化的态度。

1. 京都东寺境内的八岛神社。
2. 四天王寺以鸟居作为入口之一。

日本的环境与礼仪

　　很多旅行者来到日本，都会对日本的环境和服务行业的礼仪交口称赞。每当这时，我都忍不住想出来说两句：请给我一点时间，讲讲一般旅行者看不到的另一面。

　　先来说说日本的环境。大部分旅行者接触的，其实都是所谓的"精神文明建设先进地区"，也就是发达的大城市中的发达地区或者游客如织的景区，而不是真正的百姓生活。如果去看看新宿清晨尚未清扫的街道，或者大阪老街区那些黑乎乎的桥下或地下通道，就会发现很多死角。在京都看祇园祭时，我曾在早上 6 点进入过行人寥寥的小巷，结果发现前一天晚上的热闹活动留下了不少"痕迹"，地面上飘来难闻的味道，地铁站的台阶上甚至还有不知是什么人留下的棕色排泄物；在名古屋观赏几十万人参与的烟火大会，散场后的人们早已忽略了垃圾问题，路边的空饮料瓶颇为壮观。

　　最初我也对这些感到惊奇，但后来看的日本电视节目越来越多，也就习以为常：2010 年到 2011 年间，日本更换电视信号，很多人为了节省旧电视的回收费，将电视拉到不被人注意的树林等地方扔掉；有些提供野餐场地的海滩，人潮散尽后总是留下各种家庭垃圾……我似乎渐渐发现了一些规律：日本人的环保意识，有时与所谓的素质无关，而是与"从众"的民族特性紧密相连。一旦周围人不再遵守规矩，那么自己也就忘了怎么做。

　　再说说日本的服务业。在这方面，旅行者更容易留下美好的印象，因为接触的一般都是日本服务业最优秀的一面，比如具有一定档次的酒店服务员、旅游问讯处的工作人员、知名商店或餐厅的服务员等，而且他们听不懂日语，也不了解日本的服务业规矩与日本人喜怒不形于色的性格特征。日语中有敬语和非敬语之分，服务业要求必须使用敬语，使服务的一方看起来非常客气。而且在岗前培训时，敬语是极其重要的一部分，我有日本朋友就跟我介绍过，在日本的餐厅打工，首先要考核的就是敬语。这使得敬语的使用成了一种工作要求，无论服务人员心情如何，是否真心想为客人服务，都必须使用敬语"装扮"自己。我就不止一次遇到过这样的情况：表情冷漠、态度不耐烦的服务员说着一口用词讲究的客气敬语。对于听得懂日语的我来说，这样的鲜明对比甚至让我毛骨悚然。我宁可对方语气恶劣，因为那样才是一个真实的人。

　　说句实话，在日本各地的数次旅行中，能让我感觉到心口一致的真正优秀服务真的不多。尤其是近几年来，随着外国游客数量暴增，日本服务业的不少窗口开始出现质量下滑，这一点不仅是我，就连周围不懂日语的朋友也在旅行归来后有所反馈。这里面既有语言障碍的原因，也有某些根深蒂固的观念原因。其实这是很正常的现象，只是现在不顾一切进行美化的声音太多，所以才让人觉得遗憾。

　　无论是环境还是礼仪，这些都是我无意中渐渐积累起来的观察。就像在 2013 年夏天时去伊豆，稍稍一留心脚边，就会发现各种各样的垃圾，无论是热海街道上的排水沟里，还是下田港口边的堤岸下。只要你带着客观的眼睛，走得足够深入、足够接近当地人的生活，就可以自然而然地看到。希望更多人不要只是逛了逛金阁寺、只在银座买了买东西，就认为"日本一尘不染""日本服务业很完美"。

和孩子一起在日本旅行

在做妈妈之前，我是一个习惯满世界跑的不旅行会死星人，然而一提到亲子旅行，那时的我也还停留在缩手缩脚的阶段，觉得怎么也得等孩子五六岁了才能带出去。不过当孩子出生之后，我的想法就变了：既然那些西方背包客可以前面挂孩子后面背书包，那我也可以。旅行无需考虑是否带孩子去，而是以孩子同行为前提，琢磨怎么才能让大人和孩子都享受其中。

因为工作关系，我常去日本，几乎每次都和女儿二人同行。每一次去，都会有新的发现。日本是个能让孩子在旅行中实现美好梦想的地方，许多原本只存在于二次元的东西，到日本都变成了三次元。甚至连其他国家的人气形象，比如姆明和彼得兔，最好的主题餐厅并不在它们的老家芬兰和英国，而是在日本。许多孩子痴迷的托马斯小火车，被静冈县乡下的大井川铁道成功复原，让孩子们真的能乘上托马斯在铁道上奔驰，梦想成真。

女儿第一次去日本旅行时，还是个需要在商场的母婴室里哄睡的小宝宝。到了写下这篇文字的现在，5岁的她已经开始和我分工规划行程，对目的地有着自己的判断和坚持。为了从博多乘坐 HELLO KITTY 新干线，她早上5点多就能利索地起床；虽然不懂日语，但是她会根据海报和图片来选择自己想看的画展，然后拿着铅笔和素描本在会场里写生；在之前的一次短暂的京都行中，她翻看车站里的旅行手册选择了大原三千院，为我带来了意料之外的宁静风景。

信息丰富完备的官网，五彩缤纷的旅行手册，种类繁多的景点和交通手段——日本发达的观光业为亲子旅行提供了无限的可能。这些便利使得父母和孩子可以轻松找到各自的目标，并以最优方式把它们串连起来。例如我和女儿曾经乘坐夕发朝至的海轮从关西地区的神户前往九州南部的宫崎，既完成了女儿在海轮上过夜的愿望，又实现了我省时省钱远距离跨越的目标。

在多元的景观与体验之外，日本也是个在硬件上非常适合亲子旅行的国家。为什么说是硬件？距离近、母婴设施完备、无障碍设施随处可见，这些硬件让几个月的小婴儿也能躺在婴儿车里轻松出行。

不过，当我说起很多中国父母都会选择来日本亲子游时，我的一个日本朋友却不解地问我：为什么？欧洲不是更好吗？

我明白她的意思。一般游客可能没有这种感觉，但如果懂日语，如果对日本社会足够关注，就会知道我的日本朋友为什么宁可选择遥远的欧洲。因为日本并不是一个对孩子足够宽容的国家，与硬件相比，这里的软环境让人不得不小心翼翼。

日本人讲究礼仪，但是当"不给别人添麻烦"放大到了极限，就会物极必反。不要带孩子乘坐JR的软座，除非能保证孩子绝对安静。孕妇不愿意佩戴爱心标识，因为怕遭到不孕者或其他心怀不满者的攻击。前几年，日本有关部门还特别宣传，告诉大家乘坐直梯或电车时可以不用折叠婴儿车，因为不少人认为婴儿车占地方，进了地铁就应该折起来，孩子由大人抱着，虽然这并不意味着有人会给抱孩子的人让座。

　　大家常说熊孩子，其实更多是对熊孩子背后的熊家长不满。如果孩子打扰到别人，家长尽力安抚或致歉，多数人不会怪罪。然而在日本，一旦打扰了，就是犯错。为了让孩子安静，父母无奈使用手机，却又生出"手机育儿"一词，受到"不负责任"的指责。父母只能诉苦：我们也不想让孩子看手机，可是他在电车上哭闹，给别人添麻烦怎么办？

　　不给别人添麻烦，也就是"对不起"要挂在嘴边。有一次看到一对夫妻带小婴儿坐车，先是抱起婴儿，然后又把背包挂在车后，结果车一下子倒了。还没来得及扶，正好有人走过，便搭了把手帮忙扶起。如果是中文或英文的语境，这里肯定是要说"谢谢"的，然而夫妻俩给出了日语的标准回答："对不起。"

　　当然，在酒店或景点，这种苛刻并不存在，至少不会明显表露出来。我和女儿在日本旅行，总是这儿收到一个小礼物，那儿受到额外关照。相对地，我也会格外注意遵守他们的"礼仪"。比如在女儿3岁前还坐婴儿车的时候，在电车上尽量选择两端有婴儿车专用空间的车厢。有次车厢里同时进了三辆婴儿车，大家放在一起，虽然素不相识，却有种松了一口气的感觉。人多就是力量。

　　日本的面子工作做得好，游客们很容易欢天喜地，好评连连。但听懂了他们的语言，看懂了他们的文化，就是另一番模样。抛开明治维新以来形成的歧视不说，文化的差异有时候难免让人如鲠在喉。即使是平时格外注意公共场合言行的外国人，来到日本也难免会吐槽。所以带孩子去日本时，建议换个角度给孩子做功课，从风俗习惯入手，告诉孩子在日本的各种场合要怎么办：好的规矩请你学习，奇怪的规矩请你尊重。任何的不解与拘束，全当是对异文化的体验与了解。

　　当然，那些该有的、适度的文明礼貌，无论在哪里都得有，而且从小就要确立。在公共场合，说话要小声，用手机和PAD必须静音，垃圾随时收拾干净——这是我在女儿2岁后给她立的硬性规矩，没有商量的余地。因为这样的习惯，女儿从没有在日本旅行时感到不自在，反而会在乘车时自觉地进一步压低嗓音，有时还会突然提醒我：妈妈，我觉得你刚才说话的声音有点儿大了。

　　从1岁到5岁，从"带女儿旅行"，变成了"和女儿旅行"。许多观察，许多成长，其实都可以发生在旅行中。

后　记

时隔 3 年，终于再次来到了日本。

在过去的 3 年中，我曾无数次设想过重访日本时的第一个目的地，是某条无人乘坐的地方铁道，还是某处偏僻的温泉？最终都不是。我选择了曾经让我敬而远之的京都。

在 2019 年夏天前，我去过数次京都，前前后后看过市内几十处神社寺院，走过无数条大街小巷和无数家店铺，却也因此越来越不想去京都。这其中当然也包含着一个北京人对京都人的感同身受：生活在游客熙熙攘攘的地方，一年四季很难找到家乡最理想的状态。我越来越不知道该去拜访京都的哪里，直到 2019 年夏天，在仅有一天的停留中，当时即将满 5 岁的女儿帮我选择了京都北部的大原地区。于是我们突然就逃离了京都的炎热与拥挤，却依旧享受到了京都独有的魅力。从那以后，我重新找回了再访京都的信心。京都一定还有无数画面等着我去发现，只是需要我耐下心来。

因此，当旅行终于重启，我决定在京都市内西部的岚山电车沿线小住。京都的观光其实是有结界的，从那些结界里走出来，便能在不知不觉间进入京都人的日常生活。没有游客的京都，独享美景的京都，其实就在身边。

在 2020 年版的《自游日本》后记中，我曾讲述过日本朋友 N 桑的故事。

N 桑曾因父亲工作的关系在美国上学多年，英语流利。上大学后又学习中文，进而到北京来做交换生。也许是因为在丰富多元的国际环境中长大，她的气质与传统的日本人很不相同。在日本时，她甚至有过被当成中国人的经历。

N 桑喜爱美食。来到北京后，她学习之余的大量时间都奉献给了“吃”。我们俩在这点上一拍即合，我把我喜爱的餐厅逐一介绍给她，两人还一起到各家咖啡厅，一边“巡礼”一边学习。结束留学返回日本前，N 桑发了一条朋友圈，其中有一句话，让我这个北京人颇为感动。

她写道：“北京真的是个活着的地方。”

让外人来评价自己的家乡，总会看到不一样的角度。“活着的地方”，这也许是对一个地方的最高褒奖。也就是从那时起，我也开始暗暗思考：日本都有哪些地方，同样“活”在我这个外人眼里？

当时，我正好在翻译一本关于东京散步的图鉴，书名叫《太喜欢了！这样的东京》。在那之前，我翻译过好几本与日本历史和文化相关的图鉴，每本都有让我饶有兴趣的地方，我也会及时把那些景点的官网添加到收藏夹里，以便之后有机会时安排进行程。但是在翻译《太喜欢了！这样的东京》时，我却有连找官网都等不及的感觉，恨不得抄起书和电脑，马上买张机票奔赴东京实地走访。这本书在历史的深度之外打开了另外一个层面，从“历史地理”的角度把东京从地表建筑到地下暗河全部剖开，用“截面”

的方式讲述了江户到东京的变迁。

后来，我很快定下了捧着这本书重新认识东京的计划，并在部分时间里与 N 桑同行。东京的历史遗迹或许不值一提，映入眼帘的景象有百分之九十九都是新的，而剩下的那百分之一的旧物，也极其零散，难以觅得。然而我们发现，如果换一种行走的方法，换一个观察的角度，其实完全可以把那零散的百分之一串连起来，获得百分之百的体验。当我捧着书走进神田的一家老食堂，看到空出来的餐桌上摆着不锈钢盆，里面盛着还没切开的叉烧肉时，我突然觉得，东京也是个活着的地方。

时光流逝，在过去的 3 年中，N 桑经历了从日本到新加坡、从学生到社会人的角色变化。许多日本人都不愿离开熟悉的环境，N 桑却向往着一份能发挥她多种语言优势的工作，向往着一份开放而包容的事业，于是新加坡成了她的选择。她曾经对我说，工作领域是她预料之外的，但她仍然毫不犹豫下了决心，就是因为那种"心动"的感觉。我们也曾经相约，以后还要在一起探索城市中那些丰富的层次，北京和东京自不用说，未来还有新加坡，还有更多未知的目的地。

然而，世界的变化容不得我们多想。N 桑从未想过初入公司的几个月竟然是坐在日本的家里上新加坡的班，我也从未想过像日常生活一样的旅行被拦腰斩断。不过，我们也都没有想到，原本以为还要拖得更久的重逢，竟然在今年春天得以实现。她在回国休假期间选择到京都旅行，而那个时间我恰巧也在京都。

我们在一家小餐厅畅谈。我为她介绍了我重新认识的京都，而她也向我讲述了这 3 年间重新认识的新加坡。那里的工作环境依旧让她感到愉快，但是考虑到未来的种种人生规划，她可能会在来年选择离开。路有很多条，只要仍然能感受到那种发自内心的"心动"就好。

在重逢之后的几天，N 桑不断给我发来旅途中的照片，很多都是我向她推荐的京都的风景与美食。她说她要抢在我的新书出版之前，先按照我的"指南"好好体验一番。

京都是活着的地方吗？

当然是的。不过我也是经历了这次的京都小住，才有真正的底气说出这句话。当我终于突破京都的结界，走进那些日常的风景中，才全身心体会到了京都何以为京都。同样，日本的其他地方也是如此，只有摆脱打卡，摆脱网红，才能感受到街头巷尾跳动的脉搏。

活着的地方，需要我们活生生地去感受。

史诗

2023 年夏于北京

图书在版编目（CIP）数据

自游日本 ／ 史诗著． —— 5版． —— 海口：南海出版
公司，2020.2
ISBN 978-7-5442-9718-9

Ⅰ．①自… Ⅱ．①史… Ⅲ．①旅游指南－日本 Ⅳ．
①K931.39

中国版本图书馆CIP数据核字(2019)第259423号

自游日本
史诗 著

出　　版　南海出版公司　　(0898)66568511
　　　　　海口市海秀中路51号星华大厦五楼　　邮编 570206
发　　行　新经典发行有限公司
　　　　　电话(010)68423599　　邮箱 editor@readinglife.com
经　　销　新华书店
责任编辑　崔莲花
装帧设计　李照祥　王小喆
摄　　影　史　诗　寇　岑
印　　刷　北京奇良海德印刷股份有限公司
开　　本　880毫米×1230毫米　1/32
印　　张　10
字　　数　330千
版　　次　2015年1月第1版　2020年2月第5版
印　　次　2024年8月第3次印刷
书　　号　ISBN 978-7-5442-9718-9
定　　价　79.00元